春秋史

（導讀版）

童書業 著

童教英 導讀

開明書店

目錄

導讀

童教英

　　童書業先生，字丕繩，號庸安，別名吳流、馮鴻、馮梅、章卷益、卷益、童疑，1908 年 5 月 26 日生於安徽蕪湖。原籍浙江鄞縣，清末，其祖任安徽道員，舉家遷居安徽。

　　童書業先生自幼體弱多病，因而經歷了與其同齡人不同的認知歷程，除斷續在上海寰球小學、聖舫濟英文專修學校、北京京華美術學院等學校讀過數年書外，自四歲識字起，多係請先生在家教授經史書畫。這為他以後的學術生涯打下了深厚的舊學根柢。1933 年著《論語解詁》，此為他治經史之始。1934 年至杭州，在王季歡先生指導下著《版本述》，以王季歡之名發表於《浙江圖書館館刊》，此為他發表文章之始。他又將其 1933 年所著《虞書疏證》寄顧頡剛先生處請教，並在《浙江圖書館館刊》發表《評顧著〈尚書研究講義〉》。

　　顧頡剛先生極為欣賞童書業先生的才華。顧先生到杭州奔喪時，即順道訪談，並邀他到北平協助從事古史研究。1935 年夏

他赴北平，在顧頡剛先生處任研究助理。1935 年至 1937 年是童書業先生治學的黃金時期，也是他治學的第一個高峰。在這短短的兩年時間裏，他積蓄已久的學術生命力噴薄而出，寫就了大量古史古籍考辨的文章，同時開始了他的歷史地理、繪畫史的研究。1937 年 9 月他離開北平到上海，任光華大學歷史系講師兼民立女子中學教員及上海美術專科學校國畫系講師，顧頡剛先生自成都委任其為齊魯大學國學研究所名譽研究員。1941 年他離開上海到宜興、安慶、常州一帶，輾轉於各地中學任教謀生。1945 年返回上海，至 1949 年 8 月，歷任上海博物館幹事、歷史部主任、總務部主任，並在復旦大學代課，又任無錫國學專修學校上海分校史地組教授、光華大學歷史系教授。在艱辛的生存環境中，他仍在學術研究中奮進，開始了瓷器史、美學、心理學領域的研究，對唯物史觀的研究也在逐步加深。1949 年 8 月，應聘為山東大學歷史系教授兼文學研究所研究員。歷任山東大學歷史系副主任、山東大學校務委員會委員、青島市人民代表、山東省九三學社科學研究委員、山東省科學委員會委員、山東省政協委員。於 1968 年 1 月 8 日以未滿甲子之年謝世。

　　《春秋史》的寫作，發端於 1935 年至 1937 年間，完成於 1941 年。童書業先生在《春秋史》序言中說：

　　　　這部《春秋史》，原稿本是顧頡剛師在北平燕京、北京兩大學所用講義，當時雖由我着筆，然宗旨全是秉承顧師的（所以書中議論有與本人不合處）。事變之後，我帶着這部講

義避地到安慶，又由安慶帶到上海，雖在十分為難的時候，也不曾離開它。去年夏間，接着顧師從成都來的信，命我替齊魯大學撰寫《春秋史》。我當時回信說：《春秋史講義》的體裁尚好，當年寫時也曾用過一番力，如把它就此廢棄，未免可惜；不如就講義修改，另撰考證，這樣可兼收普及和專門之效。顧師覆信同意這一點，不過他說：這書本是你寫的，現在我們分處遙遠的兩地，無從仔細商討，就用你一人名義出版罷！我即遵命於去冬開始着手修撰，因人事的牽纏，直到今年六月才得勉強竣事：凡原稿缺略處，已大致補充；錯誤處，也已大致修正；體例次序等也略有變更。雖不能說十分愜意，但總算盡過一番心了（原稿文字有稍嫌繁贅處，因曾經顧師閱定，除必須修改處外，一概仍舊）。

本書分「正文」、「考證」兩部分，正文部分約 16 萬言，考證部分預定 30 萬言；正文用敘述體（必要處也參考證），文字以淺顯為主，除必不得已處，不引原文。考證部分擬仿崔東壁《考信錄》的體例，定名《春秋考信錄》（可作為《考信錄》的續編看），與正文可分可合。

童書業先生 1936 年在北平時即精心蒐集和考訂春秋史史料，作成《春秋考信錄》。至輾轉到上海時，此稿已不完善，再作蒐集工作，遺憾的是 1941 年以後更為動盪的戰亂生活使他花費多年心血所作的《春秋考信錄》遺失，《春秋史》之另一部分終未能與《春秋史》合璧。但其考證之詳可從第一章《西周史略》

的註釋中略窺一斑。

《春秋史》是一部將極深奧繁複的考證化為極通俗淺顯的白話文寫出之作。文中甚而將古文古詩皆譯作白話文。呂思勉先生在此書序言中說：「鄞童君丕繩，篤學好古，於乙部書尤邃。年來專治春秋史，最其所得，成此一編。其體例極謹嚴，而文字極通俗。徵引古書，率多隱括其辭，出以己意，蓋今世史家之例然也。」

《春秋史》從面世至今一直受到學術界的讚賞。呂思勉先生在序言中即說：「以余所見，言春秋者，考索之精，去取之慎，蓋未有逾於此書者矣。」至 1989 年中國書目出版社出版《中國歷史學四十年》時，李學勤先生主撰《先秦史》部分，寫到春秋史研究狀況時，還說：

> 就專著而言，迄今還沒有代替建國前出版的童書業《春秋史》這一部書。

確實，《春秋史》是童書業先生的代表作，展示了他的學術精芒，才識淵海。書中所體現的學術理念及其研究成果，至今仍受到治史者的尊重。

童書業先生的學術淵源有二：一為考據，一為理論。推其考據學源，除自幼熟讀古籍，中國傳統文化學養在心胸中爛熟已久外，從其所撰《古文約編》及《桐城文選》二書之序言中，可知其深受桐城派影響。《古文約編》序中說：

　　昔曾滌生氏欲抄古文五十篇，以為揣摩之資，又極推崇桐城姚氏之學，以為古文正宗。余讀方、姚諸君文，信乎舉天下之美無以易，而惜抱軒所輯《古文辭類纂》，尤精粹詳備。惜其篇帙繁重，學者苦難卒業，久思訂為約編，而未得間。癸未春，余自張渚返皖，家居多暇，乃取姚氏《類纂》選文六十四首，為此約編一卷，以便初學，亦曾氏之意云爾。

《桐城文選》序云：

　　余自束髮受書，即聞桐城古文之名。……歲丁丑，東事起，避地樅陽。樅陽，桐城之名鎮而劉才甫先生之故里也。……悉心採訪，城鄉僻邑無不涉足，得桐城一邑名流所為詩文集幾百通，去蕪存精，益以縣志所載，凡得文六百餘首，匯為一集，其聞名天下者猶不預焉。戊寅六月，皖城既陷，余與舍弟柔嘉問道走滬瀆，教讀之餘，復搜採傳世桐城名家文集，自姚惜抱以降，更得二十餘家，又增以他鄉人之為桐城古文有名者三十餘家，合前所集得人百四十七，文千七百五十有二，亦可謂集桐城古文之成矣。

　　惜此二部文集皆毀於戰亂，現已無蹤可覓。皖派治學向來善於在一個個專題範圍內對一個較小問題進行十分精深的研究，得出創造性的結論。桐城派大家文章氣勢之磅礴、邏輯推理之精密、結構之嚴謹，他很是讚賞。而影響他疑古觀念最深的一個歷

史人物，是以辨偽、考證擅名的清代學者崔述（號東壁）。他非常推崇崔東壁，崔有《補上古考信錄》《唐虞考信錄》《夏考信錄》《商考信錄》《豐鎬考信錄》等，他就作《春秋考信錄》，且欲將此作為崔氏《考信錄》之續編；崔有《知非集》，他將自己的詩文集亦定名為《知非集》，又將自撰的個人簡譜定名為《知非簡譜》；而且一度以「童疑」為自己的筆名。與他學術生涯密切相關的現實人物則是大學者顧頡剛先生。顧先生所創「層累地造成的中國古史」學說（此論首見於 1923 年《與錢玄同先生論古史書》），引發了學術界古史大論戰。

1926 年顧先生將有關的研討辯論之文編為《古史辨》第一冊，由北平樸社印行。顧先生在此書序言中，詳論其古史研究新方法。史學界自此崛起了以疑古為旗幟，以考辨古史文獻真偽為職志的「古史辨派」。童書業先生見到《古史辨》時，才二十歲出頭。他深感顧先生的史學觀點和考據方法正與自己的學術志向相吻合，從此更堅定不移地走疑古辨偽考據求真的治學之路。並且，以其深厚的傳統文化涵養、非凡的學術功力、豐富的研究碩果，成為古史辨派的一位後期主將。《古史辨》至 1941 年共出版七冊，第七冊即由他編輯。1982 年上海古籍出版社將整套七冊重印面世。

《春秋史》中古史辨派的特徵是很明顯的，隨拾幾例如下：

殷以前是傳說時代。（見本書第 140 頁）

封建社會之上有一個天王，所以神鬼世界之上也有一位

上帝。封建社會裏有大小封君，都統屬於天王，所以神鬼世界裏也有大小神祇，都統屬於上帝。（第 140 頁）

上帝之外，最有權威的神祇便是掌管人們所住的土地的社神和掌管人們所吃的穀類的稷神。社神又稱「后土」，他的名字喚做禹，又叫勾龍，他是受上帝之命下凡來平治水土的偉人。稷神又稱「后稷」（又有田神稱「田祖」，或許即是稷的化身），他的名字就喚做稷，他也是受上帝之命下凡來播植谷種的天使。（第 140 頁）

越國王室的始祖據說是夏少康的庶子無餘，禹巡行天下，死於會稽；少康恐怕禹在會稽的祭祀絕了，於是封庶子無餘於越，典守祭禹的禮節。這個說法也是毫不足信的：禹會會稽，究竟在什麼地方，到現在還不能確定。何況這種傳說本是一種神話，萬不能當作事實看。（第 170 頁）

管仲字夷吾，據《史記》說他是穎上的人氏，大約是周的同姓管國（在今河南鄭縣）之後。又據《史記》說，他少年時曾與鮑叔牙交好，鮑叔牙知道他的賢能，很敬重他。管仲那時極貧窮，與鮑叔牙一同出外經商，等到分利息的時候，管仲常常欺侮鮑叔牙，自己多要好處；鮑叔牙始終不同他計較，仍是很善待他。這段故事實在是不甚可信的。我們知道管仲是齊大夫管莊仲的兒子，乃是貴族階級，怎會有微賤而經商的事呢？（商人在古代是微賤的階級）這恐怕只是戰國人用了戰國的時代觀念造出的故事（這段故事始見於《呂氏春秋》）。（第 198 頁）

童書業先生和顧頡剛先生一樣，認為中國民族是一個逐漸融合的複合體。他在《春秋史》第四章一開始就說：

> 中國民族是一個複合體。其中最主要的體幹當然是所謂「華夏」族。但這「華夏」族，也並不是一種單純的種族，他也是一個複合體。原來古代所謂「中國」人其實可分為東西兩支：東支的代表是殷商，西支的代表是夏周。夏商周三代原是三個不同的氏族。殷商起自東方，血統與東方夷族很是接近，從種種方面看來，或竟與淮夷為一族。夏人起自西北，其種族來源不可確知，但與周人的關係必很密切。周人起自西方，血統與西方戎族很是接近，從種種方面看來，或竟與氐羌為一族。至於姜姓各國，更是西羌的近支，近人已論定了。至春秋時人所謂「華夏」，實是文明偉大的意思；所謂「中國」便是天下之中的意思；其意義只是文化的與地域的，種族的意義很少。如果講起種族來，則當時所謂「夷蠻戎狄」不是「諸夏」的血族，也都是他們的近親。
>
> 周人起於陝西，那地方大約本是夏人根據地的一部，他們又或者與夏人有些淵源，所以自稱「夏」。因周人勢力的擴展，「夏」的一個名詞就漸漸成為中原人的通稱。春秋時中原人常常自稱「華夏」而稱文化落後住在山林裏的氏族為「蠻夷戎狄」。——「夷」「夏」對立的觀念於是確立，漸漸變成種族的稱號了。（第 151 頁）

至第十七章總結春秋時期的歷史時又說：

春秋時諸夏民族住在中原，四邊和較僻野的地方都是給所謂蠻、夷、戎、狄等部族住着。諸夏想同化蠻族，蠻族也想征服諸夏；兩方勢力一經接觸，諸夏在武力上就不免吃了大虧。於是中原各國互相聯結，共同禦外；在這樣情勢之下出現了伯主制度。一班伯主的中心事業便是「尊王」和「攘夷」。「尊王」是團結本族的手段，「攘夷」是抵禦外寇的口號。

那時蠻族中最強盛的，南方有楚，北方有狄，所以攘楚和禦狄就成了當時中原伯主最注意的事情。結果狄族由被抗而分散，楚人由被攘而同化。到了春秋末年，北方的狄族盡被晉國併吞，東方的夷、戎等族也被齊、魯等國所征服，西方和中原的戎族早已衰微，被晉、秦、楚等國所瓜分，而南蠻的楚在這時也已率領南方諸族變成諸夏的一分子了。

東南方的蠻族吳和越從春秋中年起也漸漸加入諸夏的團體，經過了約百年間的相拒相迎，到了春秋之末，吳國和滅吳的越國竟變成了東夏的盟主了。楚、吳、越等國本來文化較高，他們很早就有文字，並不是真正的化外蠻民，所以受諸夏的同化也比較容易些。

上古的許多不同的種族，就是在春秋時代混合而成立了一個整個的「華夏民族」。（第349頁）

　　童書業先生並不否認夏朝及夏朝以前中國文明的存在，僅因史料不足而對古籍所言這段歷史事跡不敢肯定而已。他在《春秋史》第一章《西周史略》注 [11] 中說：

　　　　少康以前之古史，事跡甚為詳盡，皆出神話傳說，不可信據，已詳拙編《古史辨》第七冊。少康以後之古史較近有史時代，或事跡簡略，或說近情理，只可暫列之於存疑。（第22頁）

注 [12] 在引《史記·夏本紀》少康至桀的夏世系後，又說：

　　　　除孔甲與桀外，少康以後之夏朝帝王幾均只存留個名字，其人之有無雖不可知，但單造幾個名字，似無此需要。（第22頁）

　　如此的認識，在《浙江圖書館館刊》第四卷第六期（1935年12月）所發表的《「帝堯陶唐氏」名號溯源》已有說明。有關夏朝，他在文中說，到了《詩》《書》時代，「對夏的早世情況已經不大明白了」。

　　童書業先生和二、三十年代古史辨派學者一起辨偽的功績在於：打破了以前作為信史的「三皇五帝」至夏的古史系統，將其回歸至神話傳說時代。他們廓清的這一段歷史時空有待考古學家和歷史學家努力求索，填實以這段時空的歷史真實。由於有着這

疑古求真的精神，童先生也在古史古籍、歷史地理、繪畫史、瓷器史諸領域中確有不少發現，求得若干真相。

童書業先生在運用古史辨派治學方法的同時，注意吸收西方現代科學方法，並且對馬克思主義理論有所接觸和吸納。1929年，他讀了陳獨秀的著作，思想為之大變。同年「復讀郭沫若先生《中國古代社會研究》，亦受其影響」（《知非簡譜》）。此書是中國第一部運用馬克思主義觀點解釋中國歷史的著作。童先生將此書一讀再讀，並坦言「受其影響」，亦從一個側面反映出他很早就對運用馬克思主義觀點研究歷史的關注和重視。1966年，他在回顧自己學術生涯時，即明言寫《春秋史》過程中，已着意用唯物史觀解釋歷史了。《春秋史》中確實有不少地方強調社會存在決定社會意識，強調經濟關係決定社會的一般過程，經濟的變化是社會一切變化的根本原因。如第二章第一個小標題即為《經濟是歷史的重心》，開頭就寫道：

> 無論哪種社會組織，都逃不了被經濟狀況所決定。「經濟是歷史的重心」這個原則，是近代東西史家已經證明了的，所以我們要講社會的情形便不得不先講經濟的情形。（第69頁）

在寫到封建社會的瓦解時，說道：

> 封建社會動搖的外在原因 —— 也可以說是摧毀封建社會

的原動力 —— 便是產業的發達。鐵製耕器與牛耕的發明和農業一般技術的改進，使農村日加開發。同時鐵器又使手工業進步。農業的進步又促進了商業的發達。進步的農工商業便提高了人民的地位，使上層階級格外容易倒塌。到了大夫取得諸侯的地位，武士成了文士，吸收下層階級的優秀分子，另組成一個社會中最有勢力的階層時，封建社會的命運已大半告終了！

同時，他也很注重歷史現象與它產生的時代環境的關聯。在第十四章《孔子的出現》中首先寫了孔子所處的時代，「孔子的時代是封建制度開始總崩潰的時代……其時中原各國不但政權落在大夫手裏，而且大夫的家臣也有很多看了大夫的榜樣，起來代行大夫的職權的。孔子的祖國 —— 魯國，表現這種趨勢最是明顯」，這是所謂「冠履倒置」的時代。至評價孔子時，便道：

> 嚴格說起來，孔子只是個周禮的保存者和發揮者，他的思想並不見怎樣的了不得。但他把古代的制度理論化了，使得這種將要僵死的制度得到新生命而繼續維持下去。他的大貢獻在此，他所以為今人詬病也在乎此。但這究竟是中國的特殊社會背景所造成的事實，並不由於孔子一人的自由意志所決定！（第 320 頁）

同時，他並不否認個人在歷史發展中的作用。如他說到管仲

在齊國的改革後，評道：

> 即此可以知道一國的強盛固然需要其他內在和外在的條
> 件，而大政治家的有益國人，也是絕對不可否認的事實！（第
> 202 頁）

對鄭國的子產更是讚不絕口：

> 當春秋後半期，鄭國因連受晉、楚兩國軍事和經濟上的
> 壓迫，弄得民窮財盡，盜賊蜂起，甚至戕殺執政，威劫國
> 君。同時卿族專橫，互相嫉視，內亂迭起。所以鄭國的內政
> 比較他國格外難治。幸而「時勢造英雄」，出來了一位很能
> 幹的政治家叫做子產，由他來勉強維持危局。（第 303 頁）
>
> 到春秋時，人本主義漸漸起來……最有名的，是鄭國的
> 大夫子產。他既博學多能，又能破除迷信，他曾經說過「天
> 道遠，人道邇」的話。他首先打破了一部分封建制度下的
> 舊習慣，他的思想比出世稍後的大聖人孔子還要開明。（第
> 315 頁）

童書業先生在考證歷史真相時，並不機械地肯定這或否定
那，而且即使在他認為不可視作信史的一些古籍中，他仍會實事
求是地肯定內中所蘊含、折射的史實。

童書業先生的學術淵源由考據和理論這兩部分組成。隨着他

的學術研究的深入,其考據與理論不斷地有機結合,融會貫通,即理論研究都以考證出的歷史真相為基礎,考據時都以全方位客觀求真的理論為準繩,使考證出來的結論更符合歷史的真相,遂凝聚成他自己的學術特色:「會通」。《春秋史》是一部考據論著,也正體現了這種用功深湛,運理精審,融會貫通的學術特色。

他在《春秋史》序言中說:

> 我向來主張:凡著通史,每一件大事都應該詳其來龍去脈;每一個時代的前後關係,不可割斷。為貫徹這個原則,所以本書以春秋的歷史為中心,而附帶述及太古至西周(愈前愈略)的歷史(第一章定名為「西周史略」者,以西周史事較詳之故)。我本另撰有「戰國史略」一章附正文的最後,因友人楊寬正先生(寬)也正在替齊魯大學撰寫《戰國史》,體裁完全和這部《春秋史》相同,可以合成一書,故我把已寫成的「戰國史略」和附註約二萬餘言統統刪去,以免重複。

整部《春秋史》確實都貫穿着他的會通理念。從縱向而言,大至從太古直至戰國的發展變化,尤其是二百四十二年春秋時期周及各主要封國的經濟、政治、社會、民族關係各方面的發展變化脈絡,小至某一具體現象的緣起、發展、結局,都梳理得清清楚楚。從橫向說,對春秋時期的周王朝和各封國,以及各封國與夾雜在封國間或周邊的少數族之間錯綜複雜關系,此消彼長的勢力,乃至各自內部微妙嬗變,無一不交待明確。這梳理清晰的縱

橫交錯的網絡，將我國動盪變化最激烈時期之一的春秋時期的各個方面動態地展示給讀者。現試將這網絡作一個大概的說明。

第一章之《傳說中的古史述略》中，以「據書本上說」開頭，極簡約地將古史系統理到夏。然後說：

> 夏代的真相究竟怎樣，我們雖不得而知，但似乎也有些可以推測的地方：第一，「夏」這個氏族一定發展在黃河中游，就是現在河南省的西部和山西省的西南部一帶地方……從種種方面考察，河洛一帶確是夏氏族建國的根據地，雖然他們或許是從西北方的「塞外」地方遷來的。第二，夏氏族的文化一定是相當野蠻的。據現在考古學家考古的成績，有文字可以確實證明的夏代遺物一件還沒有，雖說或許隱藏在地下，但何以至今還不曾出現一件呢？所以我們假定：夏代或許還沒有文字，即有文字，一定很幼稚而通用未廣，這似乎不是很武斷的結論。（第 3 頁）

> 商人的建國根據地大致是黃河的下游，就是現今的河南、山東、河北等省交界一帶地方。他的文化，據近今考古家的考究，已相當的高尚……大約殷代已由石器時代進為銅器時代，畜牧時代進至農業時代，穴居時代進至室居時代了。（第 4 頁）

寫至西周即相當全面，從周族的起源直至西周的滅亡，其間大事都簡約寫出並以註釋的形式詳加考證。尤為令人矚目的是他寫道：

中國真正的封建社會在時間上是限於周代。（第 10 頁）

從近代出土的西周器物上看，西周的文化確已勝過殷人，而其宗法和封建的制度，尤為中國數千年來立國的基礎。要了解中國，不能不先求了解周代的文化制度。（第 18 頁）

至周公東征後，與東土關係大密，周國文化乃亦大興也。（第 47 頁）

我們以為：周厲王時實是王權和霸權交替的關鍵。正和晉厲公時是君權與卿權交替的關鍵一樣。（第 14 頁）

自從有了周厲王被「流」的先例，於是列國間逐君的事便不斷的發生，這又是封建制度崩潰的先聲了。（第 15 頁）

西周末年，貴族間已有兼併土地人民的事情發生，這是封建社會動搖的第一聲。（第 16 頁）

這裏，童書業先生揭出了西周發展中的一些關鍵。他不僅考證歷史的真相、敘述歷史發展的過程，而且揭示歷史發展變化的實質。揭示歷史現象背後的實質是他史學研究的精髓所在，這在《春秋史》中比比皆是，且舉數例：

「西周」和「春秋」是個野蠻到文明的過渡時代。這時代的思想，是由神本的宗教進化到人本的哲學；同時各項學術也都漸漸脫離宗教的勢力而獨立。（第 149 頁）

（齊桓公送晉惠公回國即位）這是東方國家與西方黃河上

游的國家正式發生關係之始。（第 215 頁）

後來的儒家特別注重君臣的禮節，他們號為祖述三王，實在乃是祖述的五霸啊！（第 215 頁）

戎狄的衰亡，就是中國民族和文化的擴大。（第 326 頁）

自第二章至第十七章全述春秋時期，從章次目錄看是全面而詳細地囊括了春秋時期所有之事。不僅大事的變遷，甚而連衣食住行、戀愛、婚喪、各種禮儀、風俗、文明程度較低的種族的興衰及與中原各「華夏」國的融合等等，皆條理分明地寫出。

童書業先生認為：

春秋戰國之間，是中國社會組織變遷得最厲害的時代。此除了現代以外，沒有一個時代能與它相提並論的。（第 306 頁）

他用第十三章整章將春秋中期以後的經濟、政治、法律、文化諸方面的變遷概括寫出，使戰國新局面出現的緣起有了清晰的理路。

僅此粗略地梳理一下，即可看出《春秋史》確實充分地展示了童書業先生會通的治學理念。

《春秋史》是一部以白話文寫出的考據論著，雖因《春秋考信錄》的毀於戰火，全書的考據面目已不易顯現。但是，從第一

章的註釋，從書中每一個地名下都括有現地名（按：寫作時的地名），從對春秋時期每件事的來龍去脈的極為肯定的敘寫，都可以看出這部書是以考據求真的材料為堅實基礎而寫就的。我們還可以從書中「不敢亂說」、「不敢武斷」、「不能詳細知道了」、「不敢確切回答」等表述，看出童書業先生考據之嚴謹。他絕不草率下結論，亦不會盲從他人的結論，即或是他推崇之人亦概莫能外。這點可以從第一章註釋中他對崔東壁某些觀點的否定充分看出。如注 [39] 引崔氏對太伯、仲雍之考證後說：「至崔氏以為仲雍非太王之子，則臆說無據矣！」注 [49] 述崔氏考武王死時成王並不年幼，周公是依制以冢宰身份攝政三年後說：「崔氏之說雖辨，然實未是！」注 [51] 認為崔氏所考魯國之分封時間「說固近理……崔氏誤從宋儒之臆說耳！」注 [125] 中記崔氏認為申在周東南數千里，戎在周西北，相距遼遠且申為弱小之國，不可能聯戎滅周後說：「崔說甚為明辨，惟首段所言略有誤會：申有東西之別。」以上各點，都在提出不讚同之後再將自己的觀點及依據列出。從第一章《西周史略》之註釋，亦即此章之考證，可以推斷童書業先生的 30 萬字之《春秋考信錄》，皆為以嚴謹的作風，從蒐集大量史料出發，絕不為他所崇信的史書、史家所囿，進行審慎的排比、歸納、分析、推理而推求出的春秋史真相。

童書業先生極為欽佩「層累地造就古史」這一打破傳世古史是信史的觀點，並將其運用於自己古史古籍考辨、歷史地理研究、民族史的考較中去。但他在學術研究過程中仍不斷獨立思

考，不斷補充和發展「層累地造就古史」學說。他在《古史辨》第七冊自序中說：

> 《古史辨》有名的貢獻是「累層地造成的古史觀」，一般人已承認它的價值了，其實這個觀念還有應補充的在。因為所謂「累層地造成的古史觀」乃是一種積漸造偽的史觀，我們知道：古史傳說固然一大部分不可信，但是有意造作古史的人究竟不多，那末古史傳說怎樣會「累層」起來的呢？我以為這得用分化演變說去補充它。因為古史傳說愈分愈多，愈演變愈繁，這繁的多的，哪裏去安插呢？於是就「累層」起來了。舉個例子來說：春秋以前歷史上最高最古的人物是上帝和禹，到了春秋戰國間，禹之上又出來了堯舜，這堯舜便是上帝的分化演變，並不是隨意假造的。到了戰國時，堯舜之上又出來了黃帝、顓頊、帝嚳等人，這些人又都是堯舜等的分化演變，也並不是隨意偽造的。到了戰國的末年，五帝之上又出來了三皇，這三皇的傳說又都是黃帝等上帝傳說和哲理中的名詞的演變分化，也並不是完全偽造的。大約演化出現愈後的人物，他們的地位也便愈高愈古，這便產生了「累層地造成」的現象。所以有了分化說，「累層地造成的古史觀」的真實性便越發顯著：分化說是累層說的因，累層說則是分化說的果。

呂思勉先生在《春秋史》序中說：

其言古事，多據金石刻辭及《詩》《書》《左》《國》中散見之文，而不徑用經傳說記諸子之成說。

可見童書業先生寫此書時確實從各方面蒐集材料，包括當時尚很不發達的考古發掘材料，不過經過嚴謹考證後，他用得最多的卻是《左傳》。顧頡剛先生摘錄的他的信中有：

生前撰《春秋史》，史實部分大體盡據《左傳》，頗為舊派學者所不滿，其批評集中於「《左》癖」一點，不知生撰此書時，曾搜盡所有春秋史料，互相比勘，考校之結果，為求真計，只得盡據《左氏》，非不欲博，恐失真也。不然，韓非、司馬遷等秦、漢雜籍具在，豈憚一徵引乎！（《顧頡剛讀書筆記》第 2424 頁）

在學界人心目中，童書業先生有「《左》癖」，他在求真思想之下確有《左傳》情結。他的《左傳》情結甚至可上溯至 1917 年 10 歲時，其《知非簡譜》中有：

始受業於王先生，改讀《左傳》，大好之，常效書中人行事。

步入學術界後，不論是古史、古籍、歷史地理之考證，還是古史分期、手工業商業史、先秦思想史之研究，只要在《左傳》

上可找到佐證，經考訂後無不首選《左傳》，這是求真考訂後的理性選擇。至 1949 年後，雖有十餘年時間少寫考據論著，但他對《左傳》仍時時關注，一有發現即寫長信給顧頡剛先生。因而顧頡剛先生在讀書筆記和日記中對此多有載錄。如顧洪整理的《顧頡剛讀書筆記》載：

> ### 《左傳》之可信
>
> 一九五〇‧五‧廿一，丕繩來書云：
>
> > 最近頗覺《左傳》非西漢末人偽造（其紀事部分，戰國中年人所為；《春秋傳》部分，則似秦、漢間人為之）。其古經確有來源，解經語之一部亦早已有之（當然有後出部分）。……至《左傳》之紀事，則愈讀愈覺其可信，其史料價值實尚在《國語》之上，甚至在《春秋經》之上，叫與匹者《論語》一書而已。（第 2422—2423 頁）
>
> ### 丕繩論《周官》及《左傳》解《經》語之時代
>
> 丕繩來書云：
>
> > ……又如「郱公００」見於金文，《公》《穀》皆不作「怪」，惟《左氏‧經》與金文合，可見《左氏‧經》亦有所本，未必漢人偽造。又《左氏》解《經》語中亦有與漢人思想不合者，竊謂《左氏》解《經》語亦大部分出戰國或漢初，未必皆劉歆等所為。（第 3658 頁）

童書業論《左傳》成於吳起

丕繩謂予,《魯春秋》蓋刪於曾子之徒,《左傳》蓋成於吳起之手……(第 7088 頁)

童丕繩論《左傳》成書之年代

一九六二·七·廿二,童丕繩君來書云:近為教英講《左傳》,忽得一《左氏》成書年代之強證。

他在給顧先生的信中,將春秋後期、戰國前期若干國家的亡、復與《左傳》記載或有或無相較,結論為:

據此,可見《左氏》之成書在《墨子》書之後《孟子》書之前。此等史料,前人尚未舉,故備論之,即乞教正!(第 7187—7190 頁)

師生之間討論了這麼久的問題,在《左傳》上有如此強證的結論,他仍不將其作為定論,而在《春秋左傳考證·後記》中寫道:

在《考證》本書中未揭示而應在此處一言者,即為《春秋左傳》之著作時代及作者問題,以此問題猶未能得較可信據之結論,未便錄入正文,故附記於此。……

其考據之嚴謹由此可見一斑。

童書業先生於 1965 年 10 月至 1966 年「文革」前，完成了《春秋左傳考證》。於 1967 年下半年，他又將《考證》約簡成《春秋左傳札記》。兩部分合在一起於 1980 年以《春秋左傳研究》之名出版。李學勤先生在《中國歷史學四十年》中介紹先秦典籍《左傳》的整理工作時，寫道：「童書業《春秋左傳研究》則對書中史事、傳說、制度、地理等作了詳細考訂。」《左傳》可謂陪伴童書業先生終身之書。

說《左傳》陪伴童書業先生終身，並不會掩蓋他能以寬廣的學術胸襟，接觸、吸納有益於他學術研究深入發展的新知識、新思想、新觀點，並與他的原有研究融為一體，致使他的學術研究在層出層新的同時，又有其內在的連貫性。

《春秋史》中有不少童書業先生的學術見解，其中與他後來研究關聯甚大的是他的古史分期觀。在書中他提出西周是宗法封建社會。1949 年後，他以相當大的精力從事歷史理論的研究，重心即為古史分期問題。由於當時一切向蘇聯學習的影響，他的古史分期觀一度游移。不過，在研讀馬克思主義原著，考證世界古代、中世紀歷史後，自 1956 年起又返回西周是宗法封建社會的觀點。當然，這並不是簡單地回歸原點，而是解讀在西方歷史基礎上寫成的馬克思主義原著，以比較史學的廣闊視野研究中國和世界古代、中世紀社會，得出更深入、更廣闊、更有理論基礎的結論。

　　童書業先生認為西周、春秋是宗法制和封建制完善、成熟至瓦解的時期。他在第一章中就說:「中國真正的封建社會在時間上是限於周代。」在封建社會的全盛期內,宗法系統(宗法制)和政治系統(封建制)是結合在一起的。在第二章的《封建社會的組織》一節裏寫道:

　　「封建社會」這個名詞的正確定義,就是名義上在一個王室的統治下,而實際上土地權和政治權卻被無限制的分割:每方土地上都有它的大大小小的世襲主人,支配着一切經濟和政治上的權利,形成一種地主與附屬土地的農奴對立的現象(在封建社會中也有自由農民的,但為數不多)。由這定義看來,則中國從西周一直到春秋前期是「封建社會」的全盛時期。(第 66 頁)

　　後面在《封建制度的證明》《奴隸制略說》二節中將貴族(按:即封建領主)、農奴、奴隸都作了定性的說明:

　　士以上為有土地的貴族,庶人為無土地的農奴。(第68 頁)

　　平民之下的奴隸階級,是封建社會裏的剩餘物。他們是貴族階級的私產,沒有獨立的人格。(第 68 頁)

　　不過,他通過《武士制度》《世族與世官制度》《世族制度下

的選舉制度》《姓氏制度》《姓氏制度與婚姻制度》等節，重筆寫了宗法制與封建制的結合，為他的中國西周、春秋時期的社會性質為宗法封建社會張目。

值得一提的是，在《春秋史》《春秋史講義》中，多處言及西方古代、中世紀歷史，並與中國古代相比較，可見童先生此時已在嘗試運用比較史學的研究方法。至於他對古史分期研究的心得《童書業歷史理論論集》中，亦有較集中的反映。

綜上可見，《春秋史》不僅是一部精到的斷代史，還是一部能充分說明童書業先生學術思想之作。

2001 年 7 月寫於杭州

序

呂思勉

　　自來言古制度者，多據《周官》《王制》等書，若傳記諸子中整齊有條理與此類者。諸書之說，固非無所據依，然率以異時異地之事相糅雜，又以作者之意損益之，非古制之真也。且如封建之制，今文說大國百里，古文則為諸男之封，大國擴至五百里。案孟子言今魯方百里者五；管子言齊地，亦曰方五百里；而孟子言齊地，則曰海內之地，方千里者九，齊集有其一矣。蓋周初大國之封，僅等秦漢時之一縣，其後開拓，寢至倍蓰。凡著書者之見地，率較其時代少舊。今文多春秋時說，其所心儀者，蓋周初之制，故其說如此；《周官》則戰國時書，其所心儀者，乃在春秋之時，其時魯、衞諸邦，疆域五倍於其初者，已無從削而小之，亦不必削而小之，故其說如彼也。舉此一端，餘可類推。然則讀經傳說記若諸子之書者，必以其所據之制度，及其人所生之時世，若其所懷抱，參伍錯綜而考之，然後可以知史事之真，徑據其說，以為古制如此，則繆矣。其一筆抹殺，以為一切制

度，皆古人凴臆為說，託古所改，則又矯枉而過其正者也。鄞童君丕繩，篤學好古，於乙部書尤邃。年來專治春秋史，撮其所得，成此一編。其體例極謹嚴，而文字極通俗。徵引古書，率多隱括其辭，出以己意，蓋今世史家之例然也。其考證所得，著其立說之所以然，與此編相輔而行者，則取崔東壁之書之名，以名之曰《春秋考信錄》。其言古事，多據金石刻辭及《詩》《書》《左》《國》中散見之文，而不徑用經傳說記諸子之成說。大體以金石刻辭證《春秋經》，以經定傳，以傳正說；於《左氏》，取其紀事，而捨其釋經之辭；則其法之可言者也。以余所見，言春秋者，考索之精，去取之慎，蓋未有逾於此書者矣。風塵顛沛，同客海濱，殺青之時，喜得先睹，敢識數言以告讀者。

一九四一年十二月，武進呂思勉。

自序

　　這部《春秋史》，原稿本是顧頡剛師在北平燕京、北京兩大學所用的講義，當時雖由我着筆，然宗旨完全是秉承顧師的（所以書中議論有與本人不合處）。事變之後，我帶着這部講義避到安慶，又由安慶帶到上海，雖在十分為難的時候，也不曾離開它。去年夏間，接着顧師從成都來的信，命我替齊魯大學撰寫《春秋史》，我當時回信說：《春秋史講義》的體裁尚好，當年寫的時候也曾用過一番力，如把它就此廢棄，未免可惜；不如就講義修改，另撰考證，這樣可兼收普及和專門之效。顧師覆信同意這一點，不過他說：這書本是你所寫，現在我們分處遙遠的兩地，無從仔細商討，就用你一人名義出版罷！我即遵命於去冬開始着手修撰，因人事的牽纏，直到今年六月才得勉強竣事；凡原稿缺略處，已大致補充；錯誤處，也已大致修正；體例次序等也略有變更。雖不能說十分愜意，但總算盡過一番心了（原稿文字有稍嫌繁贅處，因曾經顧師閱定，除必須修改處外，一概仍舊）。

　　本書分「正文」、「考證」兩部分，正文部分約十六萬言，考證部分預定三十萬言；正文用敘述體（必要處也參考證），文字以淺顯為主，除必不得已處，不引原文。考證部分擬仿崔東壁《考信錄》的體例，定名《春秋考信錄》（可作為《考信錄》的續編看），與正文可分可合。這考證部分的材料已大致蒐集完備，正擬着筆，而時局人事都不允許我在短期內完功，只好暫時擱置了。好在正文本是獨立成書的，先行出版，亦無不可。

　　正文中只有第一章有附註，這因第二章以下都另有考證，為免除重複起見，所以從略（考證部分既定名為《春秋考信錄》作為崔氏《考信錄》的續編，則春秋以上便不必追述，所以只得把這部分的考證附在正文中作注。因本是考證而不是注，故稍嫌繁瑣；其用文言文寫，也因此故）。我向來主張：凡著通史，每一件大事都應該詳其來龍去脈；每一個時代的前後關係，不可割斷。為貫徹這個原則，所以本書以春秋的歷史為中心，而附帶述及太古至西周（愈前愈略）的歷史（第一章定名為「西周史略」者，以西周史事較詳之故）。我本另撰有「戰國史略」一章附於正文的最後，因友人楊寬正先生（寬）也正在替齊魯大學撰寫《戰國史》，體裁完全和這部《春秋史》相同，可以合成一書，故我把已寫成的「戰國史略」和附註約二萬餘言統統刪去，以免重複。

　　本書紀年除最重要的大事外，不用公曆紀年，這因戰國以前的年代頗不易確實考定，不如仍用中國史上的紀年比較穩妥而易查檢原書。好在現在年表一類的書很多，較小的事情讀者如想知

道人們所假定的公曆年月，一查便得，本書盡可免注以省麻煩。至於本書中地名重要而大致可以推定的，均注今地於下；其不甚重要和舊說未安的，大致從略。

正文與考證的內容議論亦有許多不同處，這因正文注重普及，凡一家私見而未能成定論的，除必不得已者外，一概不入。至舊說太嫌不安，必須用新假定者，不在此例。考證中新說較多，因為這本是發表個人的見解的。

以上數點需要解釋，略述凡例，用代序言。

一九四一年十二月童書業記於上海

第一章

西周史略

傳說中的古史述略－夏氏族的推測－商代的傳說－商人的文化－周氏族的起源－周氏族的發展－周人東侵的開始－周人的滅商－周人的東方封建－宗法與封建制度的確立－成康的治績　昭穆的南征－周室的中衰－厲王失位與共和行政－宣王中興－西周的滅亡

傳說中的古史述略

周代以前的中國歷史，我們實在已不能詳確知道。據書本上說：最古有盤古氏，他是一位天地開闢時的神人 [1]。盤古氏之後有三皇，三皇之後有五帝；這三皇五帝是哪些人，異說紛紜 [2]。最古的說法：三皇是天皇、地皇、泰皇 [3]。五帝是黃帝、顓頊、帝嚳、堯、舜 [4]。最普通的說法：三皇是天皇、地皇、人

皇 [5]。五帝是伏羲、神農、黃帝、唐堯、虞舜 [6]。三皇五帝之
中，最出名的是黃帝、堯、舜三個人。黃帝據說是中國民族的
始祖，中國國家的建立者；他曾打敗苗族 [7]，創製中國最早的
文化 [8]。堯、舜是上古最偉大的聖人，他們能把「天下」看做
不是一家的私產，主張應該讓頂有道德的人佔居天子的高位。
據說堯曾把天子的位子讓給舜，舜也曾把天子的位子讓給禹，
這就是所謂「禪讓」之制。三皇五帝之後有「三代」，三代是
夏、商和周。夏代的第一朝君主便是禹，他所以有受舜的禪讓
的資格，是因為他曾治平當時「滔天」的洪水，有大功德於民
的緣故。禹也曾想把天子之位讓給他的臣下益，但因為他的兒
子啟很是賢能，受臣民的擁戴，繼位為天子，因之「公天下」
之制就一變而成「家天下」之制了。從啟三傳到帝相，因累代
嗣位的天子都不賢明，夏朝的天下就被另外一個國家有窮氏奪
了去 [9]。有窮氏的國君喚做后羿，他打倒了夏朝之後，因荒於田
獵，又被他的臣下寒浞所謀殺。寒浞殺羿之後並滅夏帝相，夏朝
從此中絕。夏帝相的兒子喚做少康，寄寓在諸侯之國有虞氏，收
集夏朝的餘眾，攻滅有窮氏，恢復夏朝的天下，這就是所謂「少
康中興」。

　　以上這些傳說，經近代史家的考證，已知其完全不確 [10]。
大約夏代以前（包括夏代）的歷史大部分只是些神話的變相，而
少康以前尤不可信 [11]。就是少康以後的夏代帝王，究竟有無其
人，也不可知 [12]。據傳說：少康十一傳到桀，因為虐待百姓，
被商國的國君成湯所敗，夏朝就滅亡了。

夏氏族的推測

夏代的真相究竟怎樣，我們雖不得而知，但似乎也有些可以推測的地方：第一，「夏」這個氏族一定發展在黃河中游，就是現在河南省的西部和山西省的西南部一帶地方。據古書的記載：後來晉國的所在就是「夏虛」[13]，晉國初封在今山西省的西南部翼城縣一帶。又今河南省的西部伊、洛兩水流域也傳為夏人的故居[14]。從種種方面考察，河洛一帶確是夏氏族建國的根據地，雖然他們或許是從西北方的「塞外」地方遷來的[15]。第二，夏氏族的文化一定是相當野蠻的。據現在考古學家考古的成績，有文字可以確實證明的夏代遺物一件還沒有，雖說或許隱藏在地下，但何以至今還不曾出現一件呢？所以我們假定：夏代或許還沒有文字，即有文字，一定很幼稚而通用未廣，這似乎不是很武斷的結論！

商代的傳說

商代，雖已有遺物和遺文發現，但其歷史仍是相當的茫昧難明。據傳說：商人的始祖喚做契，他的母親喚做簡狄，吞了燕鳥的卵，產生出他來。契住在殷的地方，武力很盛，許多國家都來歸附，于是他便建立了商國[16]。契再傳到相土，武功更盛，遷居到商丘地方（今河南商丘縣）[17]。相土四傳到振，亦稱王亥，被有易國所殺。他的兒子上甲微攻滅有易，是商初的一位中興之

主 [18]。上甲微六傳到成湯，建都於亳（在今山東曹縣附近），任用賢相伊尹，國勢大興，連滅韋、顧、昆吾等國，進兵滅夏，於是成為共主。

湯三傳到他的孫子太甲 [19]，被伊尹所放，後來又復天子之位。太甲十五傳到盤庚，其間有興有衰，遷都凡有五次。盤庚遷到黃河北岸的殷地（今河南安陽縣）定居，直至商亡不再遷都 [20]。盤庚三傳到武丁，任用賢臣傅說、甘盤，國勢復興，曾征伐鬼方，稱殷中葉中興之主。武丁八傳到紂，沈迷酒色，行為暴虐，任用小人，民心離散，西方新興的周國就起來把商國滅了。

商人的文化

商人的建國根據地大致是黃河的下游，就是現今的河南、山東、河北等省交界一帶地方 [21]。他的文化，據近今考古家的考究，已相當的高尚，農業已經發明，畜牧漁獵的事業還很興盛。重要的食物是穀類和肉類；喝酒的風俗最為盛行 [22]，據說商朝人喝醉了酒，成夜呼叫，甚至拿白天當作晚上，同現在吸鴉片煙的人差不多，這當是商族亡國的一個重要原因 [23]。商人穿衣已知用絲織品等 [24]。居住似有穴居、室居兩種 [25]，用器有石器、陶器、骨器、銅器等，製造和雕刻都相當的精細 [26]，貨幣用貝（？）。大約殷代已由石器時代進為銅器時代，畜牧時代進至農業時代，穴居時代進至室居時代了。

周氏族的起源

言歸正題，現在要談到周人的歷史了：周人姬姓，是起於西方的。據傳說：周王室的始祖喚做后稷，他的母親喚做姜嫄，她因為沒有兒子，去祭祀禱告，在野地上看見一個大人（上帝）的腳跡，有意踐踏上去，若被感動，便懷了孕，生出來的兒子就是后稷 [27]。后稷出世之後，有許多靈異的事跡；在幼小的時候，就懂得種植的方法，長大後教導人民耕種，在有邰（今陝西武功縣附近）地方建立了國家 [28]。

關於后稷的故事，自然全是神話，但有幾點我們應該注意：第一，「姜嫄」似是擬名，從這名字上可以知道周人推其種源於姜姓，姜即是羌 [29]，是周人和羌人必有血統關係。第二，「后稷」乃是農神或農官之稱 [30]，周人推他為祖，則周氏族必是以農業興起的。第三，后稷建國於有邰，有邰地在西方，無甚異說，足見周人是西方的氏族。據近人的考究，他們或許與夏族是一大族下的兩派分支 [31]。

周氏族的發展

周王室真正的始祖大概是不窋。不窋據說是后稷的兒子，也有人主張是后稷的裔孫 [32]。他當夏衰的時候，雜居於戎狄之間，沒有什麼事跡可以稱道。不窋的兒子喚做鞠。鞠的兒子喚做公劉。公劉遷居豳地（在今陝西豳縣附近），國勢漸大 [33]。公劉

子慶節。慶節子皇僕。皇僕子差弗。差弗子毀隃。毀隃子公非。公非子高圉。高圉子亞圉。亞圉子公叔祖類。公叔祖類子太王[34]。據傳說：太王一稱古公亶父，他因避狄人的侵略，離開豳地，跨過梁山，遷居岐山下面的周原。休養生息，國力日強，就有「翦商」之志了。

　　看上面的敘述，可見周人原起於戎狄之間，立國似是很晚的。據古書的記載，從他們的始祖后稷算起，到代商而興的文武兩王，還只有十幾代，比了商國從湯到紂已有三十王左右的還要減少一半，這是很可懷疑的事[35]！所以我們假定周氏族立國的時代就在夏末或商初[36]。至於周國的興盛，我們以為始自太王。太王與古公亶父是否真是一個人也頗成疑問：因為據《詩經》說，古公亶父的初年還是住在窰洞裏的[37]，而公劉遷豳時已經服用皆備，絕不像穴居的情形了[38]。而且《詩經》上說太王「居岐之陽，實始翦商」。豈有在其遷岐之前還住在窰洞裏的道理？我們以為：避狄遷岐自是古公亶父事。太王時周勢已強，只有「翦商」的野心，而無「避狄」的怯志了。

周人東侵的開始

　　太王有三個兒子：長子喚做太伯，次子喚做虞仲，少子喚做季曆。太王想把君位傳給季曆，太伯和虞仲避居吳地[39]。太王死，季曆嗣位，是為王季。王季的時候，周國更加開發[40]。王季起兵伐西落鬼戎，俘虜了二十個「翟王」。又伐燕京之戎，

周兵大敗。又攻克余無、始呼、翳徒等戎族。與商國開始發生了關係[41]。大約那時商王看見周國日盛，心存猜忌，據說王季是被商王文丁殺死的[42]。王季死後，子昌嗣位，是為文王。文王時周國已成為西方的伯主[43]。文王修治國內政事非常勤勞，並親自耕田，以倡農業[44]。國內既富庶，就向外用兵，先後征伐昆夷、密須等國。虞（在今山西平陸縣）、芮（在今陝西大荔縣）兩國先來歸附，文王便渡河東征，攻克黎國（在今山西黎城縣）和邘國（在今河南沁陽縣），進逼商國的王畿，商人頗為震動。此後又攻滅崇國（在今陝西鄠縣），遷都豐邑[45]（即崇國所在）。至武王時又定鎬京，鎬京在今陝西長安縣附近，勢力日漸東進了。

　　大約王季的時候和文王的初年，周人正在統一西方，所謂西落鬼戎和燕京、余無、始呼、翳徒等戎以及昆夷、密須、虞、芮等國都在西方，東不過汾水流域（這是我的意見）。及到文王「戡黎」、「伐邘」，周人的勢力才發展到商國王畿的附近。到文王滅崇遷豐後，周人的勢力已不可遏止，而商國的危機也就漸漸臨頭了。傳說有文王被商紂拘於羑里的故事，似乎不甚可信[46]，如果可信，那末恐怕和「文丁殺季曆」的事是出於同一的作用的。

周人的滅商

　　文王時周的國力已大盛，古書稱他「三分天下有其二」，本可一舉滅掉商國[47]，但大功未成而死。子發嗣位，是為武王。

武王先東征「觀兵」於盟津（在今河南孟縣），不久就率領西方諸侯大舉伐商，從盟津渡河，與商軍在牧野（在今河南淇縣附近）地方開戰，勇將師尚父奮力戰鬥，就把商國滅了 [48]。

武王雖一戰勝商，但商人似乎尚未完全屈服，所以他仍封商紂的兒子武庚于殷故地，命自己的兄弟管叔鮮、蔡叔度和霍叔處監視着他。不久武王去世，他的兒子成王誦年幼，便由成王的叔父周公旦攝政 [49]。在這個時候，周室的內部忽然發生變亂，原因是管叔、蔡叔們妒忌周公攝政，造出謠言，說周公要想自己坐天下，引得全國起了猜疑。於是紂子武庚就乘機聯絡管叔、蔡叔和商的與國淮夷、徐、奄等舉兵反周，聲勢很是浩大。周公親自率領大兵東征，打了好幾年的仗，結果把敵人完全撲滅，東方也因此而平定；周人的王業這才算完成了 [50]。

周人的東方封建

周公東征勝利以後，就在東方大封同姓和功臣為諸侯以鎮壓商民 [51]。其中最大的封國，在今山東省境內的有魯和齊：魯是周公的兒子伯禽的封國，都今曲阜縣 [52]。齊是周室功臣師尚父的封國，都今臨淄縣 [53]。在今河南省內的有宋和衞：宋是降周的殷宗室微子啟的封國，都今商丘縣。衞是周公的弟弟康叔封的封國，都今淇縣。此外周人又滅了在今山西省西南部的唐國，封給武王或成王的弟弟叔虞，後世改號晉國，都今翼城縣 [54]。以上五國中，宋、衞兩國所佔的都是殷商的舊地；宋國所封的是河

南的殷虛；衞國所封的是河北的殷虛（便是從盤庚到紂時殷都附
近的地方）。魯、齊兩國所佔的都是殷商與國徐、奄等的舊地：
魯國所封的是徐、奄的故虛[55]；齊國所封的是奄的同族蒲姑氏
的故虛[56]。宋、衞、魯、齊四國佔據了殷商、徐、奄的舊土，
服屬東人和淮夷，於是周人東方之患才告平息。至於唐叔所封的
晉國乃是河東的故夏虛，晉國的建立似是用以鎮服戎狄的（戎狄
的一部似是夏國的遺民）[57]。還有河南的故夏虛，周公在東征以
後，把一部分頑抗的殷民遷了過來，叫他們在那裏建築洛邑（在
今河南洛陽縣），作為周室的東都，稱為「成周」，以與武王所
定的西都鎬京又稱「宗周」的相對[58]。東都既定，就由周公留
守[59]。終西周一代，洛邑常為會諸侯發政令的處所[60]，這大約
是因為鎬京太偏於西，不易管轄東方，洛邑正居中土，容易統屬
諸侯的緣故。

宗法與封建制度的確立

　　傳說周公建立東都後，曾制禮作樂，其事雖不甚可信，但
周國的文化本很低下，滅商以後文化始大興，則確是事實[61]。
周代禮制中最重要的是宗法和封建的制度，據近人的考究，「宗
法」制度大略是這樣的：譬如天子世世相傳，每世的天子都是
以嫡長子的資格繼承父位，奉戴始祖，是為大宗；他們的眾子
（包括嫡長子的諸母弟與庶子）封為諸侯，為小宗。每世的諸
侯也是以嫡長子的資格繼承父位，奉始祖為大宗；他們的眾子

封為卿大夫，為小宗。每世的卿大夫也以嫡長子的資格繼承父位，奉始祖為大宗；他們的眾子各有食地為小宗。凡大宗必是始祖的嫡裔，而小宗則或宗其高祖，或宗其曾祖，或宗其祖，或宗其父，而對大宗則都稱為庶。諸侯對天子為小宗，但在本國則為大宗；卿大夫對諸侯為小宗，但在本族則也為大宗。據後世禮家的記載，宗法系統僅限於大夫以下，諸侯以上宗統與君統合，並不以宗法名[62]。在宗法系統中，「大宗百世不遷，小宗五世則遷」[63]。至於他們的詳細情形究竟怎樣，我們卻不敢隨意亂說。

據近人的研究，宗法制是從嫡庶制來的。商代以前沒有嫡庶制。周人創立嫡庶之制，本為天子諸侯等繼統法而設；從繼統法推到分封法，就產生出宗法制來[64]。在宗法制之下，從天子起到士為止，可以合成一個大家族。這個大家族中的成員各以其對宗主的親疏關係而定其地位的高低。封建制度以分封同姓為原則，天子的封諸侯，諸侯的封大夫，都依宗法系統而定；所以封建制度是由家族系統擴充而成政治系統。封建制度的繼續是靠宗法制度維繫的[65]！（庶民以下似乎不在宗法系統的範圍以內[66]。雖然庶民在當時也有聚族而居的現象，但他們的宗族制大概是與貴族階級兩樣的。據記載，庶人工商也有所謂「分親」[67]，至於他們的「分親」制度怎樣，沒有一點材料，我們也不敢亂說）

中國真正的封建社會在時間上是限於周代。那時候所謂全天下的土地，在名義上都是「王土」；住在土地上的人民，在名義

上都是「王臣」[68]。但是實際上當時的天下卻是被分割成無數塊的經濟和政治上的單位。周天子高高在上，把他勢力所及的土地分封給他的親族和姻戚，這就是所謂「諸侯」（小諸侯附屬於大諸侯）。至於先朝的殘餘和本來獨立的國家與部落，在名義上都被承認為周室統治下的諸侯。只有偏遠和少數的野蠻部落，被鄙視為夷狄，而擯除於這個系統以外[69]。

諸侯以下有卿大夫士，也各有領土，受諸侯的封予。卿大夫的家裏又有所謂「家臣」（大貴族的家臣下還有家臣的家臣）[70]，受卿大夫的封予；他們或有食地，或無食地，大概都屬於「士」階層[71]。士以下有庶民工商：庶民是附屬於土地的農民，也有在官府服役的低級人員[72]。據說農民和庶人的在官者之所得，也分為好幾層等級呢[73]。至於工商，大部分也是附屬於官府的執事人員，他們的地位似乎稍高[74]。也有私人從事於工商業的[75]。士以上是貴族階級，大致為有土有權的階級；庶民工商為平民階級，大致是無土無權的階級。貴族與平民大致是世世代代繼襲地位而不變的。平民以下還有奴隸階級。關於奴隸階級的情形，傳下的史料不多，我們不能詳細知道了[76]。

成康的治績

當周公建定東都時，就把政權奉還了成王[77]。據說周公從攝政到歸政，首尾共歷七年[78]，周室的基業也就在這時期內確立了。成王親政後，也很能盡心勤勞國事，周國大定[79]。成王

死,子康王釗嗣位,克守先訓,天下安寧[80]。據說,成、康兩王之際,刑罰停止了四十多年[81],這話雖然過甚,但那時是周室的太平時期,則確是事實。

昭穆的南征

成、康兩王時似是周室開國後休養生息的時代。康王以後,周室富強達於極點,於是就有南征的舉動了。康王死,子昭王瑕嗣位。昭王親自領兵南征荊楚,回軍渡漢水時死在水中[82]。關於這件事史料太少,已無從知其詳細,據我們的推測,大約昭王伐楚,離開根據地太遠,深入蠻荒境內,遭了敵人的暗算,致不得善終而死。《左傳》載齊桓公伐楚時拿「昭王南征而不復」的事責問楚人,楚人答覆道:「昭王之不復,君其問諸水濱」[83]。可見「昭王南征不復」的事必與楚國有關,而楚人所用以打擊昭王的必是一種陰謀,所以能把這件事賴給漢水而自己不負責。出土的銅器有《宗周寶鐘》,它的銘文説:「南國的人蹂躪我們的土地,王起兵去迎擊討伐,南人就派『間』來迎『邵王』,南夷東夷來見的有廿六國。」(原文:「南國𠬝孳敢陷虐我土。王𢽍伐其至,戠伐厥都。𠬝孳迺遣間來逆『邵王』,南夷東夷具見,廿又六邦。」)這銘文裏的「邵王」有人解釋為昭王,也有人解「邵」為「相導」的意思[84]。如「邵王」確為昭王,那末昭王這次南征是很有成績的。又銘文中的「間」字,如解為間諜,那末昭王的「不復」確是遭了南人的暗算。不過這銘文

所指究竟是否昭王時事，還不能確定罷了。

　　昭王子穆王滿嗣位，更大舉征伐四夷。據記載：他曾征犬戎，得到四頭白狼和白鹿 [85]。又曾遠巡西方，東方的徐戎作亂，穆王回軍把他打破 [86]。又有書說：那時徐戎的君主叫做偃王，能行仁義之道，割地往朝的有三十六國，犯了楚文王的忌，所以把他滅掉 [87]。這件事是很可懷疑的 [88]。我們至多只能承認周穆王有破徐的事罷了。《左傳》說：「穆有塗山之會。」[89] 塗山在今安徽省的壽縣，這似是破徐後的舉動，所以威服東南夷的。《左傳》又說：「穆王周行天下。」[90] 大約穆王確是一位勤於征伐巡狩的雄主。春秋時的管仲還說：「昔吾先王昭王、穆王，世法文武，遠跡以成名。」[91] 可見不但穆王是雄主，就是昭王也是一位能法文武而成名的令主。《尚書‧呂刑篇》舊說為穆王訓告四方刑法的話。《史記》又說穆王命令伯冏「申誡太僕國之政」[92]。如果可信，那末穆王不但有武功，並且有相當的文治了。

周室的中衰

　　穆王傳子共王繄扈。共王傳子懿王囏。懿王時據說王室衰弱，戎狄交侵 [93]，曾遷都犬丘 [94]（在今陝西興平縣）。懿王傳弟孝王辟方，孝王時和睦西戎，西方暫告安定 [95]。孝王傳懿王子夷王燮。夷王有惡疾，行為暴虐，周室更衰 [96]。傳到厲王胡，周室就起大亂了。

厲王失位與共和行政

厲王是夷王的兒子，秉性暴虐專制。此時周室財政上似發生困難，厲王任用榮夷公為卿士，實行專利政策，弄得民怨沸騰，謗語大起。厲王得到一個「衛巫」，命他「監謗」，凡有謗王的人，即加刑殺，逼得國人不敢出言，在道路上大家以目示意。三年之後，國人作亂，厲王出奔彘地 [97]（在今山西霍縣）。於是造成所謂「共和行政」的局面。「共和行政」有兩說。一說大臣召公、周公行政，號為「共和」[98]。一說諸侯中有個喚做「共伯和」的攝行王政，故稱「共和行政」[99]。兩說均有問題，我們不能偏信 [100]。《左傳》上只說：「諸侯釋位以間王政。」[101] 所以我們也只能承認厲王失位後由諸侯代行王政，至於究竟是周召二公，還是共伯和，我們便不敢武斷了。據說，「共和行政」共十四年，厲王在彘地去世，太子靜即位，是為宣王 [102]。

厲王或是一位很有作為的君主。據說楚熊渠曾因怕懼厲王的征伐而去王號不敢稱，熊渠時楚國的勢力已很強盛，尚且這樣怕懼周室，可見那時周室之強 [103]；如厲王沒有本領，楚人何至這樣懼怕？我們以為，周厲王時實是王權和霸權交替的關鍵，正和晉厲公時是君權和卿權交替的關鍵一樣。厲王厲行專制政治，厲公也厲行專制政治；厲王時晉勢極盛，厲公之後尚有悼公的一度興盛，厲王之後也尚有宣王的一度興盛；厲王失位而「諸侯釋位以間王政」，厲公被弒而晉卿族遂強；前後的史跡正是如出一轍的。又國人作亂，驅逐天王，這似是以前不曾有過的事。自從有

了周厲王被「流」的先例，於是列國間逐君的事便不斷的發生，這又是封建制度崩潰的先聲了。

宣王中興

周宣王號稱中興之主，其實並不見得有多大的了不得。古書上稱述宣王失德的事情很多，例如：（一）不修親耕之禮 [104]，（二）殺無辜之臣杜伯 [105]，（三）以私愛立魯武公少子，以致魯國內亂，王出師平亂，「諸侯從是而不睦」[106]。《國語》又稱「厲、宣、幽、平而貪天禍」[107]，可見宣王未必能遠勝其他三王，或竟尚不及厲王的英斷，也未可知。

《詩經》中《出車》《六月》《採芑》諸篇歌詠征伐玁狁、荊蠻的事，《江漢》《常武》諸篇歌詠征伐淮夷、徐方的事，舊說多指為宣王時候的詩 [108]，但詩中並無宣王時作的確證，並且《史記·周本紀》中也不記載。我們所可確知的，只有宣王命秦仲為大夫，征伐西戎，秦仲戰敗被戎所殺；宣王又命秦仲之子莊公等伐破西戎 [109]。又宣王曾與姜氏之戎戰於千畝，王師敗績 [110]，「伐太原戎，不克」，「伐條戎、奔戎，王師敗績」[111]。又曾「喪南國之師，料民（計數人民）於太原」[112]。大約宣王時西戎已很強盛，大為周室之患，周室抵禦他們已很吃力了。所謂「宣王中興」，最初似只不過指他能恢復王政 [113]。至於宣王的武功，雖不見得完全沒有，但至多也不過如晉悼公般，表現強弩之末的餘勢罷了。

西周的滅亡

宣王死，子幽王宮湦嗣位，周室的危機就漸漸臨頭了。查西周的滅亡原因很多，可以考知的，大約有四：（一）黷武以致國力衰弱。周宣王時連年用兵，末年常遭失敗，國家和人民的損失必很重大，以致戎狄猖狂，諸侯離散 [114]。幽王時的詩人曾說「今也日蹙國百里」[115]，可見周室衰弱時受戎狄侵陵的厲害 [116]。（二）天災的流行。《詩經》上說幽王時有「百川沸騰，山冢崒崩，高岸為谷，深谷為陵」的情形 [117]，這當是指一種大地震之災。又說：「天篤降喪，瘨我饑饉，民卒流亡，我居圉卒荒。」[118] 接連而來的天災，使得人民流亡，邊疆空虛，於是戎狄乘機而起，遂致「周餘黎民，靡有孑遺」了。（三）社會的動搖和政治的腐敗。《詩經》上說：「人有土田，女（汝）反有之；人有民人，女覆奪之；此宜無罪，女反收之；彼宜有罪，女覆說（赦）之。」[119] 可見西周末年，貴族間已有兼併土地人民的事情發生，這是封建社會動搖的第一聲。又刑罰不中更使人民無所措手足了。（四）君主的昏庸。幽王任用匪人 [120]，寵信內妾，《詩經》上說：「艷妻煽方處。」[121] 又說：「婦有長舌，維厲之階；亂匪降自天，生自婦人；匪教匪誨，時維婦寺。」[122] 又說：「赫赫宗周，褒姒威（滅）之。」[123] 可見幽王信任婦寺們的讒言，以致發生內亂引起外患而亡國。

據古書上說，西周滅亡的經過是這樣的：幽王寵愛庶妾褒姒，褒姒生子伯服，王廢原來的申后和太子宜臼，而立褒姒為

王后，伯服為太子。太子宜臼逃奔舅家申國，申國的國君申侯就聯合繒國和西夷犬戎攻周，幽王被殺於酈山下，西周就此滅亡[124]。這種記載，雖未必完全荒誕，但可疑之處甚多[125]。此外還有許多傳奇式的故事，那更不可信了。我們以為西周的滅亡大約兼有內亂外患的成分。《左傳》上說：「至於幽王，天下弔周，王昏不若，用愆厥位。攜王奸命，諸侯替之，而建王嗣，用遷郟鄏（即東都）。」[126] 或許酈山之禍也同春秋時王子帶之亂差不多，由周室內部發生變亂而召來外寇的。最奇怪的：繒是姒姓之國，本應幫助褒姒的，為何也去與幫助太子的申國聯合？這是很難解釋的。我們現在姑且假定：褒姒與所謂「攜王」是一黨，他們作亂召來外寇繒人和犬戎，幽王實在是失敗於攜王和褒姒的。申侯輔助太子，乘機收拾周室，所以他與諸侯共立平王（太子宜臼）於申；而平王的党晉文侯更殺死攜王，周室重告統一[127]。到諸侯擁平王立國於東都，周室就此東遷而在諸侯卵翼之下了。

西周史結論

統看西周史的大略，我們可以得到如下的結論：（一）周人武力是極強的，所以能以一個後起的小部落戰勝為共主數百年的文化大邦，但其吸收文化的力量也很不弱，所謂「周監於二代，郁郁乎文哉！」連孔子也不得不「從周」[128]。從近代出土的西周器物上看，西周的文化確已勝過殷人，而其宗法和封建的制度，尤為中國數千年來立國的基礎。要了解中國，不能不先求了

解周代的文化制度。(二) 西周時代王室的統治力確不甚弱。終西周一代,除武庚、管、蔡等外,不聞有甚諸侯叛亂的事,且職責不缺,王室終臻於富裕[129]。又如周夷王的殺齊哀公,周厲王的威止楚人稱王,周宣王的伐魯更立魯君而魯人和諸侯都不敢抗,皆足表徵西周王室統治力之強。(三) 西周是西力東漸和北力南漸的時代。武王、周公的東征,「滅國者五十」[130],不必說了。就是昭、穆二王的東南征,和《詩經》中《江漢》《常武》等篇所敘說的平定徐方、淮夷的功績:「於疆於理,至於南海」[131],西力的東南侵也就很可驚人了。古書上又載:「周幽為太室 (即嵩山) 之盟,戎狄畔之。」[132] 是到幽王時還曾經營東方的。不但周人的勢力東南侵,就是當時的蠻夷戎狄,也是向東南兩方發展的:楚人本居今河南省西南部地方,西周中年以後,已漸向江漢流域發展去了[133]。徐戎和淮夷似乎本居今山東南部和淮水上游的,其後也漸竄向今江蘇省北部淮水下游等地去[134]。至西戎姜戎、玁狁、犬戎 (二者為一族) 等族的屢次東侵,也是表示着這種趨勢。結果,西周滅亡,王室東遷,仍是這種趨勢的餘波:民族的東遷[135] 和文化的西漸,正是整個周代歷史的使命。

【注】

[1]　盤古之說最早見於三國時吳人徐整之《三五曆記》,文云:「天地混沌如雞子,盤古生其中,萬八千歲,天地開闢,陽清為天,陰濁為地。盤古在其中,一日九變,神於天,聖於地。天日高一丈,地

日厚一丈，盤古日長一丈。如此萬八千歲，天數極高，地數極深，盤古極長。」（《繹史》卷一引）此外《述異記》《五運歷年記》（《繹史》卷一引）等書均有盤古之記載，云：「首生盤古，垂死化身，氣成風雲，聲為雷霆，左眼為日，右眼為月，四肢五體為四極五嶽，血液為江河，筋脈為地理，肌肉為田土，髮髭為星辰，皮毛為草木，齒骨為金石，精髓為珠玉，汗流為雨澤，身之諸蟲，因風所感，化為黎虻。」（《五運歷年記》）。《述異記》並有類此之文字。是盤古又為萬物之祖矣。

[2]　三皇之説有七：（一）天、地、泰三皇（《史記‧秦始皇本紀》）。（二）天、地、人三皇（《春秋緯‧命曆序》等書）。（三）燧人、伏羲、神農（《尚書大傳》《禮緯‧含文嘉》等書）。（四）伏羲、女媧、神農（《春秋緯‧元命苞》等書）。（五）伏羲、神農、祝融（《白虎通義》等書）。（六）伏羲、神農、共工（《通鑒外紀》）。（七）伏羲、神農、黃帝（《偽古文尚書‧孔安國序》《帝王世紀》等書）。五帝之説有五：（一）黃帝、顓頊、帝嚳、堯、舜（《大戴禮記‧五帝德》《史記‧五帝本紀》等書）。（二）太皞、炎帝、黃帝、少皞、顓頊（《呂氏春秋‧十二紀》《禮記‧月令》等書）。（三）黃帝、金天氏、高陽氏、高辛氏、陶唐氏、有虞氏（鄭玄以為「德合五帝座星者稱帝，實六人而稱五者，以其俱合五帝座星也」）。（四）少昊、顓頊、高辛、陶唐、有虞（《偽古文尚書‧孔安國序》《帝王世紀》等書）。（五）伏羲、神農、黃帝、唐堯、虞舜（《皇王大紀》）。

[3]　《史記‧秦始皇本紀》：「古有天皇，有地皇，有泰皇，泰皇最貴。」

[4]　《大戴禮記‧五帝德》以黃帝、顓頊、帝嚳、堯、舜為五帝，《史記》承之，其説蓋本於《國語》及《呂氏春秋》，詳繆贊虞先生（鳳林）《三皇五帝説探源》（《三皇考》附錄）。

[5] 《春秋緯‧命曆序》等書以天皇、地皇、人皇為「三皇」，易泰皇為人皇。司馬貞《補三皇本紀》承之。

[6] 以伏羲、神農、黃帝、堯、舜為「五帝」之說始於宋胡宏之《皇王大紀》，蓋本於《易傳》。《易傳》雖無五帝之名，但於敘述包羲氏、神農氏後接敘黃帝、堯、舜。《戰國策‧趙策》亦稱：「宓羲、神農，教而不誅；黃帝、堯、舜，誅而不怒。」

[7] 《史記‧五帝本紀》：「軒轅之時，神農氏世衰，諸侯相侵伐，暴虐百姓，而神農氏弗能征。於是軒轅乃習用干戈，以征不享，諸侯咸來賓從；而蚩尤最為暴，莫能伐。炎帝欲侵凌諸侯，諸侯咸歸軒轅，軒轅乃修德振兵，……教熊羆貔貅貙虎，以與炎帝戰於阪泉之野，三戰然後得其志。蚩尤作亂，不用帝命，於是黃帝乃征師諸侯，與蚩尤戰於涿鹿之野，遂擒殺蚩尤，而諸侯咸尊軒轅為天子，代神農氏。」呂誠之先生（思勉）云：「既云神農氏世衰，諸侯相侵伐，暴虐百姓，弗能征矣，又云炎帝欲侵凌諸侯，其事弗類。《史記》此文略同《大戴禮記‧五帝德》，而《五帝德》只有與炎帝戰於阪泉之文，更無與蚩尤戰於涿鹿之事。《賈子‧益壤》云：『炎帝無道，黃帝伐之涿鹿之野。』《制不定》曰：『黃帝行道，而炎帝不聽，故戰涿鹿之野。』然則蚩尤炎帝殆即一人，涿鹿、阪泉亦即一役。《史記》自『炎帝欲侵凌諸侯』，至『三戰然後得其志』，凡五十六字，殆別採一說，而奪『曰』二字；抑後人記識，與元文相混也。（案：此說並非呂先生首創，但以呂說為最精詳，故引之）《「尚書‧呂刑》云：蚩尤惟始作亂，延及於平民，罔不寇賊，鴟義奸宄，奪攘矯虔。苗民弗用靈，制以刑，惟作五虐之刑，曰法，殺戮無辜。……虐威庶戮，方告無辜於上。……皇帝哀矜庶戮之不辜，報虐以威，遏絕苗民，無世在下。」據崔適氏說，「皇帝」即「黃帝」（見《史記探源》）。是蚩尤即苗民之酋長，黃帝征蚩尤，即征苗民也。

[8]　據《世本》等書，衣裳、宮室、舟車、文字、曆數、音律等皆黃
帝及其臣下所創作。世又傳有《黃帝內經》等書，為醫學上最古
典籍。

[9]　《潛夫論・五德志》云：「啟子太康、仲康更立，兄弟五人，皆有昏
德，不堪帝事，降在洛汭，是為『五觀』。」《左傳》襄公四年云：
「昔有夏之方衰也，后羿自遷於窮石，因夏民以代夏政。」后羿之
代夏究在太康、仲康或帝相時，較古之書無明文，惟《偽古文尚
書》以為在太康、仲康時。

[10]　盤古之說，起於南蠻神話之始祖盤瓠（詳夏曾佑《中國古代
史》）。盤瓠之說又起於犬戎之神話（詳楊寬正〔寬〕先生《中
國上古史導論》，《古史辨》第七冊）。「三皇」之說起於三才（詳
拙作《三皇五帝說探源跋》，《三皇考》附錄）。天皇、地皇出於
皇天后土（詳顧頡剛師及楊拱辰先生合作之《三皇考》）及天主
地主之神（詳拙作《三皇考序》）。泰皇出於泰一之神（詳《三
皇考》）。天、地、人三皇起於天地人三統之說（同上）。「五帝」
之說起於五行（詳繆贊虞先生《三皇五帝說探源》及拙跋）。黃
帝出於皇天上帝（詳《中國上古史導論》）。顓頊、帝嚳、堯、
舜，亦皆出於上帝神話（同上）。黃帝征苗族之事出於「皇帝（上
帝）遏絕苗民」之說（同上）。黃帝製器等說皆為杜撰（詳齊思
和先生《黃帝製器之故事》，《古史辨》第七冊）。堯舜禪讓之事
起於墨家尚賢尚同之說（詳顧頡剛師《禪讓傳說起於墨家考》，
《古史辨》第七冊）或上帝之神話（詳楊寬正先生《讀禪讓傳說起
於墨家考》，同上）。舜禹禪讓之事則為更後人所杜撰（詳《禪讓
傳說起於墨家考》所引拙說）。禹出於社神神話，本為西羌民族
之宗神（詳顧頡剛師及余合作之《鯀禹的傳說》，《古史辨》第七
冊）。禹治水之說亦本為神話（詳顧頡剛師《古史辨》第一冊及
《鯀禹的傳說》）。益、啟、三康、相、后羿、寒浞等故事亦皆出

神話傳說（詳顧頡剛師及余合作之《夏史三論》及呂誠之先生《唐虞夏史考》，均載《古史辨》第七冊）。

[11] 少康以前之古史，事跡甚為詳盡，皆出神話傳說，不可信據，已詳拙編《古史辨》第七冊。少康以後之古史較近有史時代，或事跡簡略，或說近情理，只可暫列之於存疑。

[12] 《史記·夏本紀》：「帝少康崩，子帝予立。帝予崩，子帝槐立。帝槐崩，子帝芒立。帝芒崩，子帝泄立。帝泄崩，子帝不降立。帝不降崩，弟帝扃立。帝扃崩，子帝廑立。帝廑崩，立帝不降之子孔甲，是為帝孔甲。帝孔甲立，好方鬼神，事淫亂，夏后氏德衰，諸侯畔之。……孔甲崩，子帝皋立。帝皋崩，子帝發立。帝發崩，子帝履癸立，是為桀。」除孔甲與桀外，少康以後之夏朝帝王幾均只存留個名字，其人之有無雖不可知，但單造幾個名字，似乎無此需要。

[13] 《左傳》昭公元年：「昔高辛氏有二子：伯曰閼伯，季曰實沈，居於曠林，不相能也；日尋干戈，以相征討。後帝不臧，遷閼伯於商丘，主辰，商人是因，故辰為商星。遷實沈於大夏，主參，唐人是因，以服事夏、商。……及成王滅唐而封大叔焉，故參為晉星。」據楊寬正先生考證，閼伯即商祖昭明，實沈即夏祖鯀，而高辛氏即上帝（均詳《中國上古史導論》）。此實是氏族起源論之神話。晉虛即唐虛，亦即夏虛。定公四年《左傳》亦云：「分唐叔以大路……命以《唐誥》，而封於夏虛。」此亦夏虛即晉國之證。（《史記·吳世家》又稱：「乃封周章弟虞仲於周之北故夏虛。」是春秋時虞國之地亦在夏虛中也。）

[14] 《逸周書·度邑篇》：「自洛汭延於伊汭，居易無固，其有夏之居。」《國語·周語》：「昔夏之興也，融降於崇山（嵩山）。」韋註：「夏居陽城，崇高所近。」又：「昔伊洛竭而夏亡。」韋註：「禹都陽城，

伊洛所近。」《史記・吳起傳》：「夏桀之居，左河濟，右泰華，伊
闕在其南，羊腸（在今山西壺關附近）在其北。」

[15]　《呂氏春秋・古樂篇》：「伶倫自大夏之西，乃之阮隃（崑崙）之陰。」
《穆天子傳》：「自宗周瀍水以西，至於河宗之邦，陽紆之山，三千
又四百里。自陽紆西至於西夏氏，二千又五百里。自西夏至於珠余
氏及河首，千又五百里。自河首、襄山以西南至於舂山、珠澤、
崑崙之丘，七百里。」《逸周書・王會篇》：「禺氏騊駼，大夏茲白
牛，犬戎文馬。」又：「正北空桐，大夏，莎車。」《淮南子・墜
形篇》「西北方曰大夏，曰海澤。」《史記・封禪書》：「（齊桓公）
西伐大夏，涉流沙。」《山海經・海內東經》：「國在流沙外者，大
夏，……月支之國。西胡白玉山在大夏東。」案：據《呂氏春秋》，
古大夏本在崑崙之東。據《穆天子傳》，自宗周（指東都洛邑）至
西夏五千九百里，自西夏至崑崙之丘二千二百里，西夏似即大夏，
當在今甘肅西部或新疆東部。《逸周書》之「禺氏」當即月氏，與
大夏相近，月氏本居今甘肅西部。空桐亦在近塞之地。流沙即西北
大沙漠，伐大夏而涉流沙，亦大夏在甘、新境內之證。漢有大夏
縣，在今甘肅臨夏縣；又有大夏川，亦在今甘肅境；或大夏之人曾
居於此。《唐書・西域傳》稱：大夏即吐火羅。吐火羅國本在于闐
附近；今塔哈爾馬干沙磧，即吐火羅磧之訛變（王國維先生《西胡
考》説，見《觀堂集林》）；則大夏或在今和闐附近。案夏虛亦稱
大夏（見昭元年《左傳》），漢時中亞之大夏國有嬀水，嬀為虞舜
之姓，虞夏同稱，則大夏、西夏或與夏有關係；或大夏之人東遷而
建夏國，或夏人西遷而為大夏，均未可知也。

[16]　《詩・商頌・玄鳥》：「天命玄鳥（燕），降而生商，宅殷土芒芒。」
《長發》：「玄王桓（武）撥，受小國是達；受大國是達；率履不越，
遂視既發。」《史記・殷本紀》：「殷契母曰簡狄，有娀氏之女，……

23

三人行浴，見玄鳥墮其卵，簡狄取吞之，因孕生契。」案：《世本》云「契居蕃」（《水經·渭水注》引），王國維氏以為即《漢志》魯國蕃縣，在今山東滕縣，是契所宅之殷在今山東南部也。

[17]《詩·長發》：「相土烈烈，海外有截。」《左傳》襄公九年：「陶唐氏之火正閼伯居商丘，祀大火，而火紀時焉。相土因之，故商主大火。」案：《荀子·成相篇》云：「契玄王，生昭明，居於砥石遷於商。」楊寬正先生謂昭明即閼伯，是商自昭明時已遷居商丘矣。

[18] 甲骨卜辭中有「高祖王亥」。《史記·殷本紀》：「冥卒，子振立（《索隱》：「《系本》作『核』。」），振卒，子微立。」據王國維氏考證，振即王亥（詳《殷卜辭中所見先公先王考》）。《山海經·大荒東經》：「王亥託於有易、河伯僕牛。有易殺王亥，取僕牛。」郭注引《竹書》：「殷王子亥賓於有易而淫焉。有易之君綿臣殺而放之。是故殷主甲微假師於河伯，以伐有易，滅之，遂殺其君綿臣也。」《國語·魯語》：「上甲微能帥契者也，商人報焉。」

[19]《孟子》：「湯崩，太丁未立，外丙二年，仲壬四年。」（《萬章》）《史記·殷本紀》：「湯崩，太子太丁未立而卒，於是乃立太丁之弟外丙，是為帝外丙。帝外丙即位二年崩，立外丙之弟中壬，是為帝中壬。帝中壬即位四年崩，伊尹乃立太丁之子太甲。」崔述云：「外丙、仲壬二王，自《孟子》《史記》逮《帝王世紀》皆同，無異詞者。至《偽孔傳》及唐孔氏《正義》因《書序》有『成湯既沒，太甲元年，伊尹作《伊訓》』之文，遂謂湯沒之歲即太甲之元年，並無外丙、仲壬兩代。由是唐宋諸儒皆叛孟子而信其說。……然《偽孔傳》所言亦初非《書序》意，何者？《序》言『成湯既沒』，但為太甲失教、伊尹作書張本，非謂必沒於作書之年也。……古人於文，不過大概言之，烏得以詞害其志乎？遂以此為太甲繼湯之據，誤矣。」（《商考信錄》卷一）。

[20] 《太平御覽》八十三引古本《竹書紀年》：「仲丁即位之年，自亳遷於囂。」「河亶甲整即位，自囂遷於相。」「祖乙滕即位，是為中宗，居庇。」「南庚更自庇遷於奄。」「盤庚旬自奄遷於北蒙，曰殷。」《書序》：「仲丁遷於囂，作《仲丁》。河亶甲居相，作《河亶甲》。祖乙圯於耿，作《祖乙》。盤庚五遷，將治亳（宅）殷，民諮胥皆怨，作《盤庚》三篇。」「囂」《史記》作「隞」，「庇」、「耿」《史記》作「邢」。（《史記》云：「遷於邢。」）《史記》又云：「帝盤庚時，殷已都河北，盤庚渡河南，復居成湯之故居。乃五遷無定處，殷民諮胥，皆怨不欲從。盤庚乃告諭諸侯大臣。……乃遂涉河南，治亳。……帝武乙立，殷復去亳，徙河北。」案：《史記正義》引《竹書紀年》云：「自盤庚徙殷，至紂之滅，七（二）百七十三年，更不徙都。」王國維氏云：「今龜甲獸骨出土皆在此地，蓋即盤庚以來殷之舊都。……盤庚遷殷，經無『亳』字；武丁徂亳，先入於河；洹水之虛，存於秦世；此三事已足正《書序》及《史記》之誤。而殷虛卜辭中所祀帝王訖於康祖丁、武祖乙、文祖丁，……則帝乙之世尚宅殷虛，《史記正義》所引《竹書》，獨得其實。如是，則商居殷最久，故亦稱殷……」（《觀堂集林·說殷》）

[21] 商契居蕃，在今山東南部滕縣一帶，昭明相土居商丘，在今河南東部商丘縣，王亥託於有易河伯僕牛，據孫之騄說：有易當在大河之北，或在易水左右；今本《竹書紀年》稱帝芒三十三年，「商侯遷於殷」，其時商侯即王亥；《山海經注》引古本《紀年》亦稱王亥為「殷王子亥」，殷亦當在河北之地（或即盤庚所遷之殷）。湯居亳，在今山東曹縣附近。仲丁遷囂，《尚書正義》引李顒云「囂在陳留浚儀縣」，在今河南開封縣附近；又引皇甫謐云：「仲丁自亳徙囂，在河北也；或曰，今河南敖倉。二說未知孰是也？」敖倉在

今河南滎澤縣附近。河亶甲遷相,在今河南安陽縣附近(呂誠之先生引《呂史春秋音初篇》「殷整甲徙宅西河」,云:「相正後世之相州也。」詳《先秦史》)。祖乙遷邢,邢有二地:一在今河北邢臺縣,一在今河南溫縣附近。南庚遷奄,似即古奄國地,在今山東曲阜縣附近。盤庚遷殷,又在今安陽縣。

[22] 郭沫若氏云:「卜辭中記田獵的事項極多,羅輯卜辭一一六九條,分作祭祀、卜告、卜享、出入、漁獵、征伐、卜年、風雨、雜卜等九項。除五三八條的祭祀佔最大多數外,一九七條的漁獵佔次多數。這很可以知道當時的一個大概的情形。……當時的漁獵,確已成為遊樂的行事,即是當時的生產狀況,確已超過了漁獵時代。」「和田獵成反比例的,是卜辭中極少專為畜牧貞卜的事項。羅《釋》僅列出『芻牧』四條,附在六一一條的征伐之後,因為都是往芻或來牧之類戰爭開釁的原因。……假使單從數字的多少來作判斷,好像當時的牧畜還不甚發達的一樣,但這卻是大錯!當時牧畜發達的程度,真真有可以令人驚愕的地方,從文字上來說,後人所有的馬牛羊雞犬豕的六畜,在當時都已經成為了家畜,而在這六種普通的家畜之外,還有後人所沒有的象。……六畜乃至七畜均已存在,其應用也很繁夥,例如服御田獵。……用作食物者,有羞(從羊)、豚(從豕)、鑊(從隹,隹者禽也)諸字,可以證明。服御食用而外,六畜用途的繁夥,其令人驚愕的,便是用作犧牲。羅《釋》卜祭的五三八條,差不多每條都有用牲的記錄。……六畜均用作犧牲,且一次確實有用到三百四百的時候,這不是牧畜最盛的時代是決難辦到。」(《中國古代社會研究》第三篇)徐中舒氏云:「日本小島祐馬《殷代之產業》一文,曾就羅氏《考釋》一書統計甲骨文中關於農事的記載,有卜年歲凶豐的二二次,卜風雨的數次(共七七次,內中大部分與出入田獵有關)。關於農事

的文字，有『農』、『嗇』、『圃』、『畯』、『禾』、『黍』、『麥』、『米』、『糠』、『桑』、『年』諸字，今再檢甲骨文，還有『謖』、『麗』、『男』、『甽』、疆、『甾』、『甾』、『季』、『秦』、『稷』諸字，可補小島所不及。此諸字自一二見至數十見不等。還有偏旁與農事有關而字不可識者，尚未寫入。從數量上看，都足以表示殷代農業之盛。王國維說殷代飲酒之風極盛，傳世酒器尊、卣、爵之類，十之七八為殷代物。武庚既滅，周公以殷遺民封康叔於衞，作《酒誥》，以殷為戒。微子也說：『我用沈酗於酒。』又說：『殷邦方興，沈酗於酒。』他們飲酒的風氣甚至於亡國。即此一點，已可以證明其農產物的豐富了。」（據朱芳圃《甲骨學商史編》轉引）

[23] 《詩・大雅・蕩》：「文王曰咨，咨女殷商，天不湎爾以酒，不義從式，既愆爾止，靡明靡晦，式號式呼，俾晝作夜。」

[24] 董作賓氏云：「甲骨文字中有從『系』之字及『帛』、『巾』等物，又有蠶祇之祀，『桑』字之出現，更是不用說了。古代農桑耕織並重，蠶桑事業早已盛行於商代，故特藉此最有用之桑木為春日樹木之代表，因以造為春字。」（據《甲骨學商史編》轉引）

[25] 李濟氏云：「在殷虛第四、五、六三次的發掘，……對於殷代宗廟明堂宮室的建築方式，我們可以想像成型。……阪築的土基，大都作長方形；四圍多有大石卵，石卵與石卵之間，雖不十分正確相對，總保持相當的距離，我們可以想像石卵是柱礎，上面安柱。由此可以想像門在何處，內室在何處了。再進一步，想像彼時的上面建築，既無磚，又無瓦，想必用茅草編成的。古人所謂『茅茨土階』，大概是近於真實的。……我們又於坑土之下層，發見了長方坎，有十公尺大小，有階級可上下；其間發見了破陶片、牛骨、狗骨之類；足證阪築以前，還有穴居的遺跡。究竟那是殷代的遺跡，還是殷代以前的遺跡，現在還無法證明。這種坎穴，面積很

大，和上海里巷廂房相上下；坎的周圍用硬土築成，鐵一般的堅固。也有幾個套成的坎穴，一個套一個。甲骨文中的『宮』字作下式：

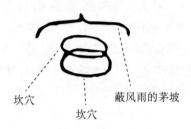

坎穴　　坎穴　　蔽风雨的茅坡

這樣的宮室固然簡陋，但古人並無宮室怎樣宏大之說。地下挖了一個洞，地邊一堵牆，上加遮蓋以蔽風雨，人居其中，冬溫夏凉。這並非憑臆懸想的，《詩》說『陶複陶穴』，大概就是這個意思。」錢寶鈞氏云：「殷人居室狀況，確有居穴及宮室兩種。換言之，即殷之末世確為由穴居進而為宮室居住之過渡時期則無疑問也。」（《安陽發掘報告》第四期）

[26] 陳恭祿氏《中國史》第一冊第四編：「據李濟六次工作之總估計所發表之器物，可分為六類：（一）陶器，殷虛出土者，以陶類為最多。……陶質可別為五：一，灰色粗陶；二，紅色粗陶；三，黑色細陶；四，白色細陶；五，釉陶。……陶上文飾，則粗陶簡單，黑陶白陶最為複雜，有動物飾與幾何形，亦有介於二者間之動物形。（二）動物骨，其勢將佔第二位置。……骨多用以制器，其所造者可別為三：一，用器，……皆刻有富麗之花紋；二，武器；三，裝飾品，滿刻花紋。（三）石器，出土之多不亞骨器，用途較之為廣。……並有琢刻之飾品。……有類玉者，但未發現真正之和闐玉。（四）金屬品，殷虛發現者，有黃金塊，小片金葉，錫塊，及製成器物之合金類之青銅器。……有作禮器之大批

銅範，尚有精製之飾品，上塗硃砂。（五）貝殼，出土者，有琢成之飾品，亦有用為貨幣者。貨幣多咸水貝，裝飾品則用淡水貝。（六）占卜之甲骨，出土者以無文字者為多，刻有文字者不過十分之一。」（原註：《安陽發掘報告》第四期第五七二至五七五頁）

[27] 《詩·大雅·生民》：「厥初生民，時（是）維姜嫄。生民如何，克禋克祀，以弗（祓）無子，履帝武（足跡）敏（拇）歆（動），攸介（居）攸止，載震（娠）載夙，載生載育，時維后稷。」《魯頌·閟宮》：「赫赫姜嫄，其德不回（違），上帝是依，無災無害，彌月不遲，是生后稷。」《史記·周本紀》：「周后稷名棄，其母有邰氏女，曰姜原。……姜原出野，見巨人跡，心忻然說（悅），欲踐之，踐之而身動如孕者，居期而生子，以為不祥……初欲棄之，因名曰『棄』。」

[28] 《詩·生民》：「誕實匍匐，克岐克嶷，以就口食。蓺之荏菽，荏菽旆旆，禾役穟穟，麻麥幪幪，瓜瓞唪唪。誕后稷之穡，有相之道，茀厥豐草，種之黃茂，實方實苞，實種實褎，實發實秀，實堅實好，實穎實栗，即有邰家室。」《閟宮》：「奄有下國，俾民稼穡。」《史記·周本紀》：「棄為兒時，屹如巨人之志，其遊戲好種樹麻菽，麻菽美。及為成人，遂好耕農，相地之宜，宜穀者稼穡焉。民皆法則之。……封棄於邰。」

[29] 《國語·鄭語》：「姜，伯夷之後也。」《周語》：「祚四岳國，命以侯伯，賜姓曰姜，氏曰有呂。……申、呂雖衰，齊、許猶在。」《左傳》莊公二十二年：「姜，太岳（即四岳）之後也。」《山海經·海內經》：「伯夷父生西岳，西岳生先龍，先龍是始生氐羌。」近人如章太炎、傅孟真諸氏皆謂「姜」、「羌」於字同源，在姓為「姜」，在種為「羌」（傅氏說詳所著《姜原》，《中央研究院歷史語言研究所集刊》第二本），其說甚是！傅氏更謂「羌」、「姜」與鬼方之

「鬼」在殷虛文字從人或從女者相同。又案：春秋時有姜戎，自稱四岳之後，當即羌之一種。顧頡剛師云：「姜戎雖未完全華化，與齊、許諸國異，而其為四岳之裔胄，則與齊、許諸國同。然則申、呂、齊、許者，戎之進於中國者也；姜戎者，停滯於戎之原始狀態者也。抑申、呂、齊、許者，於西周之世東遷者也；姜戎者，於東周之世東遷者也；由其入居中國之先後，遂有華戎之判別，是則後遷者之不幸耳。」（《九州之戎與戎禹》，《禹貢半月刊》第七卷第六、七合期）

[30] 《左傳》昭公二十九年：「共工氏有子曰句龍，為后土；……后土為社。稷，田正也；有烈山氏之子曰柱，為稷，自夏以上祀之；周棄亦為稷，自商以來祀之。」《國語·魯語》：「昔烈山氏之有天下也，其子曰柱，能殖百穀百蔬；夏之興也，周棄繼之，故祀以為稷。共工氏之伯九有也，其子曰后土，能平九土，故祀以為社。」案此已為神話之人話化者，其實「後土」本社神之稱：「土」即是社（《詩·大雅·緜》：「乃立塚土」，《毛傳》：「塚土，大社也。」甲骨文「社」均作「土」），「後」者神稱（詳楊寬正先生《中國上古史導論》）。「后稷」與「后土」同。「后土」與「后稷」，即是「社」、「稷」。句龍及棄皆本神而非人（詳拙作《鯀禹的傳說》，《古史辨》第七冊）。稷神即農神也。又《周語》：「昔我先王世后稷，以服事虞夏。」「稷為大官……農師一之，農正再之，后稷三之，司空四之，司徒五之，太保六之，太師七之，太史八之，宗伯九之。」是「后稷」又為農官之稱。但其說不見金文及較古之書，恐屬後起。如可信，則或是古代假神名為官名也。

[31] 參看第四章。

[32] 《史記·周本紀》：「后稷卒，子不窋立。」《索隱》引譙周云：「《國語》云『世后稷以服事虞夏』，言世稷官，是失其代數也。若不窋

親棄之子，至文王千餘歲，唯十四代，亦不合事情。」《詩·大雅·公劉篇正義》亦云：「《外傳》稱后稷勤周十五世而興，《周本紀》亦以稷至文王為十五世，計虞及夏、殷、周有千二百歲，每世在位皆八十許年，乃可充其數耳。命之短長今古一也，而使十五世君在位皆八十許載，子必將老始生，不近人情之甚！以理而推，實難據信。」戴震云：「周自公劉始居豳，書傳闕逸，莫能詳其時世。考《國語》《史記》所錄祭公謀父諫穆王曰：『昔我先王世后稷，以服事虞夏，及夏之衰也，棄稷弗務，我先王不窋用失其官，而自竄於戎狄之間。』蓋不窋已上世為后稷之官，不知凡幾，傳至不窋，然後失其官也。……《周本紀》曰：『……后稷之興在陶唐、虞、夏之際，皆有令德，后稷卒，子不窋立。……』《史記》不曰棄卒而曰后稷卒，且上承『后稷之興在陶唐、虞、夏之際，皆有令德』，此書法也。世次中闕，莫知其名，繼棄而為后稷，謹修其官守，以至不窋，是不一人，故曰『皆有令德』。及最後為后稷者卒，其子不窋立，末年而失其世世守官。微竄之際，殆不絕如縷，典文謀記，切溫然。雖公劉復立國於豳，後已無舊人能追先世之代系，故《國語》稱十五王，不數其皆有令德而世后稷者。漢劉敬對高帝曰：『周之先自后稷，堯封之邰，積德累善十有餘世，公劉避桀居豳。』所謂『積德累善十有餘世』，與《本紀》『皆有令德』之文，是漢初相傳咸知不窋已上代系中隔矣。」（《毛鄭詩考正》）案：周人稱「后稷」，如《詩》《書》（《周書》）所載，皆指其始祖。如棄之後果尚有所謂「繼棄而為后稷」者，則此名稱似嫌混淆。《周語》明謂：「自后稷之始基靖民，十五王而文始平之。」「后稷勤周，十有五世而興。」世數與《史記》略合。其間雖不無缺代，然戰國西漢之正統說法自以不窋為棄之親子也。楊拱辰先生云：「年代與世數之不相合，非由不窋以上失官難考，乃由說棄為虞廷之官也。……棄乃商稷，以三十年一代計，彼正當湯後百年。……太

史公一面據其他典籍錄周世系，乃一面又承《堯典》之謬誤，謂棄為虞官，致有此失。」（《夏民族起於東方考》，《禹貢半月刊》第七卷第六、七合期）其說近是！至所謂「昔我先王世后稷」及「后稷之興在陶唐、虞、夏之際，皆有令德」，「積德累善十有餘世，公劉避桀居豳」等文，似皆儒家彌縫古史之語，不足信據。折衷於《詩》《書》，當以楊說為是！

[33] 《詩‧大雅‧公劉》：「篤公劉，於胥斯原，既庶既繁，既順乃宣，而無永歎。」「篤公劉，於豳斯館，涉渭為亂，取厲取鍛。止基乃理，爰眾爰有，夾其皇澗，溯其過澗，止旅乃密，芮鞫之即。」《史記‧周本紀》：「公劉雖在戎狄之間，復修后稷之業，務耕種，行地宜，自漆沮渡渭取材用。行者有資，居者有畜積，民賴其慶，百姓懷之，多從而保歸焉，周道之興自此始。」

[34] 《史記索隱》云：「《世本》作『公非辟方』。皇甫謐云：『公非字辟方也。』」「《世本》云：『高圉侯侔。』《集解》云：「《系本》云：『亞圉雲都。』皇甫謐云：『雲都，亞圉字。』」《索隱》云：「《漢書‧古今表》曰：『雲都，亞圉弟。』按如此說，則辟方、侯侔亦皆二人之名，實未能詳。」「《世本》云：『太公組紺諸盩。』《三代世表》稱叔類，凡四名。皇甫謐云：『公祖一名組紺諸盩，字叔類，號曰太公也。』」案：「辟方」、「侯侔」、「雲都」、「太公組紺諸盩」，或是另有其人，或即公非、高圉、亞圉、公叔祖類之別字，均未能定。要之周人世系多缺誤，《史記》之文亦未可盡據也。

[35] 商多兄弟相傳，周多父子相傳，故商世較周大多。然商代共六百年，分之三十王，每王約佔時二十年，雖短於三十年為一世之說；但將六百年分之十五王，每王約佔時四十年，仍未免佔時太長。

[36] 如假定《史記》所載周人世系有缺脫，則可推至夏末，因《禮記・祭法》云：「夏之衰也，周棄繼之。」《國語・周語》：「及夏之衰也，棄稷不務，我先王不窋用失其官，而自竄於戎狄之間。」如《史記》所傳周人世系不缺，則周國決建立於商代，因據三十年為一世推之，十五王僅得四百五十年也。

[37] 《詩・大雅・緜》：「民之初生，自土（杜）沮（徂）漆，古公亶父，陶複陶穴，未有家室。」《毛傳》：「陶其土而複之，陶其壤而穴之。」陳奐《毛氏傳疏》云：「複，《說文》引詩作『覆』。《玉篇》同。段注云：土謂堅者，堅則不患崩壓，故旁穿之，使上有覆蓋；陶其土，旁穿之也。壤謂柔者，柔則恐崩，故正鑿之；陶其壤，正鑿之也。《毛傳》讀陶為掏。案《淮南子・泛論篇》：『古者民澤處複穴。』高注云：『複穴，重窟。』毛析言之，高則渾言之也。」

[38] 《詩・公劉》：「篤公劉，匪居匪康，乃場乃疆，乃積乃倉，乃裹糇糧，於橐於囊，思輯用光。弓矢斯張，干戈戚揚，爰方啟行。」「何以舟（帶）之，維玉及瑤，鞞琫容刀。」「京帥之野，於時（是）處處，於時廬旅。」「蹌蹌濟濟，俾筵俾几，既登乃依，乃造其曹，執豕於牢，酌之用匏。」

[39] 《左傳》僖公五年云：「晉侯復假道於虞以伐虢，……（虞）公曰：『晉，吾宗也，豈害我哉？』（宮之奇）對曰：『大伯、虞仲，大王之昭也；大伯不從，是以不嗣。』」杜註：「大伯、虞仲，皆大王之子，不從父命，俱讓適吳。仲雍支子別封西吳，虞公其後也。」《史記・吳世家》云：「吳太伯，太伯弟仲雍，皆周太王之子而王季歷之兄也。季歷賢而有聖子昌，太王欲立季歷以及昌，於是太伯、仲雍二人乃奔荊蠻，文身斷髮，示不可用，以避季歷。……太伯卒，無子，弟仲雍立，是為吳仲雍。仲雍卒，子季簡立。季簡卒，子叔達立。叔達卒，子周章立。是時周武王克殷，求太伯、仲雍之

後，得周章。周章已君吳，因而封之；乃封周章弟虞仲於周之北故夏虛，是為虞仲，列為諸侯。」案：據《左傳》，虞仲為太伯之弟，據《史記》，太伯之弟僅號仲雍，而仲雍曾孫亦號「虞仲」，似無祖孫同號之理，此必有誤。崔述云：「《傳》所稱虞仲乃大王之子，非周章之弟也。若至仲之曾孫始遷於虞，則《傳》不得稱為『虞仲』。太伯君吳而稱『吳太伯』，仲君吳而稱『虞仲』，有是理邪？且《論語》以虞仲為逸民，若嗣太伯而有國，豈容復謂之『逸』？然則哀七年之《傳》仲雍，非太王之子；太王之子自號虞仲，非《傳》之仲雍矣。疑《史記》因見哀七年《傳》仲雍嗣太伯之文，遂誤以仲雍為太伯之弟，因以《傳》之虞仲別屬之周章之弟也。大抵《史記》之言皆難取信。」（《豐鎬考信錄》卷八）崔氏以虞仲為太王之子太伯之弟而君虞，甚是！但以為太伯別君於吳，則仍被舊說所誤，「吳」即「虞」也（「吳」、「虞」二字通用，古籍證據甚多）。虞仲為逸民之說亦不可信（為逸民之虞仲或是另一人）。蓋太伯、虞仲皆山西虞國之祖，故宮之奇以為言。太伯時周人決無遠至江東之理。呂誠之先生云：「觀虞仲封於夏虛，則泰伯、仲雍所逃，去周必不甚遠。」（《先秦史》）其實太伯、仲雍所逃夏虛也。太伯、仲雍為吳祖之說，本不足信，詳第四章。至崔氏以為仲雍非太王之子，則臆說無據矣！

[40] 《詩·大雅·皇矣》：「帝省其山，柞棫斯拔，松柏斯兌，帝作邦作對，自太伯王季。維此王季，因心則友，則友其兄，則篤其慶。」又《緜》：「柞棫拔矣，行道兌（通）矣。」朱熹《集傳》云：「言帝省其山，而見其木拔道通，則知民之歸之者益眾矣。」崔述云：「《詩》云：『柞棫斯拔，松柏斯兌，帝作邦作對，自太伯、王季。』似太伯已嘗君周，而復讓之王季也者。」（《豐鎬考信錄》卷八）

[41]《太平御覽》八十三引《竹書紀年》：「（武乙）三十四年，周王季歷來朝，王賜地三十里，玉十珏，馬八匹。」《後漢書・西羌傳注》引《竹書紀年》：「（武乙）三十五年，周王季伐西落鬼戎，俘二十翟王。」「大丁二年，周人伐燕京之戎，周師大敗。」「四年，周人伐余無之戎，克之，周王季命為殷牧師。」「七年，周人伐始呼之戎，克之。」「十一年，周人伐翳徒之戎，捷其三大夫。」西落鬼戎當在西方。燕京之戎，錢賓四先生云：「燕京者，《淮南子・地形訓》：『汾出燕京。』高誘曰：『燕京山在太原汾陽縣。』《水經・汾水注》：『汾水出太原汾陽縣北管涔山。《十三州志》曰：出武州之燕京山，亦管涔之異名也。』《水道提綱注》：『山最高大，蜿蜒數百里，為山西諸山之祖。其東北水皆北入桑乾，其東水皆東入滹沱，其西水皆西入黃河，而汾水其南水也。』然則當王季時，汾水上游有燕京之戎，其勢盛於西落鬼戎。」余無之戎，錢先生云：「徐文靖《竹書統箋》云：『《左傳》閔公二年，晉申生伐東山皋落氏，《上黨記》東山在壺關縣城東南，今名無皋。成公八年，劉康公敗績於徐吾比，《上黨記》純留縣有余吾城，在縣西北三十裏。余無之戎當即是余吾及無皋二戎也。』今案：《水經・河水注》：『清水出清廉山，東流徑皋落城北，服虔曰：赤翟之都也。』《方輿紀要》：『皋落城在絳州垣曲縣西北六十里。』徐氏據《上党記》蓋誤。沈欽韓《左傳地名補注》亦有辨。若余無之戎洵為餘吾、無皋二戎，則族盤據太行南山沁涑之間，蓋與燕京之戎一氣相承。」始呼翳徒之戎，錢先生云：「《周官・職方氏》，正北曰并州，其山鎮曰恆山，其澤藪曰昭余祁，其川虖池嘔夷，其浸淶易。虖池即滹沱，王季所伐始呼、翳徒二戎，疑即在此。其族踞地，當尚在燕京迤北。」（《周初地理考》，《燕京學報》第十期）案：周自王季以前，似與殷無甚關係，至王季經營諸戎，勢力東漸，始朝殷受殷命為「牧師」而與殷發生關係也。

[42] 《晉書‧束晳傳》等書引《竹書紀年》:「文丁殺季曆。」

[43] 《史記‧周本紀》:「公季卒子昌立是為西伯。」案:「西伯」之稱已見《商書》。《周書‧康誥》云:「惟乃丕顯考文王,克明德慎罰,……用肇造我區夏,越我一二邦,以修我西土,惟時怙冒,聞於上帝,帝休。」蓋文王已為西土之伯主矣。

[44] 《書‧無逸》:「文王卑服,即康功田功。徽柔懿恭,懷保小民,惠鮮鰥寡。自朝至於日中昃,不遑暇食,用咸和萬民。」

[45] 《詩‧大雅‧緜》:「混(昆)夷脫矣,維其喙矣。」「虞芮質厥成,文王蹶厥生。」《皇矣》:「密人不恭,敢距大邦,侵阮徂共,王赫斯怒,爰整其旅,以按徂旅。」《書‧西伯戡黎》:「西伯既戡黎,祖伊恐,奔告於王。」《詩‧皇矣》:「帝謂文王,詢爾仇方,同爾兄弟,以爾鉤援,與爾臨衝,以伐崇墉。」《文王有聲》:「文王受命,有此武功,既伐於崇,作邑於豐。」《史記‧周本紀》:「虞芮之人有獄不能決,乃如周。……明年伐犬戎(即昆夷)。明年伐密須(即密)。明年敗耆國(即黎國)。……明年伐邘。明年伐崇侯虎而作豐邑,自岐下而徙都豐。明年,西伯崩。」《詩‧大雅‧文王‧序疏》引《書傳》,則謂一年斷虞芮之訟,二年伐邘,三年伐密須,四年伐犬夷,五年伐耆,六年伐崇,七年而崩。與《史記》不同。呂誠之先生云:「蓋當以《史記》為是!犬戎、密須皆近患,故先伐之;耆在上黨,邘有野王,則所以圖紂。崇蓋紂黨最大者,故最後伐之。用兵先後,次序井然,不得如《書傳》所云。殷、周《本紀》多據《書傳》,此事亦不得有異同;蓋《書傳》本同《史記》,後乃倒亂失次也。」(《先秦史》)

[46] 崔述云:「文王之事,《詩》《書》言之詳矣。與國若虞芮,仇國若崇密,下至昆夷,亦得附見焉。紂果文王之君,不應《詩》《書》反無一言及之。況羑里之囚,乃文王之大厄;斧鉞之賜,乃周王業

之所自始；較之虞芮之質，崇密之伐，其事尤鉅，尤當鄭重言之，何以反不之及，若文王與紂初不相涉者，……豈非文王原未嘗立於紂之朝哉！紂囚文王之事，始見於《春秋傳》，《傳》云『紂囚文王七年，諸侯皆從之囚，紂於是乎懼而歸之』（在襄二十一年）；固已失於誕矣。然初未言文王立於紂之朝也。其後《戰國策》衍之，始以文王為紂三公，而有竊歎九鄂脯醢之事，然尚未有美女善馬之獻也。《尚書大傳》再衍之，始謂散宜生、閎夭等取美馬怪獸美女大貝以賂紂而後得歸；亦尚未有弓矢斧鉞之賜也。逮至《史記》，遂合《國策》《大傳》之文而兼載之，復益之以為西伯專征伐之語。豈非去聖益遠，則其誣亦益多；其說愈傳，則其真亦愈失乎！……古者天子有德，則諸侯皆歸之，無則諸侯去之。……周介戎狄之間，去商尤遠，是以太王侵於獫鬻，商之方伯州牧不聞有救之者也。事以皮幣珠玉，不聞有責之者也。去而遷於岐山，亦不聞有安集之者也。蓋當是時，商之號令已不行於河關以西。周自立國於岐，與商固無涉也。自廩辛至紂六世，商日以衰，而紂又暴，故諸侯叛者益多，特近畿諸侯或服屬之耳。是以文王滅密則取之，滅崇則取之，商不問，文王亦不讓也。……由是言之，文王蓋未嘗立商之朝，紂焉得囚之羑里，而賜之斧鉞也哉？」（《豐鎬考信錄》卷二）

[47] 《書·康誥》：「天乃大命文王，殪戎殷，誕受厥命。」《逸周書·祭公》：「皇天改大殷之命，維文王受之，維武王大克之，咸茂厥功。」《墨子·非攻下》：「赤烏銜珪降周之岐社，曰：『天命周文王伐殷有國。』」《太平御覽》八十三引《竹書紀年》「（帝乙）二年，周人伐商」（此時周君為文王）。可見文王已有「受命」之實及戮殷之志矣。

[48] 《詩·大雅·大明》：「殷商之旅，其會如林，矢（陳）於牧野，維予侯興。……牧野洋洋，檀車煌煌，駟騵彭彭，維師尚父，時

維鷹揚（如鷹之飛揚）。凉彼武王，肆伐大商，會朝清明。」《史記・周本紀》：「九年，武王上祭於畢，東觀兵至於孟津，……是時諸侯不期而會盟津者八百諸侯。諸侯皆曰：『紂可伐矣。』武王曰：『女未知天命，未可也。』乃還師歸。居二年，聞紂昏亂暴虐滋甚，……於是武王遍告諸侯，……遂率戎車三百乘，虎賁三千人，甲士四萬五千人，以東伐紂。……武王使師尚父與百夫致師（挑戰），以大卒馳帝紂師，……紂兵皆崩畔紂。」是武王東征，先後凡兩次，而牧野之戰，以師尚父為最著武勇之功也。

[49]《史記・周本紀》：「成王少，周初定天下，周公恐諸侯畔周，公乃攝行政當國。」崔述云：「《金縢篇》並無周公攝政之文。唯《戴記・文王世子篇》云：『成王幼，不能莅阼，周公相，踐阼而治。』《明堂位》云：『武王崩，成王幼弱，周公踐天子之位，以治天下。……』由是《史記》《漢書》及諸說《尚書》《禮記》者，並謂周公居天子位，南面以朝諸侯，而以《洛誥》之『復子明辟』為覆政成王之據。……以余考之，周公不但無南面之事，並所稱成王幼而攝政者，亦妄也！古者男子不逾三十而娶，況君之世子乎？邑姜者，武王之元妃；成王者，邑姜之長子；而唐叔其母弟也。武王之娶邑姜，邑姜之生成王，皆當在少壯時明甚！而今《文王世子篇》乃云：『文王九十七而終，武王九十三而終，成王幼不能莅阼。』則是武王年八十余而始生成王，六十餘而始娶邑姜也，此豈近於情理哉？……由是言之，凡《記》所載武王、成王之年，皆不足信！況周公之東也，唐叔實往歸禾，則成王之不幼明矣！蓋古者君薨，百官總已以聽於冢宰三年，……然則武王崩時周公蓋以冢宰攝政，不幸羣叔流言，周公東辟，遂不得終其攝。及成王崩，召公鑒前之禍，遽奉子釗以朝諸侯，由是此禮遂廢。後之人但聞有周公攝政之事，而不知有冢宰總已之禮，遂誤以成王為幼。又

見《洛誥》之末有『周公誕保文武受命惟七年』之文，遂誤以為攝政之年數。正不思周公居東二年，東征三年，七年之中，周公之在外者四五年，此時何人踐阼，何人聽政？成王之自臨朝視政明矣！何故能踐阼聽政於四五年，而獨此二三年中必待周公之攝之也？」（《豐鎬考信錄》卷四）案：崔氏之說雖辨，然實未是！《周書·大誥》云：「王若曰：『猷！大誥爾多邦，越爾御事：弗弔，天降割於我家，不少延，洪惟我幼沖人，嗣無疆大歷服。……義爾邦君，越爾多士，尹氏御事綏予曰，無毖於恤，不可不成，乃寧考圖功。』」舊以《大誥篇》中之「寧王」為武王，據吳大澂說，「寧」、「文」古文形近，「寧王」即「文王」之誤。《大誥篇》中之王既稱文王為「寧考」，則為文王之子，既非武王，必為周公無疑。是周公稱「王」之強證一。又康叔封衛之命詞《康誥》云：「王若曰：『孟侯，朕其弟小子封！』」康叔乃周公所封（康叔所封即故殷虛，殷虛在武王時尚為武庚所有，故康叔封衛必當如《史記》等書所說在周公時），則此「王」自是周公。是周公稱「王」之強證二。又除《禮記·文王世子》《禮記·明堂位》《史記·周本紀》等外，《荀子·儒效》《韓非子·難二》《尸子》《淮南子·齊俗》《尚書大傳》《韓詩外傳》《史記·魯周公世家》《史記·燕召公世家》等亦均有周公攝政之說，則周公踐阼攝政似有其事，不必多疑。至武王崩時成王幼少，亦似是事實。呂誠之先生云：「若將《無逸》之『厥享國五十年』解作年五十歲，則文王崩時，武王當三十左右，周公當更少也。」（《先秦史》）「《無逸》歷敘長壽之君：殷王中宗、高宗、祖甲、文王，獨不及武王，如武王年壽甚長，周公何以不數？武王為成王之父，舉父誠子，正極現成；周公不述者，疑武王之壽本不長也。」（據呂先生口述）案：《無逸》云：「肆祖甲之享國，三十有三年。」三十三歲不可云長壽，即文王之「厥享國五十年」，五十歲亦中壽而已，何足稱述？疑所謂「享國」確為享國之年，而

非「年五十歲」。但呂先生第二説則極是，武王享年必不永，故周公東征時所作之《大誥》，一則曰「洪惟我幼沖人」，再則曰「予惟小子」；則周公其時年歲亦必尚少。即以《大誥》為成王之書，亦可證成王之「幼沖」也。又《召誥》云：「今沖子嗣」，又云：「有王雖小，元子哉！」皆指成王；則成王之幼沖可以無疑！崔氏雖能辨「『孺子』之稱不必其皆嬰兒」（同上），但於「有王雖小」及「沖子」之稱，則亦不能辨矣。至唐叔，或是武王之弟，非成王弟，別詳第四章，故唐叔歸禾事並不足證成王之年長。周公東征之時，攝王朝之政者自另有其人。古國君出征者多矣，豈國中不得攝政之人邪？

[50] 《書·金縢》：「武王既喪，管叔及其羣弟乃流言於國曰：『公將不利於孺子。』」《大誥》：「殷小腆，誕敢紀其敘，天降威，知我國有疵，民不康，曰：『予復！』反鄙我周邦。……爾庶邦君，越庶士御事，罔不反曰艱大，民不靜，亦惟在王宮邦君室。」《逸周書·作洛》：「周公立，相天子，三叔及殷、東、徐、奄及熊盈以略（畔），周公、召公內弭父兄，外撫諸侯。……二年，又作師旅，臨衛政（征）殷，殷大震潰，降辟（誅）三叔，王子祿父北奔，管叔經而卒，乃囚蔡叔於郭凌。凡所征熊盈族十有七國，俘維九邑。俘殷獻民，遷於九畢。俾康叔宇於殷，俾中旄父宇於東。」以上三節為較古之周公東征史料，最可信據者為《大誥》，《作洛篇》次之，《金縢篇》只可節取而已。

[51] 《左傳》昭公二十八年：「昔武王克商，光有天下，其兄弟之國者十有五人；姬姓之國者四十人。」僖公二十四年：「昔周公弔二叔之不咸，故封建親戚，以蕃屏周。」崔述云：「按周之封同姓，成鱄以為武王，富辰以為周公。以經傳考之：衛封於武王世，魯與晉封於成王世，二子之言皆不盡合。……蓋古人之文多舉其大略，以克商自武王，故多推本武王言之。富辰以與召公對舉，則稱周公

焉。其實乃陸續所封，不可概謂之武王，尤不得專屬之周公也。」（《豐鎬考信別錄》卷二）案：崔說固近理，然衞亦封於成王世，非武王世，崔氏誤從宋儒之臆說耳。武王克商大功未集，即有封建，數必不多；周公東征，東土大定，諸侯之封，大半當在此時，故以僖二十四年《傳》所言為近是！定公四年《左傳》亦云：「昔武王克商，成王定之，選建明德，以藩屏周。」並足為證！《史記・齊太公世家》：「武王已平商而王天下，封師尚父於齊營丘。」案：武王時東土尚未平定，安得封太公於營丘，太公封齊當亦在成王世。傅斯年氏云：「『齊』者，『濟』也，濟水之域也。其先有有濟，其裔在春秋為風姓；而營丘又在濟水之東。武王之世，殷未大定，能越之而就國乎？尚父、侯伋兩世歷為周輔，能遠就國於如此之東國乎？」（《大東小東說》，《中央研究院歷史語言研究所集刊》第二本）其疑是也！

[52] 《孟子・告子篇》：「周公之封於魯，為方百里也。」《史記・魯周公世家》：「武王……封周公旦於少昊之虛曲阜，是為『魯公』。周公不就封，留佐武王。……於是卒相成王，而使其子伯禽代就封於魯。」案：《詩・魯頌・閟宮》云：「王曰叔父，建爾元子，俾侯於魯，大啟爾宇，為周室輔。乃命魯公，俾侯於東，錫之山川，土田附庸。」《左傳》定公四年云：「分魯公以大路大旂，……命以伯禽，而封於少皞之虛。」則封於魯者非周公，實是伯禽；且其封在成王之世，非在武王世也。周公封周，故曰「周公」；伯禽封魯，故曰「魯公」。《史記》以周公亦為「魯公」，其說極謬！崔述云：「周公既受祿於周矣，何事又封於魯？……周衰，王室東遷，內諸侯漸微，而外諸侯之勢盛，由是後人不復知周公之先已受采於周，而但疑周、召之受封不當在蔡、衞、曹、滕之後，遂以為武王之世齊魯同時而封，誤矣。」（《豐鎬考信別錄》卷二）

[53] 《史記·齊太公世家》:「封師尚父於齊營丘。」呂誠之先生云:「《正義》:『營丘在青州臨淄北百步外城中。』又引《括地志》云:『薄姑城在青州博昌縣東北六十里。』案唐臨淄即今山東臨淄縣。博昌今山東博興縣也。《漢書·地理志》:『齊郡臨淄縣,師尚父所封。』應劭曰:『獻公自營丘徙此。』臣瓚謂:『臨淄即營丘。』《詩齊譜疏》引孫炎說同。《烝民》毛傳亦謂:『齊去薄姑徙臨淄。』則應劭說非也!《左氏》昭公二十年晏子云:『昔爽鳩氏始居此地,季蒍因之,有逢伯陵因之,蒲姑氏因之,而後大公因之。』又以營丘與薄姑為一,蓋城邑雖殊,區域是一,故古人渾言之也。」(《先秦史》)

[54] 唐叔或為武王之弟,詳第四章。《史記·晉世家》:「唐叔子燮,是為晉侯。」《正義》云:「《宗國都城記》:『唐叔虞之子燮父徙居晉水傍。』今並理故唐城。唐者,即燮父初徙之處也。《毛詩譜》云:『叔虞子燮父以堯墟南有晉水,改曰晉侯。』案:古唐國實在今山西西南部。《晉世家》:『唐有亂。』《正義》引《括地志》云:「故唐城在絳州翼城縣西二十里。」唐翼城縣治在今治東南三十五里,是晉國故都當今翼城縣治附近。晉水或即澮水也。惟錢賓四先生以為:「晉之始封,唐之故居,或當在河東蒲州一帶,故虞鄉有晉陽,而班氏有晉自晉陽遷之說。其居翼居鄂已非其初。顧炎武、王世家辨晉初居翼,其論猶為未盡也。」(《周初地理考》)案:錢說甚辨,可備參考。

[55] 《左傳》定公四年:「分魯公以大路大旂,……殷民六族:條氏、徐氏、蕭氏、索氏、長勺氏、尾勺氏,使帥其宗氏,輯其分族,將其類醜,以法則周公,用即命於周,是使之職事於魯,以昭周公之明德。……因商奄之民,命以伯禽,而封於少皞之虛。」《說文》謂郱在魯。《書·費誓》云:「徂茲淮夷、徐戎並興。」鄭玄云:「奄蓋淮夷之地。」《史記·魯世家》:「(伯禽)遂平徐戎,定

魯。」又「（頃公）十九年，楚伐我，取徐州」。則魯國實兼徐、奄之地也。

[56] 《左傳》昭公二十年：「昔爽鳩氏始居此地，季萴因之，有逢伯陵因之，蒲姑氏因之，而後大公因之。」是齊地本蒲姑氏之居。杜注云：「蒲姑氏，殷周之間代逢公者。」案今本《書序》云：「成王既踐奄，將遷其君於蒲姑，周公告召公，作《將蒲姑》。」「爽鳩」、「蒲姑」皆鳥名，淮夷甲骨文作「隹夷」（詳陳夢家先生《隹夷考》，《禹貢半月刊》第五卷第十期），「隹」亦鳥也；蓋淮夷之族皆以鳥為其圖騰（參看拙作《鳥夷》，《齊魯學報》第一期）。奄與爽鳩、蒲姑當皆淮夷分族，故成王（當作周公）踐奄後遷其君於蒲姑也。又案：《尚書大傳》云：「奄君蒲姑謂祿父曰……」鄭玄注云：「玄或疑焉：蒲姑齊地，非奄君也。」或蒲姑之地即因奄君遷此而名，則太公之封齊端在周公東征後矣！

[57] 《左傳》定公四年：「分唐叔以大路，……懷姓九宗，職官五正，命以《唐誥》，而封於夏虛。啟以夏政，疆以戎索。」杜註：「大原近戎而寒，不與中國同，故自以戎法。」案「懷」即「隗」（王國維等說），狄之姓也。夏本西北種族，或與戎狄有血統上之關係。

[58] 「成周」者，表周業之成；「宗周」者，表周室為天下之宗主也。

[59] 《書·洛誥》：「王曰：『公！予小子其退，即辟於周，命公後。』……王命作冊逸祝冊，惟告周公其後。……王命周公後，作冊逸誥。」蔡沈《集傳》云：「謂之『後』者，先成王之辭；猶後世留守留後之義。先儒謂封伯禽以為魯後者非是！……下文『惟告周公其後』，『其』字之義，益可見其為周公，不為伯禽也。」案：蔡說甚是！

[60] 《逸周書》有《王會篇》，云：「成周之會。」孔晁註：「王城既成，大會諸侯及四夷也。」《左傳》僖公二十四年：「召穆公思周德之不類，故糾合宗族於成周而作詩。」《令彝銘》：「佳十月月吉癸未，明公朝至於成周，迶（出）令，舍三事令，眾（及）旂族（士）寮，眾諸尹，眾里君，眾百工，眾諸侯：侯，田，男，舍四方令。」可見成周在西周時本為糾合諸侯發號施令之所。（成周為東都大名，說詳拙作《春秋王都辨疑》，《禹貢半月刊》第七卷第六、七合期）。

[61] 《左傳》文公十八年：「先君周公制周禮。」昭公二年：「晉侯使韓宣子來聘，……觀書於太史氏，見《易象》與《魯春秋》，曰：『周禮盡在魯矣。吾乃今知周公之德，與周之所以王也。』」《孟子·離婁》：「周公思兼三王，以施四事。其有不合者，仰而思之，夜以繼日，幸而得之，坐以待旦。」《禮記·明堂位》：「周公踐天子之位以治天下，六年，朝諸侯於明堂，制禮作樂，頒度量，而天下大服。」《尚書大傳》：「周公居攝六年，制禮作樂，天下和平。」《史記·周本紀》：「興正禮樂，度制於是改，而民和睦，頌聲興。」崔述云：「記多稱周公制禮，而《春秋傳》亦嘗及之，必非無故而妄言者。但經未有明文，而傳亦不多見，兩漢傳注之儒遇有古書莫知其出自何人者，輒目之為周公所作，往往互相乖剌，遂致聖人之制淆亂而不可稽，而釋經亦多失其旨，學者惑焉，而莫適從也。」「古《禮經》十七篇（今謂之《儀禮》），世皆以為周公所作。余案：……周公曰：『享多儀，儀不及物曰不享，惟不役志於享。』孔子曰：『先進於禮樂，野人也；後進於禮樂，君子也。如用之，則吾從先進。』然則聖人所貴在誠意，不在備物。周初之制猶存忠質之遺，不尚繁縟之節明矣。今《禮經》所記者，其文繁，其物奢，與周公、孔子之意判然相背而馳，蓋即所謂後進之禮樂者，非周公所制也。且古者公侯僅方百里，伯七十里，子男五十里，而今聘食之

禮，牲牢籩豆之屬，多而無用，費而無當；度其禮，每歲不下十餘，竭一國之民力，猶恐不勝。……此必春秋以降，諸侯吞併之餘，地廣國富，而大夫士邑亦多，祿亦厚，是以如此其備，非先王之制也。襄王賜齊侯胙曰：『以伯舅耋老，加勞賜一級，無下拜。』齊侯曰：『小白余敢貪天子之命無下拜。』下拜登受。是古禮臣拜君於堂下，雖君有命，仍俟拜畢乃升，未有升而成拜者也。……秦穆公享晉公子重耳，公子賦《河水》，公賦《六月》，公子降拜稽首，公降一級而辭焉。是古禮，君自行君之謙，臣自循臣之節；辭者自辭，拜者自拜，不因其辭而遂不成拜於下也。……故孔子曰：『拜下，禮也；今拜乎上，泰也。』今《禮經》臣初拜於堂下，君辭之，遂升而成拜；是孔子所謂拜上矣。齊桓、晉文所不敢出，而此書乃如是，然則其為春秋以降沿襲之禮，而非周公之制明矣！……吳、楚之僭王也，《春秋》書之曰子，慎其名也。……王之下不得復有王，即公之下不得復有公明矣。今《禮經》諸侯之臣有所謂諸公者，此何以稱焉？……蓋自春秋之末，大夫浸以上僭，齊有棠公，鄭伯有之臣稱伯有曰：『公焉在此。』卿大夫僭稱公之始也。其後晉韓、趙、魏氏滅知伯，亦僭稱諸侯，而仍朝事晉君。……而魯三桓作僭稱公，《孟子》所謂費惠公，《史記年表》所謂三桓勝魯如小侯者是也。竊疑宋、衛諸邦亦當類是。……然則此書乃春秋戰國間學者所記，所謂『諸公』，即晉三家，魯三桓之屬；周公時固無此制也。觀禮諸侯朝於天子，天下之大禮也；聘禮諸侯使大夫聘於諸侯，禮之小焉者耳。觀禮之詳雖百聘禮不為過，而今聘禮之詳反十倍於觀禮，此何故哉？此無他，春秋以降，王室微弱，諸侯莫朝，觀禮久失其傳矣。但學士大夫聞於前哲者大概如此，因而記之。若聘禮，乃當世所通行，是以極其詳備。然則此書之作在春秋以後明甚！……鄭世子忽取於陳，陳鍼子送女，先配而後祖。鍼子曰：『是不謂夫婦，誣其祖矣。』今《昏禮篇》

正先配而後祖。然則鄭人昏禮先配後祖，陳人昏禮先祖後配也。果周公所制之禮，頒行天下，不應陳人獨不知，即不知，亦不當反以此為譏也！王穆后崩，太子壽卒，晉叔向曰：『王一歲而有三年之喪二焉。』今《喪服篇》為妻期年。叔向博通古今，楚欲傲以所不知而不能，果周公所制之禮，叔向何容不知？……《記》曰：『恤由之喪，哀公使孺悲學士喪禮於孔子，士喪禮於是乎書。』是《士喪禮》之文竄於孔子也。以一反三，則他篇亦必非周公之筆。……然今《士喪禮篇》，亦未必即孔子之所書。……猶不敢必為孔子之書，況欲篤信其為周公之書乎？」（《豐鎬考信錄》卷五）案：崔說至辨！《周官》為後世擬作，人多知之，惟一般人尚多信《儀禮》為周公書，辨以為出後世者，以崔說為最精詳，故刪錄其文如上。然周公制禮之事，亦不能斷其必無，《論語·述而篇》云：「子曰：甚矣吾衰也，久矣吾不復夢見周公。」《泰伯篇》云：「如有周公之才之美，使驕且吝，其餘不足觀也已。」《書·金縢篇》載周公祝辭云：「予仁若（而）考（巧），能多材多藝，能事鬼神。」此皆較早之記載，則周公確為多材多藝之人，其能制禮樂，亦意中事也。崔述云：「凡傳記所稱周公制禮云者，亦止制其大綱而已」（同上）。其說近矣！徐中舒氏云：「現在我們依據銅器的研究，更得一種消極的論證，就是從沒有發見一件周初大王至武王時的銅器。……假使他們那時文化與殷人沒有什麼差別，為什麼沒有一件銘功的彝器留傳到現在呢？……銅器中既無確可證明為武王以前之物，及成王時遺物的寥寥，我們因此斷定周初文化的幼稚，這也似非過論。」（《殷周文化之蠡測》，《中央研究院歷史語言研究所集刊》第二本）案：據郭沫若《兩周金文辭大系考釋》所列西周器：武王時凡二器，其第二器是否屬武王時，尚未可定（郭氏定此器為武王時器之證據惟「克商」二字，然周公成王時亦有克商之事，未為強證。且本器又有「在成」語，「成」似即成周，則仍為

成王時器也）。成王時凡二十七器，確否雖亦未可盡定，然大部固
周公東征後所作也。蓋周人文化承自殷人，故至周公東征後，與東
土關係大密，周國文化乃亦大興也。此時周人而有制禮作樂之事，
亦固其所。

[62] 王國維氏《殷周制度論》云：「周初宗法雖不可考，其見於七十子
後學所述者，則《喪服小記》曰：『別子為祖，繼別為宗，繼禰者
為小宗。有五世而遷之宗，其繼高祖者也。是故祖遷於上，宗易於
下，尊祖故敬宗，敬宗所以尊祖禰也。』《大傳》曰：『別子為祖，
繼別為宗，繼禰者為小宗。有百世不遷之宗，有五世則遷之宗：百
世不遷者，別子之後也；宗其繼別子者，百世不遷者也。宗其繼高
祖者，五世則遷者也。尊祖故敬宗，敬宗尊祖之義也。』是故有繼
別之大宗，有繼高祖之宗，有繼曾祖之宗，有繼祖之宗，有繼禰之
宗，是為五宗。其所宗者皆嫡也，宗之者皆庶也。此制為大夫以下
設，而不上及天子諸侯。鄭康成於《喪服小記》注曰：別子，『諸
侯之庶子，別為後世為始祖者也。謂之別子者，公子不得禰先君
也』。又於《大傳》注曰：『公子不得宗君。』是天子諸侯雖本世嫡，
於事實當統無數之大宗，然以尊故無宗名。其庶子不得禰先君，又
不得宗今君，故自為別子，而其子乃為繼別之大宗。言禮者嫌別子
之世近於無宗也，故《大傳》說之曰：『有小宗而無大宗者，有大
宗而無小宗者，有無宗亦莫之宗者，公子是也。公子有宗道，公子
之公為其士大夫之庶者宗其士大夫之適者。』《注》曰：『公子不得
宗君，君命嫡昆弟為之宗，使之宗之。』此《傳》所謂有大宗而無
小宗也。又若無嫡昆弟，則使庶昆弟一人為之宗，而諸庶兄弟事之
如小宗，此《傳》所謂有小宗而無大宗也。《大傳》此說頗與《小記》
及其自說違異：蓋宗必有所繼，我之所以宗之者，以其繼別，若繼
高祖以下故也。吾之嫡昆弟、庶昆弟皆不得繼先君，又何所據以為

眾兄弟之至宗乎？或云：立此宗子者，所以合族也。若然，則所合者一公之子耳，至此公之子與先公之子若孫間，仍無合之之道。是大夫士以下皆有族，而天子諸侯之子，於其族曾祖父母，從祖父母，世父母，叔父母以下，服之所及者，乃無綴屬之法；是非先王教人親親之意也。故由尊之統言，則天子諸侯絕宗，王子公子無宗可也。由親之統言，則天子諸侯之子身為別子，而其後世為大宗者，無不奉天子諸侯以為最大之大宗，特以尊卑既殊，不敢加以宗名，而其實則仍在也。故《大傳》曰：『君有合族之道。』……惟在天子諸侯，則宗統與君統合，故不必以宗名；大夫士以下皆以賢才進，不必身是嫡子（書業案：此說不盡然），故宗法乃成一獨立之統系。……是故大夫以下，君統之外，復戴宗統，此由嫡庶之制自然而生者也。」（《觀堂集林》卷十）案：天子諸侯實亦有「宗」名，詳第二章。《禮記》出於後世儒家所述，亦未必盡可據也！

[63]《禮記大傳》：「有百世不遷之宗，有五世則遷之宗。百世不遷者，別子之後也；宗其繼別子之所自出者，百世不遷者也；宗其繼高祖者，五世則遷者也。」鄭註：「遷猶變易也。繼別子，別子之世適也。繼高祖者，亦小宗也。……以高祖與禰皆有繼者，則曾祖亦有也。則小宗四，與大宗凡五。」「蓋別子之世適，謂之大宗，百世不遷。世適而外，是為小宗：其子繼之，時曰繼禰小宗；其孫繼之，時曰繼祖小宗；其曾孫繼之，時曰繼曾祖小宗；其玄孫繼之，時曰繼高祖小宗。繼禰者，親弟宗之；繼祖者，從父昆弟宗之；繼曾祖者，從祖昆弟宗之；繼高祖者，從曾祖昆弟宗之；更一世絕服，則不復來事，而自事其五服內繼高祖已下者，所謂五世則遷也。然則一人之身，當宗與我同高、曾、祖、父四代之正適，及大宗之宗子，故曰『小宗四，與大宗凡五』也。」（呂誠之先生《先秦史》）

[64] 《殷周制度論》：「殷以前無嫡庶之制。……特如商之繼統法，以弟及為主，而以子繼輔之，無弟然後傳子。自成湯至於帝辛，三十帝中以弟繼兄者，凡十四帝。其以子繼父者，亦非兄之子而多為弟之子。惟沃甲崩，祖辛之子祖丁立；祖丁崩，沃甲之子南庚立；南庚崩，祖丁之子陽甲立；此三事獨與商人繼統法不合。此蓋《史記·殷本紀》所謂中丁以後，九世之亂，其間當有爭立之事而不可考矣。故商人祀其先王兄弟同禮，即先王兄弟之未立者，其禮亦同；是未嘗有嫡庶之別也。此不獨王朝之制，諸侯以下亦然。近保定南鄉出句兵三，皆有銘，其一曰：『大祖日己，祖日丁，祖日乙，祖日庚，祖日丁，祖日己，祖日己。』其二曰：『祖日乙，大父日癸，大父日癸，中父日癸，父日癸，父日辛，父日己。』其三曰：『大兄日乙，兄日戊，兄日壬，兄日癸，兄日癸，兄日丙，』此當是殷時北方侯國勒祖父兄之名於兵器以紀功者，而三世弟之名先後駢列，無上下貴賤之別。是故大王之立王季也，文王之捨伯邑考而立武王也，周公之繼武王而攝政稱王也，自殷制言之，皆正也。舍弟傳子之法實自周始。當武王之崩，天下未定，國賴長君，周公既相武王，克殷勝紂，勛勞最高，以德以長，以歷代之制，則繼武王而自立，固其所矣。而周公乃立成王而己攝之，後又反政焉。攝政者，所以濟變也；立成王者，所以居正也。自是以後，子繼之法遂為百王不易之制矣。」「由傳子之制而嫡庶之制生焉。……此制實自周公定之，是周人改制之最大者，可由殷制比較得之。有周一代禮制，大抵由是出也。」「商人無嫡庶之制，故不能有宗法。藉曰有之，不過合一族之人，奉其族之貴且賢者而宗之；其所宗之人固非一定而不可易，如周之大宗小宗也。周人嫡庶之制本為天子諸侯繼統法而設，復以此制通之大夫以下，則不為君統而為宗統，於是宗法生焉。」

[65] 《殷周制度論》:「又與嫡庶之制相輔者,分封子弟之制是也。商人兄弟相及,凡一帝之子無嫡庶長幼,皆為未來之儲貳,故自開國之初,已無封建之事,矧在後世。惟商末之微子、箕子,先儒以微、箕為二國名,然比干亦王子而無封,則微、箕之為國名亦未可遽定也。是以殷之亡僅有一微子以存商祀,而中原除宋以外更無一子姓之國。以商人兄弟相及之制推之,其效固應如是也。周人即立嫡長,則天位素定,其餘嫡子庶子,皆視其貴賤賢否,疇以國邑,開國之初建兄弟之國十五,姬姓之國四十,大抵在邦畿之外。後王之子弟,亦皆使食畿內之邑。故殷之諸侯皆異姓,而周則同姓異姓各半,此與政治文物之施行甚有關係,而天子諸侯君臣之分亦由是而確定者也。」案:周人之封建制實由宗法制脫化而出,宗法者其名分,而封建者其事實,乃一事之兩面耳。王氏之論猶嫌未晰。

[66] 呂誠之先生云:「《喪服傳》曰:『野人曰:父母何算焉;都邑之士,則知尊禰矣;大夫及學士,則知尊祖矣;諸侯及其大祖;天子及其始祖之所自出。』孟子曰:『死徙無出鄉,鄉田同井,出入相友,守望相助,疾病相扶持,則百姓親睦。』(《滕文公》上)一有宗法,一無宗法,顯然可見。」(《先秦史》)

[67] 《左傳》桓公二年:「天子建國,諸侯立家,卿置側室,大夫有貳宗,士有隸子弟,庶人工商各有分親,皆有等衰。」杜註:「庶人無復尊卑,以親疏為分別也。」所謂「庶人工商各有分親」,雖或亦為一種宗族制度,然不可詳考矣。

[68] 《詩・小雅・北山》:「溥天之下,莫非王土;率土之濱,莫非王臣。」

[69] 《左傳》閔公元年:「管敬仲言於齊侯曰:『戎狄豺狼,不可厭也;諸夏親昵,不可棄也。』」《國語・周語》載富辰曰:「狄無列於王

室。」韋註：「列，位次也。」《史記‧楚世家》：「熊渠曰：『我蠻夷也，不與中國之號諡。』」可見夷狄不受周人宗法與封建系統之支配。

[70] 《左傳》昭公十四年：「南蒯之將叛也，盟費人。司徒老祁、慮癸偽廢疾，使請於南蒯曰：『臣願受盟而疾興，若以君靈不死，請待間而盟。』」杜注謂司徒老祁、慮癸二人為南蒯家臣。案南蒯已為季氏家臣，今復有家臣，是大家臣之下尚有家臣也。

[71] 大夫以上無為家臣者，庶民階級亦難得為貴族之家臣。為卿大夫之家臣者，多屬士階層中人，如孔子之門弟子仲弓、季路、冉有等皆嘗為季氏家臣，諸人皆士也。

[72] 參看第二章及考證。《孟子‧萬章篇》：「下士與庶人在官者同祿，祿足以代其耕也。」

[73] 《孟子‧萬章篇》：「耕者之所獲，一夫百畝。百畝之糞：上農夫食九人，上次食八人，中食七人，中次食六人，下食五人。庶人在官者，其祿以是為差。」

[74] 《國語‧晉語》：「工商食官。」韋註：「工，百工；商，官賈也。」案：此所謂「工商」即庶人在官者之一種，其地位自當較高於普通農民。《左傳》定公八年：「衞侯欲叛晉，而患諸大夫……公曰：『又有患焉，謂寡人必以而子與大夫之子為質。』……將行，王孫賈曰：『苟衞國有難，工商未嘗不為患，使皆行而後可。』公以告大夫，乃皆將行之。」據此，工商之地位僅次於國君及大夫之子。此雖春秋末年之情形，然工商地位本來較高，亦可想見也。

[75] 參看第二章及考證。

[76] 參看第二章及考證。

[77] 《史記‧周本紀》云:「周公行政七年,成王長,周公反政成王,北面就羣臣之位。成王在豐,使召公復營洛邑,如武王之意;周公復卜申視,卒營築居九鼎焉。」據此,是周公還政在營洛邑之前也。然《魯周公世家》則云:「成王七年二月乙未,王朝步自周至豐,使太保召公先之洛相土。其三月,周公往營成周洛邑,卜居焉,曰:『吉。』遂國之。成王長能聽政,於是周公乃還政於成王。」據此,是周公還政又在營洛邑之後也。《史記》前後兩說矛盾。案之其他古傳記,亦異說紛紜,莫衷一是。今考之《尚書‧洛誥》云:「周公拜手稽首曰:『朕復子明辟。』」漢儒以此為周公覆政成王之據,宋儒非之,以為:「覆如逆覆之覆,覆命於王也。」(蔡沈《書集傳》)然《洛誥》下文又云:「厥若彝及撫事如予,惟以在周工往新邑,伻(使)向即有僚,明作有功,惇大成裕,汝永有辭。」此周公告戒成王親政當如己也。又云:「汝惟衝子,惟終。」「乃惟孺子,頒朕不暇,⋯⋯篤敘乃正父,罔不若予,不敢廢乃命,汝往敬哉!茲予其明農哉。」此周公訓誡成王親政後當永終天祿也。「茲予其明農哉」一語,更似周公退休之辭矣。又云:「予小子其退,即辟於周,命公後。」則成王仍以東都事委周公而自西還即位於宗周也。《洛誥》既有明文,則吾人可斷言周公還政成王在既定東都之後矣。《逸周書‧作洛篇》亦云:「及將致政,乃作大邑成周於土中。」其說與《洛誥》合。

[78] 《洛誥》:「惟周公誕保文武受命惟七年。」《尚書大傳》《禮記‧明堂位》等書皆云:「七年致政於成王。」宋以前儒者多謂此《洛誥》末句為周公攝政踐阼之年數。蔡沈《書集傳》則云:「吳氏曰:周公自留洛之後,凡七年而薨也。成王之留公也,言『誕保文武受命』,公之覆成王也,亦言『承保乃文祖受命民,越乃光烈考武王』,故史臣於其終,計其年曰:『惟周公誕保文武受命,惟七年。』」

蓋始終公之辭云。」案：此實為古代紀年之法：《齫卣銘》云：「佳明保殷成周年。」《中齍銘》云：「佳王令南宮伐反虎方之年。」《旅鼎銘》云：「佳公大保來伐反尸（夷）年，在十又一月庚申。」《臣辰卣銘》云：「佳王大禴於宗周，徙饎莽京年，在五月既望辛酉。」所謂「惟周公誕保文武受命惟七年」者，猶言「惟明保殷周年」也。又考甲骨卜辭紀年之法先日次月後年，如：「癸未王卜貞：酒肜日，自上甲至於多後，衣，亡圭自猷。在四月，佳王二祀。」「癸丑卜，易貞，王旬亡猷。在六月。甲寅酒上甲。王廿祀。」「癸未卜，在上兊香貞：王旬亡猷。在口月，王廿司（祀）。」「口酒翌日，自上甲至多後，口自猷。在九月，佳王五祀。」案《洛誥》篇末云：「戊辰，王在新邑，烝祭歲：文王騂牛一，武王騂牛一。王命作冊逸祝冊，惟告周公其後。王賓殺禋咸格，王入太室裸。王命周公後，作冊逸誥。在十有二月，惟周公誕保文武受命惟七年。」此與卜辭紀年月日之例何等相似，足見《洛誥》篇末一語實為紀年而非指周公在洛之年也，據此考證，則周公受命先後凡七年，可無疑問矣！

[79] 《書・顧命》：「（成）王曰：『……昔君文王、武王，宣重光，奠麗陳教，則肄。肄不違，用克達殷集大命。在後之侗，敬迓天威，嗣守文武大訓，無敢昏逾。』」《詩・周頌・昊天有成命》：「成王不敢康，夙夜基命宥密，於緝熙，單（盡）厥心，肄其靖之。」足徵成王為一守成之令主。

[80] 《詩・周頌・執競》：「自彼成康，奄有四方，斤斤其明。」《國語・周語》：「自后稷之始基靖民，十五王而文始平之，十八王而康克安之。」足徵康王亦為守成之令主。

[81] 《史記・周本紀》：「成康之際，天下安寧，刑錯四十餘年不用。」（《太平御覽》八十四引《竹書紀年》文同）

[82] 《史記‧周本紀》:「昭王之時,王道微缺,昭王南巡狩不返,卒於江上。」案:古本《竹書紀年》云:「昭王十六年,伐楚荊,涉漢,遇大兕。」「十九年,……喪六師於漢。」(《初學記》七引)「昭王末年,……王南巡不反。」(《太平御覽》八百七十四引)是昭王之「南巡狩」為伐楚也。其「不返」則因「喪六師於漢」也。《呂氏春秋‧音初篇》云:「周昭王親將征荊,辛餘靡長且多力,為王右。還反,涉漢,梁敗,王及蔡公抎(隕)於漢中。辛餘靡振(救)王,北濟,又反振蔡公。」則昭王確因征楚而遇難也。《史記正義》引《帝王世紀》云:「昭王德衰,南征濟於漢,船人惡之,以膠船進王。王禦船至中流,膠液船解,王及祭公俱沒於水中而崩。其右卒游(辛餘)靡長臂且多力,游振得王。周人諱之。」其說亦與《呂子》相應,但略加增飾耳。

[83] 見《左傳》僖公四年。

[84] 郭沫若氏《兩周金文辭大系考釋》云:「此鐘(宗周寶鐘)余以為乃昭王所作,銘中之『𨞈𡄹乃遣間來逆邵王』即昭王,『邵』乃生號非死謚。又其『𩱚其萬年畍保四或』之『𩱚』亦即昭王名『瑕』之本字,字當從害聲,與瑕同紐。惟此有異說:孫詒讓有《紹我周王見休義》(《籀稿述林》三),解《孟子‧滕文公》下篇所出此語(鄭玄《禹貢注》引此語以為《胤征》文,「紹」作「昭」),以『紹』為《爾雅‧釋詁》『詔相亮左右,相導也』之『詔』,其說至確!文末徵及本銘云:『近時所出《宗周鐘銘》記王伐服子事云:𨞈𡄹乃遣間來逆邵王,南尸(夷通)東尸具見廿有六邦,彼正是征伐有功,蕃國來歸之事,邵王與紹我周王之紹聲義亦正同。』近時唐蘭亦主此說,並云:「周初無鐘,本銘字體亦不甚古,疑是厲王時器,厲王名胡,胡音亦近轉。」(據來簡)今案:孫、唐二氏說均有至理,而尤以唐說為進步:蓋孫解在謚法舊說未破以前,唐說

在謚法舊說既破以後，更有確可成為問題之三證也。惟本銘乃有韻律之文，如「邵」字解為動詞，則「來逆邵」三動詞相疊，此下單繫一「王」字，音節欠諧，「邵」下必當安一字，如「乃」如「周」之類，方能和協。以文字言，字體雖不及《孟鼎》等之雄厚，然較之恭懿時器文之散漫，已有雲泥之感。而如南字作𡴋，百字作囧，除畫有粗細而外，與《大孟鼎》文全同。又如首語「王肇遹眚文、武，堇疆疆土」，與《大孟鼎》「雩我其遹眚先王，受民受疆土」，辭例亦無二致。再以器制言，周鐘乃由殷鐸演化而成，殷鐸有柄，執而鳴之，周鐘則倒懸，然備斡旋之甬，實鐸柄之孑遺也。本器乃有甬鋪，枚長，銑侈，於上剡。文在甬斡上為饕餮，在篆上為兩首之蜕，與武英殿《史籀》之腹紋作饕餮，緣帶及足帶之作兩首譎形者相同；凡此均不失為古鐘之典型。周初雖未見有鐘，然周鐘必有其原時，以此當之或不無突兀之感，恐前此者尚有之，尚待發掘耳。

[85]《國語·周語》：「穆王將征犬戎，……遂征之，得四白狼四白鹿以歸。」《後漢書·西羌傳》云：「王乃西征犬戎，獲其五王，王遂遷戎於太原。」其說當出古本《竹書紀年》。

[86]《史記·秦本紀》：「造父以善御幸於周繆王，得驥溫驪驊騮騄耳之駟，西巡狩，樂而忘歸。徐偃王作亂，造父為繆王御，長驅歸周，一日千里以救亂。」《趙世家》：「繆王使造父御，西巡狩，見西王母，樂之忘歸，而徐偃王反，繆王日馳千里馬，攻徐偃王，大破之。」

[87]《韓非子·五蠹篇》：「徐偃王處漢東，地方五百里，行仁義，割地而朝者三十有六國。荊文王恐其害己也，舉兵伐徐，遂滅之。」《淮南子·人間篇》說略同，「荊文王」作「楚莊王」。《後漢書·東夷傳》則作：「徐夷僭號，乃率九夷以伐宗周，西至河上。穆王畏其方熾，

乃分東方諸侯，命徐偃王主之。……穆王后得驥之乘，乃使造父御
以告楚，令伐徐，一日而至。於是楚文王大舉兵而滅之。」

[88] 《史記正義》引譙周云：「徐偃王與楚文王同時，去周穆王遠矣。
且王者行有周衞，豈聞亂而獨長驅，日行千里乎？」崔述云：「前
乎穆王者，有魯公之《費誓》，曰：徂茲淮夷、徐戎並興。後乎穆
王者，有宣王之《常武》，曰：震驚徐方，徐方來庭。則是徐本戎
也，與淮夷相倚為邊患，叛服無常，其來久矣。非能行仁義以服諸
侯，亦非因穆王遠游而始為亂也。且楚文王立於周莊王之八年，上
距共和之初已一百五十餘年；自穆王至是不下三百年，而安能與之
共伐徐乎？」錢賓四先生云：「謂荊文王伐徐者，韓非也；謂楚莊
者，淮南也；謂周繆王者，《史記・秦本紀》也；混《韓子》《史
記》為一談者，《後漢書・東夷傳》也。繆王之事不載於《周紀》，
而見諸《秦本紀》，此自秦人稱其祖造父，欲神其技，大其功，因
附會於偃王之事。《趙世家》又載繆王使造父御，西巡狩，見西王
母：此本以著異聞，非以為信史，故滅之於《周紀》，而存之於兩
《家》，史公之意，至慎至顯也！至楚文王時，考之《春秋傳》及
《楚世家》，均無徐偃王事，此韓說之妄，然稱徐偃王以仁義滅國：
則三說皆同。余疑徐偃王即宋王偃，其見滅時惟淮南楚莊王之說
得之。宋稱徐者，戰國時宋都蓋遷彭城。《韓世家》：『文侯二年伐
宋，到彭城，執宋君。』年表亦載此語。其時宋當休公世，蓋已遷
彭城而史闕不載。……故宋亦稱徐，即指新都彭城而言，如韓稱
鄭，魏稱梁是也（彭城晉立徐州，至今猶稱。淮夷、徐戎素屬商，
故商、宋亦得徐稱也）。……《韓非・五蠹》稱徐偃王處漢東，疑
淮東字訛，淮東即淮北也。《後漢・東夷傳》稱偃王處潢池東，《水
經・濟水篇》有黃水、黃溝，其東為沛，秦之泗水郡，劉備徐州治
此。又南為彭城，東為武原徐山，此即偃王之國矣。云其地方五百
里者，《宋策》墨子說楚，亦言宋方五百里也。偃王者，疑乃『王

偃』之倒，考謚法無『偃』。《秦本紀集解》引《尸子》曰：『徐偃王有筋而無骨，駰謂號偃由此。』此語無稽，而可以證『偃』之非謚。《志疑》云：『偃身死國亡，未必有謚。然《國策》《墨子》《呂覽》《新序》諸書俱以偃謚康王，而《荀子・王霸篇》稱為宋獻。楊倞注曰：國滅之後，其臣子各私為謚，故不同。』則是王偃謚康謚獻，本非通行於當時，故野人小民遂乃倒王之名以為稱。《莊子・列御寇》：『曹商為宋王使秦。』《釋文》：『司馬云：偃王也。』則王偃後人固亦稱之『偃王』矣。謂其見滅惟《淮南》楚莊王之時得之者，楚兩莊王，一在春秋時，一在戰國時，頃襄王又稱莊王，《六國表》宋滅當楚頃襄十二年，故《淮南》以為莊王也。宋亡於齊，其後楚得其淮北徐地。當時盛毀之者擬之桀紂，蓋出諸列國之君卿，而宋之小民，則曰道仁義不能忘。凡今先秦書記宋偃之不道者，皆本列國史記，而宋以國亡無史，其仁義之設施，已不足自傳於後世。惟野民小人之所稱譽，謂徐偃王行仁義而亡國者，其流傳失真，乃誤以為春秋之徐，或乃以謂在楚文土時，或乃以為當周繆王之世，傳者弗深考，乃不知其即宋王偃矣。古事流傳，其漫迤流衍如此者多，不足怪也。」（《先秦諸子系年考辨》卷三）案：錢說近是！《孟子・滕文公篇》云：「萬章問曰：『宋，小國也，今將行王政，齊、楚惡而伐之，則如之何？』」朱熹《集注》：「宋王偃嘗滅滕伐薛，敗齊、楚、魏之兵，欲霸天下，疑即此時也。」則王偃實有「行王政」之事，所謂「行仁義，割地而朝者三十有六國」，確有為宋王偃事傳訛之可能也。

[89] 見《左傳》昭公四年。

[90] 《左傳》昭公十二年：「昔穆王欲肆其心，周行天下，將皆必有車轍馬跡焉，祭公謀父作《祈招》之詩，以止王心。王是以獲沒於祗宮。」

[91] 見《國語‧齊語》及《管子‧小匡篇》。

[92] 見《周本紀》。

[93] 《史記‧周本紀》：「懿王之時，王室遂衰。」《漢書‧匈奴傳》：「懿王時王室遂衰，戎狄交侵，暴虐中國，中國被其苦。」

[94] 《史記集解》：「宋忠曰：懿王自鎬徙都犬丘，一曰廢丘，今槐里是也。」《漢書‧地理志》：「左扶風槐里，周曰犬丘，懿王都之。秦更名廢丘，高祖三年更名。」

[95] 《史記‧秦本紀》：「非子居犬丘，好馬及畜，善養息之，犬丘人言之周孝王，孝王召使主馬於汧渭之間，馬大蕃息。孝王欲以為大駱適嗣。申侯之女為大駱妻，生子成，為適。申侯乃言孝王曰：『昔我先酈山之女為戎胥軒妻，生中潏，以親故歸周，保西垂，西垂以其故和睦。今我復與大駱妻生適子成；申駱重婚，西戎皆服，所以為王，王其圖之。』於是孝王曰：『昔柏（伯）翳為舜主畜，畜多息，故有土，賜姓嬴，今其後世亦為朕息馬，朕其分土為附庸，邑之秦，使復續嬴氏祀，號曰秦嬴。』亦不廢申侯之女子為駱適者，以和西戎。」

[96] 《左傳》昭公二十六年：「至於夷王，王愆於厥身，諸侯莫不並走其望，以祈王身。」杜註：「愆，惡疾也。」《史記正義》引《竹書紀年》：「（夷王）三年。致諸侯，剪齊哀公昂。」《太平御覽》八十四引《紀年》作：「王致諸侯，烹齊哀公於鼎。」又《後漢書‧西羌傳》云：「夷王衰弱，荒服不朝，乃命虢公率六師伐太原之戎，至於俞泉，獲馬千匹。」《注》：「見《竹書紀年》。」是夷王時周勢雖較衰，仍能威服諸侯及征伐戎狄也。

[97] 《左傳》昭公二十六年：「至於厲王，王心戾虐，萬民弗忍，居王於彘。」《國語‧周語》：「厲王説榮夷公，芮良夫曰：『王室其將卑乎？

夫榮公好專利而不知大難。……今王學專利，其可乎？……』既
榮公為卿士，諸侯不享，王流於彘。」「厲王虐，國人謗王，邵公
告曰：『民不堪命矣。』王怒，得衛巫，使監謗者，以告，則殺之。
國人莫敢言，道路以目。……三年，乃流王於彘。」《史記‧周本
紀》：「厲王即位三十年，好利，近榮夷公。……卒以榮公為卿士，
用事。王行暴虐侈傲，國人謗王。召公諫曰：『民不堪命矣。』王
怒，得衛巫，使監謗者，以告，則殺之，其謗鮮矣，諸侯不朝。
三十四年，王益嚴，國人莫敢言，道路以目。……三年，乃相與
畔襲厲王，厲王出奔於彘。」

[98] 《史記‧周本紀》：「召公，周公二相行政，號曰『共和』。」《正義》
引韋昭云：「彘之亂，公卿相與和而修政事，號曰『共和』也。」

[99] 《史記索隱》引《汲塚紀年》：「共伯和干王位。」釋之云：「共，國；
伯爵；和，其名；干，篡也。言共伯攝王政，故云干王位也。」《正
義》引《魯連子》：「衞州共城縣，本周共伯之國也。共伯名和，好
行仁義，諸侯賢之。周厲王無道，國人作難，王奔於彘，諸侯奉
和以行天子事，號曰『共和元年』。十四年，厲王死於彘，共伯使
諸侯奉王子靖為宣王，而共伯復歸國於衞也。」《呂氏春秋‧慎人
篇》：「古之得道者，窮亦樂，達亦樂，所樂非窮達也。道得於此，
則窮達一也；為寒暑風雨之序矣。故許由虞乎潁陽，而共伯得乎共
首。」《開春論》：「共伯和修其行，好賢仁，而海內皆以來為稽矣。
周厲之難，天子曠絕，而天下皆來謂矣。」《莊子‧讓王篇》：「故
許由娛於潁陽，而共伯得乎共首。」《太平御覽》八百九十七引《史
記》：「共和十四年，大旱，火焚其屋。伯和篡位立。秋，又大旱。
其年周厲王死，宣王立。」

[100] 第一說不見於較古之書，疑出史公想像。梁玉繩云：「周、召本王
朝卿士，儻果攝天子之事，不可言釋位；別立名稱若後世之年號，

古亦無此法；故顏師古以史公之說為無據也。」（《史記志疑》卷三）
第二說疑竇亦甚多。崔述云：「人君在外，大臣代之出政，常也。
襄公之執，子魚攝宋；昭公之奔，季孫攝魯。厲王既出，周、召共
攝周政事，固當然不足異也。若以諸侯而行天子之事，則天下之大
變也。《傳》曰：『幹王之位，禍孰大焉！』又曰：『周德雖衰，天
命未改。』共伯果賢諸侯，詎應如是？春秋至閔、僖以後，天下之
不知有王久矣，然齊桓、晉文猶藉天子之命以服諸侯，不敢公然攝
天子事也。況西周之世烏得有此事？且夫召穆公，周之賢相也。
能諫厲王之虐，能佐宣王以興，夫豈不能代理天下事，而諸侯必
別宗一共伯和乎？齊桓、晉文之霸，傳記之紀述稱論者，指不勝
屈，況攝天子之事，尤為震動天下，而經傳反泯然無一語稱之，
亦無是理也。」（《豐鎬考信錄》卷七）案：《史記正義》云：「共
伯（指衛共伯）不得立，而和立為武公；武公之立在共伯卒後，
年歲又不相當；《年表》亦同；明《紀年》及《魯連子》非也。」
蓋張守節疑共伯和即衛武公，其故以《衛世家》云：「釐侯卒，
太子共伯餘立為君。共伯弟和有寵於釐侯，多予之賂。和以其賂
賂士，以襲攻共伯於墓上。共伯入釐侯羨自殺。衛人因葬之釐侯
旁，諡曰『共伯』；而立和為衛侯，是為武公。」衛武公之兄曰
「共伯」，而武公名「和」，適合「共伯和」之稱，故張氏以為「共
伯和」即指衛武公。然難解者為年代問題：衛武公之立，據《史
記》在宣王時，厲王時和尚為衛庶子，安得有「干王位」之事？
惟考《毛詩序》云：「《抑》，衛武公刺厲王，亦以自警也。」則
武公之立或當厲王之世，可以有攝行王政之事矣。崔述亦云：
「《大雅》篇次無顛倒者，而《抑》在《桑柔》《雲漢》之前，故
《序》以為厲王時詩。若武公於厲王時已為諸侯，則非立於宣王
之世；而犬戎之亂，不當武公世矣；恐《史記》有誤也！觀《史
記》於齊威、宣二王，皆移前數十年，則此年世寧可深信。」（同

上卷八）考《毛詩序》又云：「《柏舟》共姜自誓也。衛世子共
伯蚤死，其妻守義，父母欲奪而嫁之，誓而弗許，故作是詩以絕
之。」《柏舟》雖未必為共姜之詩，然衛世子共伯蚤死之說，理或
可信。胡承珙云：「若云（武公）立於宣王十五年，則武公即位
年已四十，共伯更長於武公，共姜應老，父母何為欲嫁之？則史
遷所謂僖公之卒，武公之立，其年皆不足據。蓋共伯早喪在僖侯
卒之前，而武公以英年嗣位，當厲王之世，恐忠言不足信，故託
為父兄師傅訓己之辭。……此雖與《箋》有異同，然於經義似較
協也。」（《毛詩後箋》）又衛共伯之「共」實亦國名而非諡，春
秋時鄭有共叔段，「共叔」猶「共伯」也。古共國在今河南輝縣，
衛初都朝歌，在今淇縣，蓋鄰邑耳。故太叔奔共，其子公孫滑遂
奔衛也。衛君之稱「共伯」，猶晉君之稱「鄂侯」，周王之稱「汾
王」，以所處之地名。衛本諸侯之長，稱伯，《毛詩序》云：「《旄
丘》，責衛伯也。」周公封康叔於衛，本為牧伯，故《康誥》稱「孟
侯」，亦猶言諸侯之長耳。《史記·衛世家》自頃侯以前六世皆稱
「伯」，惟云：「頃侯賂周夷王，夷王命衛為侯。」則以「伯」為伯
爵之「伯」，似誤！《魯連子》明云「共伯復歸國於衛」，可見「共
伯」即「衛伯」也。衛武公本西周末期之顯諸侯，又為東方諸侯之
伯，而較齊、魯諸國為近於王室，入為王官與問王政，本極可能之
事也。謂為「干位」，或傳聞之過耳。共伯和為賢君，衛武公亦為
賢君，其國與爵與名又相同，似非偶然之事。惟確證尚少，姑備一
說，不敢以入正文也。（又《師𢦏》有白〔伯〕龏父，郭沫若《兩
周金文辭大系考釋》以為即共伯和，其說無甚確據。）

[101] 見《左傳》昭公二十六年。

[102]《國語·周語》：「彘之亂，宣王在邵公之宮，國人圍之。邵公曰：
　　『昔吾驟諫王，王不從，是以及此難，今殺王子，王其以我為懟而

怒乎？夫事君者，險而不懟，怨而不怒，況事王乎？」乃以其子代宣王，宣王長而立之。」《史記・周本紀》：「共和十四年，厲王死於彘，太子靜長於召公家，二相乃共立之為王，是為宣王。」

[103]《史記・楚世家》：「熊渠生子三人。當周夷王之時，王室微，諸侯或不朝，相伐。熊渠甚得江、漢間民和，乃興兵伐庸、楊粵，至於鄂。熊渠曰：『我蠻夷也，不與中國之號諡。』乃立其長子康為句亶王，中子紅為鄂王，少子執疵為越章王，皆在江上楚蠻之地。及周厲王之時，暴虐，熊渠畏其伐楚亦去其王。」

[104]《國語・周語》：「宣王即位，不籍千畝。虢文公諫曰：『不可……』王不聽。」《史記集解》：「瓚曰：『籍，蹈籍也。』按宣王不修親耕之禮也。」

[105]《墨子・明鬼下》：「周宣王殺其臣杜伯而不辜。」

[106]《國語・周語》：「魯武公以括（長子）與戲（少子）見王，王立戲。樊仲山父諫曰：『不可立也……』王卒立之。魯侯歸而卒，及魯人殺懿公（戲）而立伯御（括子）。三十二年，春，宣王伐魯，立孝公，諸侯從是而不睦。」

[107]《周語》：「太子晉諫曰：……『自我先王厲、宣、幽、平而貪天禍，至於今未弭。』」

[108]《毛詩序》：「《採薇》遣戍役也。文王之時，西有昆夷之患，北有獫狁之難，以天子之命命將率，遣戍役，以守衛中國，故歌《採薇》以遣之，《出車》以勞還，《杕杜》以勤歸也。」是以《採薇》《出車》等為文王時詩也。《史記》以《出車》《六月》為周襄王時作。《漢書》以《採薇》為刺懿王詩，《出車》《六月》為美宣王詩。《毛詩序》：「《六月》，宣王北伐也。」「《採芑》，宣王南征也。」「《江漢》，尹吉甫美宣王也，能興衰撥亂，命召公平淮

夷。」「《常武》，召穆公美宣王也；有常德以立武事，因以為戒然。」崔述云：「經傳記文王之臣多矣，未有稱南仲者；而《常武》宣王之時詩有南仲。太王時有獯鬻，文王時有昆夷，未有稱獫狁者；而《六月》《採芑》宣王時詩，稱獫狁。然則此（《出車》）當為宣王時詩，非文王時詩矣。不特此也，《六月》稱『侵鎬及方』，此詩稱『往城於方』，其地同。《六月》稱『六月栖栖，戎車既飭』，此詩稱『昔我往矣，黍稷方華』，其時又同。然則此二詩乃一時之事，其文正相表裏。蓋因鎬、方皆為獫狁所侵，故分道以伐之。吉甫經略鎬，而南仲經略方耳。故《漢書》以《出車》《六月》同為宣王時詩，《古今人表》，宣王時有南仲，而文王時無之。而馬融上書亦稱獫狁侵鎬及方，宣王立中興之功，是以南仲赫赫，列在周詩。然則是齊、魯、韓三家皆以此為宣王詩矣。」（《豐鎬考信錄》卷七）案：《採薇》《出車》《六月》《採芑》《江漢》《常武》諸篇，事皆相應，其為一時之詩，可以無疑。惟徑以為宣王時作，尚有可疑耳。餘別有辨。

[109]《史記・秦本紀》：「周宣王即位，乃以秦仲為大夫，誅西戎。西戎殺秦仲。秦仲立二十三年死於戎，有子五人：其長者曰莊公。周宣王乃召莊公昆弟五人，與兵七千人，使伐西戎，破之。」

[110]《國語・周語》：「（宣王）三十九年，戰於千畝，王師敗績於姜氏之戎。」案：《後漢書・西羌傳》引《竹書紀年》：「王征申戎，破之。」申國姜姓，申戎殆即姜氏之戎，是姜戎亦嘗為周人所勝也。

[111] 均見《後漢書・西羌傳》引《竹書紀年》。

[112] 見《國語・周語》。韋註：「喪，亡也，敗於姜戎氏時所亡也。南國，江、漢之間也。」吳曾祺《補正》：「案：汪曰：此喪南國之師事闕。……姜戎即西戎也，與江、漢無涉。」

[113]《左傳》昭公二十六年:「諸侯釋位,以間王政,宣王有志,而後效官。」《史記·周本紀》:「宣王即位,二相輔之,修政,法文、武、成、康之遺風,諸侯復宗周。」二書所述,已有誇語,蓋「諸侯復宗周」一語,即所謂「宣王中興」之實也。

[114]《詩·小雅·雨無正》:「邦君諸侯,莫肯朝夕。」《毛詩序》:「《雨無正》,大夫刺幽王也。」案:此詩有云:「旻天疾威,弗慮弗圖。舍彼有罪,既伏其辜。若此無罪,淪胥以鋪。周宗既滅,靡所止戾。……戎成不退,饑成不遂。……謂爾遷於王都,曰予未有室家。」似東遷時詩。然「邦君諸侯,莫肯朝夕」,其來有漸,必非一朝一夕故,蓋幽王時已有此情形矣。

[115] 見《大雅·召旻》。《毛詩序》:「《召旻》,凡伯刺幽王大壞也。」

[116]《後漢書·西羌傳》引《竹書紀年》:「幽王命伯士伐六濟之戎,軍敗,伯士死焉。」《史記·秦本紀》:「戎圍犬丘世父,世父擊之,為戎人所虜。歲餘復歸世父。」崔述云:「按犬丘之圍即,《傳》所稱『戎狄畔之』者。」(《豐鎬考信錄》卷七)

[117] 見《小雅·十月之交》。《毛詩序》:「《十月之交》,大夫刺幽王也。」

[118] 見《大雅·召旻》。

[119] 見《大雅·瞻卬》。《毛詩序》:「《瞻卬》,凡伯刺幽王大壞也。」

[120]《國語·鄭語》:「今王(幽王)棄高明昭顯,而好讒慝暗昧;惡角犀豐盈,而近頑童窮固。……虢石父,讒諂巧從之人也,而立以為卿士。」《史記·周本紀》:「幽王以虢石父為卿,用事,國人皆怨。石父為人佞巧善諛好利,王用之。」

[121] 見《小雅·十月之交》。

[122] 見《大雅·瞻卬》。

[123] 見《小雅・正月》。

[124] 見《國語》《史記》等書。

[125] 崔述云：「申在周之東南千數百里，西戎在周西北，相距遼遠，申侯何緣越周而附於戎，……申與戎相距數千里，而中隔之以周，申安能啟戎？戎之力果能滅周，亦何藉於申之召乎？申之南，荊也；當宣王時，荊已強盛為患，故封申伯於申，以塞其衝。周衰，申益微弱，觀《揚水》之篇，申且仰王師以戍之。當幽王時，申畏荊，自保之不暇，何暇反謀王室？且申何不近附於荊以抗周，而乃遠附於戎也？……宜臼之於王，父子也；申侯之於王，君臣也。王逐宜臼，聽之而已，申侯亦不應必欲助其甥，以傾覆王室也！……晉文侯、衞武公，當日之賢侯也，而鄭武公、秦襄公，亦皆卓卓者；宜臼以子仇父，申侯以臣伐君，卒弒王而滅周，其罪通於天矣。此數賢侯者當聲大義討之。即不然，亦不更立幽王他子，或宣王他子；何故必就無君之申，而共立無父之宜臼哉？西周之亡，《詩》《書》無言及者，於經無刌徵矣。然《春秋傳》往往及東遷時事，而不言此。自《周語》述西周事眾矣，而亦未有此。此君臣父子之大變，動心駭目，不應皆無一言紀之，而反旁見於晉、鄭之《語》，史蘇、史伯追述逆料之言？且所載二人之言，荒謬亦多矣。……吾聞以一隅反三隅者，未聞三隅不足以反一隅者。此言之非實亦明矣。若之何《史記》遂據追述逆料之語，而記之為實事也？」（《豐鎬考信錄》卷七）案：崔說甚為明辨，惟首段所言略有誤會：申有西東之別，《左傳正義》引《竹書紀年》云：「平王奔西申。」蓋申國本支之在西者。《後漢書・西羌傳》云「王征申戎」，當即此西申。其邑謝之申，則申人之東遷者，固無與於亡周之事也。西申之國似近驪山，《史記・秦本紀》云：「申侯乃言孝王曰：『昔我先驪山之女，為戎胥軒妻。』」可證。《鄭語》云：「王

欲殺太子以成伯服，必求之申；申人弗畀，必伐之；若伐申而繒與
西戎會以伐周，周不守矣。」徵以《周本紀》「遂殺幽王驪山下」
之語，則似幽王伐申戎於驪山下，繒與犬戎遂因而斃之也。

[126] 見《左傳》昭公二十六年。

[127] 昭公二十六年《左傳正義》引《竹書紀年》：「伯盤與幽王俱死於
戲。先是，申侯、魯侯及許文公立平王於申；以本太子，故稱
『天王』。幽王既死，而虢公翰又立王子余臣於攜，周二王並立。
二十一年，攜王為晉文侯所殺；以本非適，故稱『攜王』。」案：
《國語・晉語》云：「褒姒……與虢石甫比。」虢公翰似即虢石甫，
二文相核，知褒姒與攜王及虢石甫蓋一黨也。又攜王之「攜」疑非
地名，《逸周書・謚法篇》云：「息政外交曰『攜』。」謂之「外交」，
則攜王豈非叔帶之流；攜王之立，殆亦託庇於戎人乎？

[128] 語見《論語・八佾篇》。

[129]《詩・小雅・大東》：「東人之子，職勞不來；西人之子，粲粲衣
服。」鄭箋：「職，主也。東人勞苦而不見謂勤，京師人衣服鮮潔
而逸預，言王政偏甚也。」《毛詩序》：「《大東》，刺亂也；東國困
於役而傷於財，譚大夫作是詩以告病焉。」是可見周人榨取東方人
之甚。《十月之交》：「四方有羨，我獨居憂。」鄭箋：「四方之人盡
有饒餘，我獨居此而憂。」此時周室蓋尚富裕也。

[130]《孟子・滕文公》：「周公相武王，誅紂伐奄，三年討其君，驅飛廉
於海隅而戮之，滅國者五十。」崔述云：「案：伐紂為武王時事，
伐奄為成王時事，經傳皆有明文，而此數語未有確據，無由決其時
世。竊意滅國至五十之多，必非一時之事。疑此數語皆兼武、成兩
世言之。」

[131] 語見《大雅・江漢》。

[132] 見《左傳》昭公四年。

[133] 參看第四章及考證。

[134] 同上。

[135] 參看蒙文通先生《中國古代民族移徙考》,《禹貢半月刊》第七卷
第六、七合期。

第二章

從西周到春秋時的經濟和社會情形

經濟是歷史的重心－農業的發明－周人的農業－農具和農產物－耕種的方法－土地的分配－農民的生活－農民與戰爭－商業－商人的地位－市場－貨幣－工業－西周和春秋前期的經濟程度－封建社會的組織－宗法制度的證明－封建制度的證明－奴隸制略說－武士制度－世族與世官制度－世族制度下的選舉制度－姓氏制度－姓氏制度與婚姻制度－婚禮－貴族階級的婚姻習慣－貞節觀念－貴族間的非禮的男女關係－中下階級的自由戀愛－父母之命與媒妁之言－私訂終身的婚姻－娼妓制度的猜測－巫兒與贅婿－結婚年齡－禮制－冠禮－相見禮－鄉飲酒禮－鄉射禮－聘禮－朝覲禮－喪葬禮－衣服－飲食－居住－交通－娛樂－各地風俗

經濟是歷史的重心

　　無論哪種社會組織，都逃不了被經濟狀況所決定。「經濟是歷史的重心」這個原則，是近代東西史家已經證明了的，所以我們要講社會的情形便不得不先講經濟的情形。

農業的發明

　　農業的發明便是文化的曙光。當人類在過漁獵的生活時，他們的行動是和禽獸沒有多大的區別的。自從有了畜牧和農業，人類漸漸定居，才有餘暇來做別的工作，所以高等文化是隨定居的生活而產生的。

　　種植的發明並不是很晚的事，據近代考古學家和社會學家的考究，歐洲等處在新石器時代已有很幼稚的農業了。在中國的新石器時代的遺址仰韶村裏，也發掘出石制的耕器來，這證明了東西人類古代文化進展的速度並沒有多大的差異。

　　殷虛出土的商代甲骨文字裏已有「農、嗇、甽、圃、耤、禾、黍、麥、米、稷、糠」等字，又有卜禱年歲豐凶的記載，這證明了那時農業與畜牧是並盛的；何況我們更知道商氏族是因沉酗於農產品所製成的酒而亡國的。

周人的農業

周人更是以發展農業而強盛的氏族，他們認了農神后稷為始祖。從國王起「卑服即康功田功」，就因這樣才得滅商而有天下。要明白周人的社會組織，必得先明白他們的農業狀況。

農具和農產物

周人所用的農具，據記載有「耒」（歧頭的木器）、「耜」（耒下半圓形的刀頭）、「錢」（刀形物，與耜相類）、「鎛」（去草的農器）、「銍」（鐮刀之類）等，大多是金屬物制的。農產物重要的有「黍」（黃米）、「稷」（不黏的黍）、「稻」（米）、「粱」、「菽」（豆）、「麥」、「麻」、「瓜」等。種樹最重要的是桑。績麻養蠶和織布織帛，是女子的專業。

耕種的方法

他們耕種的方法，第一步是刈草伐木，開草原為耕地，疏鑿溝洫，以利灌溉。耕時用兩人推耜以翻土，謂之「耦耕」。草除土翻以後，便按節候去播種和除蟲，然後去莠壅土，謂之「耘」和「耔」。成熟之時便去收穫。到了收穫時期，「築場圃」，「納禾稼」，再將穀類加以春治，入倉收藏。這便是他們耕稼的整個工作。

土地的分配

《詩經》中歌詠農事的詩很多，較詳細的如《大田篇》說：「廣大的田畝可以種出很多的禾稼。揀好了種，修好了農具；事事完畢，就用我鋒利的耜，開始工作，到向南的田畝上去；播了種子，種出的禾子，又直又大，順了田主人的意思，田主人高興得笑哈哈。」（原文：「大田多稼，既種既戒，既備乃事。以我覃耜，俶載南畝。播厥百穀，既庭且碩，曾孫是若。」）「禾子開始長起來了，穀實漸漸硬起來了，好起來了；害草和害蟲都不能傷害我的禾子了；田祖（田神）有靈，把他們一把把都投到火裏去了。」（原文：「既方既皁，既堅既好，不稂不莠。去其螟螣，及其蟊賊，無害我田穉。田祖有神，秉畀炎火。」）「雲布起來了，雨落下來了，落在我們的『公田』裏，順便滋潤滋潤我們的私田。到了收成的時候，他有來不及收穫的禾子，你也有來不及收斂的禾束；他有遺下的禾把，你也有漏下的禾穗：這都是寡婦們的好處。」（原文：「有渰萋萋，興雨祁祁，雨我公田，遂及我私。彼有不獲稚，此有不斂穧；彼有遺秉，此有滯穗，伊寡婦之利。」）「田主人來了，帶着他的女人和小孩到『南畝』來送飯了；田官也帶着喜色的來了。他們是來祭祀『方神』的：用了紅色黑色的犧牲和黍稷，祭呀祀呀，求得很大的福了。」（原文：「曾孫來止，以其婦子，饁彼南畝，田畯至喜。來方禋祀，以其騂黑，與其黍稷。以享以祀，以介景福！」）這類「農夫」是替主人耕種的，他們之上有田主人，又有督田的專官，受盡了壓

迫。他們所耕種的，有「公田」、「私田」的區別。所謂「公田」
和「私田」，解釋紛紜，照我們的意思，「公田」似是指公室的
田，「私田」大約是指貴族們和自由農民的田（西周和春秋時似
乎也有自由農民。又當時已有隱士，似是貴族退居田間的）。我
們以為，西周和春秋時土地大部分在國君和貴族的手裏，所謂
「公食貢（似指『公田』的收入），大夫食邑，士食田，庶人食
力」，士以上都是貴族，他們是有土地的階級；庶人是平民，他
們大部分沒有土地，只是替貴族們耕田，食他們自己的力氣；所
謂「倬彼甫田，歲取十千；我取其陳，食我農人」，「我田既臧，
農夫之慶」，可見土地上的收入全部歸田主所有，田主是不耕田
的。他們雖有「如茨（屋蓋）如梁（車梁）」的「稼」，「如坻（水
中高地）如京（高丘）」的庾（露積穀），「千斯倉」、「萬斯箱」
的糧食，而代他們耕田的「農人」所食的只不過是些陳舊的糧食
罷了。一個田主屬下的「農人」實在不少，所謂「駿發爾私，
終三十里；亦服爾耕，十千維耦」，「私」便指田主屬下「服耕」
的「農人」，亦即所謂「附庸」（「私」字解為「私田」亦可），
他們以萬數計，可以佈滿幾十裏的路。金文載「田七田」，與「人
五夫」相配；又記有一次周王賜給臣下：「邦嗣四伯，人鬲自駁
至於庶人六百又五十又九夫。尸嗣王臣十又三伯，人鬲千又五十
夫。」所謂「人鬲」即是《書經》中的「民獻」，疑是農奴之稱，
所以說「自駿（馭）至於庶人」。

農民的生活

又有一篇號稱周公所作，而實際似是春秋時代的詩《七月》裏，記載當時農民的生活情形很是詳盡。據它說，農民們一到正月便修好農器，到了二月就下田耕種，一直忙到八月，開始收穫，九月裏修築場圃，預備把農作物送進去，十月裏獲了稻子，釀制明春給貴人們上壽的酒。等到把農作物統統收好，便忙着去替公家修築宮室，白天去揉茅，晚上絞繩；剛把公家的宮室蓋完，便又到開始播穀的時候了。在冬天，還要去打獵。打到狐狸，就替公子們做皮袍；打到野豬，便把大的獻給貴人們，自己只敢偷藏了小的。除了耕田、蓋屋、打獵以外，還要替貴人們去鑿冰，鑿下了冰就收進冰室，預備給貴人們夏天去涼快。

以上是男人們的工作。至於女人們呢，在春天陽光溫和黃鸝歌叫的時候，她們手裏提着籃子，循着小路去採桑葉來養蠶；八月裏織麻布和收得的蠶絲，染成黑的、黃的和紅色的，替公子們做衣裳。偶然遇到公子們高興，她們還要含着一泡眼淚，跟着公子們回去，給他們去玩弄。

至於農民自己的生活是怎樣的呢？他們一年四季勞苦得像牛馬一樣，結果仍是「無衣無褐」，凍得只是發抖。吃的是苦菜，燒的是爛柴。屋子被耗子咬得東穿西洞，只好拿些爛泥去塗塗，又燒些草料去薰薰，歎口氣道：「老婆孩子們，你們就在這裏住着過年罷！」到快過年的時候，他們殺了羔羊，也要獻給貴人

們;他們走到貴人的堂上去,用大杯捧上美酒,高聲說着「萬壽無疆!」(原文:「七月流火,九月授衣,一之日觱發,二之日栗烈,無衣無褐,何以卒歲?三之日於耜,四之日舉趾,同我婦子,饁彼南畝,田畯至喜。……春日載陽,有鳴倉庚,女執懿筐,遵彼微行,爰求柔桑。春日遲遲,採蘩祁祁,女心傷悲,殆及公子同歸。……蠶月條桑,取彼斧斨,以伐遠揚,猗彼女桑。七月鳴鵙,八月載績,載玄載黃,我朱孔陽,為公子裳。……八月其穫,十月隕蘀。一之日於貉,取彼狐狸,為公子裘。二之日其同,載纘武功,言私其豵,獻豣於公。……十月蟋蟀入我牀下,穹窒薰鼠,塞向墐戶;嗟我婦子,曰為改歲,入此室處。六月食鬱及薁,七月亨葵及菽,八月剝棗,十月穫稻,為此春酒,以介眉壽。七月食瓜,八月斷壺,九月叔苴,採荼薪樗,食我農夫。九月築場圃,十月納禾稼,黍稷重穋,禾麻菽麥;嗟我農夫,我稼既同,上入執宮功,晝爾於茅,宵爾索綯,亟其乘屋,其始播百穀。二之日鑿冰沖沖,三之日納於凌陰,四之日其蚤,獻羔祭韭。九月肅霜,十月滌場,朋酒斯饗,曰殺羔羊;躋彼公堂,稱彼兕觥,萬壽無疆!」)

農民與戰爭

《七月》詩裏所講,還是農民的平居生活;到了有起事來,他們更是遭殃:築城,打仗,哪一件不是農民的事。他們雖然高喊着「王事靡盬,不能蓺稷黍,父母何怙?」也絕無人垂憐。

《詩經》裏還有一首《東山》詩，大約也是春秋時代的作品。這首詩裏敘述一個戰士打過仗後在下雨天中回家時的情形：他回到那「可畏」和「可懷」的家門外，看見屋子被蔓草羅絡着了，小蜘蛛在門上結網，菜園已變成鹿兒的遊戲場，螢火蟲在閃閃地飛舞，鸛鳥在土堆上鳴叫；走進屋子，土老鼠盡在屋裏跑。當他的夢魂顛倒的她，正在長籲短歎着灑掃修理房屋的時候，他恰巧回來了！他能回來，還是極可慶幸的事哩，不然，戰場上已埋着他的骨頭了！（原文：「我徂東山，蝕蝕不歸，我來自東，零雨其濛。果蠃之實，亦施於宇；伊威在室，蠨蛸在戶；町畽鹿場，燿燿宵行。不可畏也，伊可懷也。……鸛鳴於垤，婦歎於室，灑掃穹窒，我征聿至……」）

商業

農業維持了西周和春秋時代的基本經濟（這並不僅西周和春秋時代如此，就是一直到了現在，這種情形也還未完全改變），同時商業在這時也稍發達了：「肇牽車牛遠服賈，用孝養厥父母。」這是西周王室勉勵商國遺民的話。「如賈三倍，君子是識」（像做生意，利息三倍，貴人們也懂得），也是西周末年的情形。又鄭國在東遷開國的時候，政府曾與商人立有盟誓：商人不能背叛國君，國君們也不強買強奪商人的貨物；商人們有利市寶貨，國君們也不得預聞。商人有了這種特定的保障，事業自然更容易發展。他們在那時已能守不二價的道德，所謂「民易資者，不求

豐焉，明徵其辭」，便是說百姓用貨物掉換資財的，不求過豐，明定出價格來。

商人的地位

商人和工人一樣，在那時與庶民（農民）是分立的。大部分的工商隸屬於官府，生活卻至少半由自己維持，私人經營工商業的，在那時，即便已有，人數也必不多。工商也和農民一般以不改業為貴。商人們受命於官府，往來各城邑，販運貨物，很能獲得利益。但那時的商業似乎還不曾深入普遍於廣大的下層社會中，商人們差不多只是替貴族當差。他們所販買的貨物，雖然也有絲、布、穀、米、畜牲、木料等類，可供一般人的應用，但他們多注意於珠、玉、皮幣等較珍貴的物品，以專供貴族們的需求。商人在貴族階級的眼光裏，已被看成不可少的社會成員，因之有「商不出則三寶絕」的話。那時的君主們是很注意於「通商」的事情的。

市場

商人的聚集地喚做「市」。當時的所謂「市」大約只是人民在城市中或鄉下的大道旁按定時聚集買賣的空地。那時似乎只有「市」，或許有些小規模的商場；至於固定的大規模的商店，那時似是沒有的。

貨幣

在西周和春秋的時候，人民的買賣大部分只是「以貨易貨」的，所以可以抱了布去貿絲，握些粟出去問卜。這就是所謂「以其所有，易其所無」。但貨幣並不是絕對沒有的：在商代和西周時已用貝殼做交易的媒介物，後來更有用銅仿製的貝幣；而且普通的銅也已用作交易物了。每一貨幣的單位喚做「爰」或「寽」（《易經》裏有「資斧」的名稱，或許古代又用斧斤為貨幣）。至少到春秋時已有用銅製的錢（本農器之名）幣，在記載上，如管仲和周景王等都有製造錢幣的事。然而貨幣在西周和春秋時畢竟通用未遍，尤其是平民階級，恐怕所受到的影響是極微的。

工業

西周和春秋時代的工業情形，記載太嫌缺乏，我們只能知道工人的聚集地在「肆」（工場），他們造成好的工藝品獻給貴族，造成次的工藝品賣給人民，如當時精細的彞器和兵器之類，恐怕非有專門的工人是不能製造的。工人可以當做國際的賄賂品，可見數量必不很多。據《考工記》的記載：制木器的工人有七種，制金屬器的工人有六種，制皮器和設色、刮摩的工人都有五種，制土器、陶器等的工人有兩種；更詳細的情形雖不能確知，但工業進步的狀況不難推想而得。後來南方吳越一帶也都有著名的鑄劍。又當時國君們曾有所謂「惠工」的舉動（工人在西周時與僕

牧駿臣妾並列，地位甚低，在春秋時地位似稍高）。

西周和春秋前期的經濟程度

從西周到春秋前期，一般經濟情形大致是自給自足的：普通平民，穿的是自己妻女織出的布，吃的是自己種出的穀，既無餘物，也無多需；農業的幼稚，使人民收入有限，生計困難，當然無餘力從事於奢侈。則工商業的不能十分發達，貨幣的不能十分流通，自是極自然的事了。

封建社會的組織

在自給自足的幼稚農業經濟的條件之下所產生的是什麼樣的社會組織呢？這便是歷史上有名的「封建社會」。「封建社會」這個名詞的正確定義，就是名義上在一個王室的統治下，而實際上土地權和政治權卻被無限制的分割：每方土地上都有它的大大小小的世襲主人，支配着一切經濟和政治上的權利，形成一種地主與附屬土地的農奴對立的現象（在封建社會中也有自由農民的，但為數不多）。由這定義看來，則中國從西周一直到春秋前期是「封建社會」的全盛時期。關於中國封建社會的組織，我們在第一章裏已經約略講過，它是以一種叫做「宗法」的制度維持着封建的關係的。在這裏，我們不必詳細複述，請大家參看前文。我們在這裏只補充幾條證據和幾點前文所未及的地方。

宗法制度的證明

　　關於「宗法」的詳細制度，最古的書上是沒有的；但也有幾條零碎的材料，如西周也稱為「宗周」，這證明了周天子確為當時諸侯的大宗。《詩經》説：「大宗維翰……宗子維城。」毛傳説：「王者天下之大宗。」鄭箋説：「宗子謂王之適子。」並可為證。

　　《詩經》歌頌公劉立國於豳説：「君之宗之。」毛傳説：「為之君，為之大宗也。」《左傳》載魯哀公時公山不狃諫叔孫輒説：「今子以小惡而欲覆宗國，不亦難乎！」《國語》也載晉陽畢説：「欒書實覆宗，弒厲公以厚其家。」韋注説：「宗，大宗也；謂殺厲立悼。」這證明了國君也為一國的大宗。《左傳》又載晉國的梗陽人有獄，其大宗以女樂賂魏獻子。又説：「天子建國（封建諸侯），諸侯立家（封建卿大夫），卿置側室（封建眾子，即為小宗），大夫有貳宗（與小宗略同），士有隸子弟（似指小宗或貳宗所隸屬的宗人）。」又記魯公伯禽受封時，周王分給他殷民六族：「使帥其宗氏，輯其分族，將其類醜，以法則周公。」唐叔受封，周王也分給他「懷姓九宗」；又載楚人滅蠻氏時：「司馬致邑，立宗焉，以誘其遺民。」春秋時銅器陳逆簠的銘文裏也有「宗家」、「大宗」的字樣。這些都可證明周代確有「大宗」、「小宗」的「宗法」制度，而所謂「宗法」在制度上是行於卿大夫以下的。卿大夫為一族的大宗，大夫士為一族的小宗或貳宗宗人，其詳細的制席雖不甚可考，但其組織卻確是存在的（《左

傳》說：「大子死，有母弟則立之，無則立長，年鈞擇賢，義鈞則卜，古之道也。」這是一種救濟嫡庶制之窮的制度。又嫡庶制在古代有時也不甚遵行，如弟繼兄位，廢嫡立庶，廢長立幼的事也時有所聞；但其原則仍一般被遵認罷了。再春秋時不甚遵行嫡長承繼制的據現在所知有三國：楚國初年多行少子承繼制，秦國初年多行兄終弟繼制，他們到春秋中期以後才改遵嫡長承繼制；吳國在闔廬以前也還常行兄終弟及制的。在這些國家內，「宗法」和「封建」的勢力當較為薄弱，所以除吳國後來竭力依附周親終致滅亡外，楚、秦兩國終因封建勢力較弱而臻於強盛）。

封建制度的證明

　　西周和春秋時實行封建制度的證據，那更多到不可勝計，只要稍微去翻翻古書，便可見出。上面所舉「天子建國，諸侯立家，卿置側室，大夫有貳宗，士有隸子弟，庶人工商各有分親，皆有等差」的話和「公食貢，大伕食邑，士食田，庶人食力」的記載，便是天子把土地分封給諸侯，諸侯把土地分封給卿大夫，卿大夫把土地分封給他的子孫和家臣，士以上為有土地的貴族，庶人為無土地的農奴之說的明證。我們不必再多舉別的證據了。（案：《國語》說：「猶隸農也，雖獲沃田而勤易〔耕〕之，將不克饗，為人而已。」這是古代有農奴制度的確證。但既有「隸農」，相對的必有自由農可知。不過《國語》的記載較晚，或許自由農與隸農並立乃是戰國時的情形。）

奴隸制略說

　　至於平民之下的奴隸階級，是封建社會裏的剩餘物。他們
是貴族階級的私產，沒有獨立的人格的。他們以家為單位。在春
秋時候，一個大貴族所有的奴隸可以多至幾百家，甚至於千家以
上。奴隸的來源，大半是征伐所得的俘虜，一部分是罪犯，他們的
頭銜也是世襲罔替的。奴隸的職務是替貴族服勞苦工作。他們的種
類很多，有僕豎、閽人、寺人（男的）、婢、妾（女的）等等。據
記載，庶民和奴隸中還分六層等級（庶民和奴隸的地位實在相差不
多：在銅器銘文上，他們是並列的），那便是（一）皂，（二）輿（以
上庶民階級？），（三）隸，（四）僚，（五）僕，（六）臺（以上奴
隸階級？），他們也互相統屬着。至於詳細的情形怎樣，我們仍
不敢亂道。貴族對於奴隸，可以盡力使用，可以隨便送人，可以
抵押，可以買賣，可以殉葬，可以隨意處置他們的生死，像處置
牛馬器物一般。他們不堪虐待，遇機會便要逃走。但奴隸遇到特
殊的機會，可以解放為平民。國君和大貴族的奴隸有時因得寵而
至於做官執政，可見奴隸的解放實在比庶民還要容易。這是因為
庶民是經常階級，不可輕易變動，而奴隸卻是一種特別的階級，
可有可無，而且他們比較接近於政權者，所以更容易得到翻身。

武士制度

　　歐洲封建時代有一種「武士制度」，武士是諸侯們的屬臣和

陪臣，做諸侯或其他貴族的衛士的。凡能自備戰馬戰具，有微田可以自活的人都可以做武士。武士在歐洲差不多是封建制度的維繫者。在中國封建時代的「士」便很像這種「武士」階級（「士」的名詞有廣狹義的兩種：狹義的「士」是指大夫士的「士」，便是武士階級；廣義的「士」是泛指一切的男子，便是士女的「士」。案：獄官也稱為「士」，古代兵刑不分，可證「士」即武士階級）。本來封建時代的教育制度是文武並重的，凡是貴族階級的人都要受過射御的訓練，所以武士制度在封建時代便很容易起來。武士階級是貴族階級的底層，他們雖沒有大封邑，但也有食田或俸祿可以維持生活，是一種地位較高的團體（春秋時的下等武士生活並不富裕，甚至有幾於餓死的人）。他們也分為幾層等級：有的當官吏，有的當大貴族的衛士，有的當軍隊裏的高級兵士。他們很講究技藝和禮節，會行俠尚義，同時又會講自由戀愛。最典型的武士，把榮譽看得重過安全，把信用責任看得重過生命；但同時他們又是不拘小節的。如孔聖人的高足弟子子路和漆雕開，便是這階級裏的代表人物。

世族與世官制度

從割據各地的大小封君到「公侯腹心」的武士，構成了這表面秩然有序的封建社會的上層。在這上層社會裏，地位最重要而人數也較多的是卿大夫階級，這一階級所操實權最大，根深蒂固，頂不容易鏟除；他們所依賴以維持他們地位的便是所謂「世

官」制度，而「世官」制度又是依附於「世族」制度而存在的。
所謂「世族」，就是卿大夫的氏族，他們有細密的宗族組織，世
世代代擁有土地和勢力，所以喚做「世族」。世族實在就是列國
內部的小國家，這種世族制自然是起源於封建制和宗法制的。宗
法是統馭家族的原則，封建是擴充家族系統為統治系統的原動
力，世族便是混合家族和政治的系統而用宗法來支配的一種特殊
團體。貴族階級既有固定的封土，又有固定的政權，所以能收聚
族眾，成為一種半政治式的宗族組織。我們既知道那時的大夫就
是小國君，國君的地位和土地是世襲的，所以大夫的地位和土地
也是世襲着的（不但大夫，就是家臣的地位也是世襲着的。又據
後世的記載，只有楚國的制度，世族再傳，君主就把祿地收回，
但未知確否）。世族的大夫在他們的封土內，可以自由築城，可
以自由設置軍隊。春秋時大國的大世族，封土可以多至幾十邑以
至於百邑以上，兵力也可以從幾千人以至於萬人以上。他們實力
最大的足以與一個大國交戰。他們地位之高，有時要勝過一個次
等國家的君主。他們也有宗親和家臣們襄助着治理封土和族內的
政事，族內的人稱大夫為「主」或「宗」。他們憑藉着偉大的權
勢，世執國政，上挾王侯，下治庶民，在當時各國的實力差不多
都是寄存在世族之上的。春秋時各世族的封土和勢力也同列國一
樣，有大小強弱的分別。他們起初似乎是以官爵為等差的；但也
沒有嚴格的限制，春秋時有實權的大夫的封土和勢力盡可以比卿
還大還強。在世族團體中，全族的人休戚相關：一人好了，一族
便跟着好；一人失去了勢或犯了罪，甚至於全族覆滅。那時的宗

族差不多有生死個人的力量,所以那時的貴族階級受着兩層統制:在君統以外,他們還戴着一個宗統。宗族的觀念籠罩了個人的人格,同時也掩蔽了國家的觀念。世族階級的人肯犧牲自己或近支的親屬去維持整個的宗族,也有因維持家族的地位而立時反叛國家的。

春秋列國的大世族,如周有周、召、單、劉、尹等氏;魯有仲(孟)、叔、季三家和臧、東門等氏;晉有欒、郤、狐、趙、韓、魏、知、中行、范、羊舌、祁、先、胥、伯等氏;齊有高(文公後)、國、崔、慶、欒、高(惠公後)、陳、鮑等氏;宋有華、樂、皇、魚、蕩、向等氏;衞有孫、寧、孔等氏;鄭有良、游、國、罕、駟、印、豐等七穆之族;楚有鬭、成、蔿、屈等氏。此外秦和吳、越等國的世族,則不甚可考了。世族中以同姓公族的地位較為穩固,如周的周氏因作亂而被殺及出奔,但其後裔仍得世世在位;魯的仲、叔、東門、臧諸氏,齊的國氏,宋的向氏,楚的鬭氏等也是如此。而魯衞的公族勢力尤為強健,甚至於隨意的驅逐國君,使他們終身不得復國。此外宋、鄭的公族勢力也極大,異姓都不強盛。魯、衞、宋、鄭四國真稱得起是當時盛行親親主義的模範國家了。只有晉國因懲曲沃等亂,削損公族勢力不遺餘力,到後來異姓代為公族,卻變成了異姓貴族的天下。

跟着世族制度而產生的是世官制度。世官制度,就是世襲的貴族用了特殊階級的地位世世做官,執掌國政。但在這裏有一點應當特別聲明的:便是世官並不就是世職。——戰國以前,因

具有專門知識和技術而世襲一種官職的貴族固然很多，但也有世官而不世職的。各國的非專門性質的大官職，大致是由世族們以聲望和資格禪代着擔任。又如大夫士的地位雖可由各世族世襲着，而卿的地位就比較的要以聲望和資格薦升了。

在世族的眼光裏只有「守其官職，保族宜家」二事，他們以為這樣才能使「上下相固」。如果棄了官則族便「無所庇」，上下的制度就要紊亂。因之世族制度便與世官制度聯結而不可分了。

世族制度下的選舉制度

那時也有一種選舉制度，選舉的方法是從貴族中揀取有勞資和才幹的人來擔任重要的官職。用那時的話來說，便是「賞功勞」、「明賢良」和「內姓選於親，外姓選於舊，舉不失德，賞不失勞」。所以他們既主張「擇善而舉」，卻又同時主張「舉不逾等」。在宗法社會和封建社會裏最重要的觀念，是「親親」和「貴貴」，決沒有一個庶人可以突躍而為卿大夫的。那時的貴族都以宗法的身份和門第互相標榜着。他們的口號是「親不在外，羈不在內」。國君們倘若「棄親用羈」，便要被世族排擠掉。所謂「昭舊族，愛親戚，尊貴寵」，是與「明賢良」、「賞功勞」並舉的主義。他們以「貴有常尊，賤有等威」為禮；如果有「賤妨貴，遠間親，新間舊，小加大」的情形，那便是逆禮了。

姓氏制度

說到這裏，我們得把姓氏制度說一說了：原來「姓」和「氏」兩個名詞在古代是有分別的。姓大約是母系社會裏的遺留物，凡屬一系血統下的男女共戴着一姓。後來人口繁殖了，姓之下又分出氏，氏就是小姓，是一姓中的分支。但「氏」似乎只是男系社會裏貴族階級特有的標幟。據古書的記載：諸侯以國名為氏，是天子所賜給的；大夫以受封的始祖的別字為氏，或以官名為氏，又或以邑名為氏，是諸侯所賜給的。氏或稱為「族」：「族」是「氏」的實體，「氏」是「族」的標幟。大約以字為氏族的大夫多是公族，他們的定例是這樣的：諸侯的兒子稱公子，公子的兒子稱公孫，公孫的兒子就把他的祖的字為氏族。但也偶有例外：有以祖的名為氏的，有以父的名字為氏的，又有以伯仲叔季等為氏的。至於以「官」或「邑」為氏族的則大致是異姓的大夫，但也有同姓的公族摹仿這種例子的。又大夫的小宗也別有氏，大概也是用祖父的名字或官職、地名等為氏的。他們的例子非常紛繁，不易細說：當時的大夫又有以國名為氏的，如陳氏；有以爵名為氏的，如王氏、侯氏。

姓氏制度與婚姻制度

在周代：男子稱氏不稱姓，女子稱姓不稱氏。因為周人是「同姓不婚」的，所以婦人繫姓非常重要（買妾不知其姓，則用

卜來解決）。他們以為同姓結婚生育便不蕃殖。雖然那時的國家
或氏族也偶有破壞同姓不婚的規律的，但例子畢竟不多。

婚禮

　　周代的婚姻制度，貴族階級似乎是比較嚴密的。戰國人所傳
的《禮經》中有一篇《士昏（婚）禮》，記載着「士」階級的婚
禮很是詳細，參考別種記載說起來，大致是先由男家派人到女
家求婚，是為「納采」，亦稱「下達」。女家許了婚，男家的使
人再問許婚的是哪一位姑娘，是為「問名」。男家得女家允許的
回音後，到廟裏去問卜，得到吉卜，派人去報告女家，是為「納
吉」。「納吉」後男家派人去女家去送定婚的禮物，是為「納徵」，
亦稱「納幣」（幣用五匹玄纁色的帛和兩方鹿皮）。納幣之後，
男家揀擇吉日，向女家請求定期，女家不肯定，然後告之，是為
「請期」。到了吉期，新郎親自到女家去迎接新娘回家成婚，是
為「親迎」。從「納采」到「親迎」，謂之「六禮」。這「六禮」
或許只是說說而已，未見得古人普遍遵行；據我們的考證，周代
的婚禮是相當野蠻而草率的。

　　周初的一等史料《易經》中有這樣的記載：「乘馬班如，匪
（非）寇昏媾」，「白馬翰如，匪寇昏媾」，「先張之弧，後說（脫）
之弧，匪寇昏媾」。照這些話看來，似乎周初尚有「掠奪婚」制
遺跡的存在。《左傳》上記着：當魯昭公的時候，鄭國大夫徐吾
犯有個妹子長得很美，鄭君的宗室公孫楚已聘為妻，不料另一

宗室公孫黑又叫人去強納聘禮。徐吾犯為了這件事很着急，就去報告執政子產。子產道：「聽你妹子的意思，隨便嫁給哪個都可以。」徐吾犯就去請了公孫楚和公孫黑兩人前來聽他妹子的選擇。公孫黑打扮得很漂亮進門，陳列了禮物然後出去，公孫楚穿着武裝進門，向左右拉把射箭，射完箭，跳上車子就走了。徐吾犯的妹子在房裏看了，説道：「子晳（公孫黑）固然長得好，但子南（公孫楚）卻是個丈夫的樣子。」於是她就嫁給公孫楚。在這件故事裏，我們看出當時女兒是可以自由選擇丈夫的，她們眼光中的標準丈夫是要糾糾武夫的樣子的。我們知道鄭國最著名的美男子是子都，他就是一位能與勇夫爭車的力士。再看當時人做的詩，對於一位名叫「叔」的稱頌，也是歌詠他的「善射」、「良禦」和「祖褐暴虎」，他膺得了「洵美且武」的稱號；而「將叔無狃，戒其傷女」，似乎還代表着當時女兒們對於這位「叔」的一種輕憐密愛呢？（那時人稱為「美人」的乃是「頎而長」的「碩人」，所謂「有美一人，碩大且儼」，這種話在後人看來，是何等的可駭異！）

貴族階級的婚姻習慣

　　從國君以下到大夫等的貴族的婚禮，一樣也用媒人，一樣也由父母之命決定。國君們的妻子大致是從外國娶來的（國君的正妻稱為「夫人」，或稱「元妃」；「元妃」以下有「二妃」、「下妃」及「庶姜」等）。他們尋常的嫁娶，是派臣下送迎。他們娶

一個妻子，或嫁一個女兒，照例有許多媵女跟隨着（媵女除外，還用男子做媵臣）；這種媵女的制度似乎通行於各級貴族之間。她們大致是正妻的姊妹或姪女等以及底下人（周代人雖然嚴守「同姓不婚」的習慣，但只要不是同姓，世代層是可以輕忽的，如姪女可以從姑母同嫁一夫，或繼姑母為後妻，舅舅也可以納甥女為妻妾），也有些是友好的國家送來的陪嫁。至於卿大夫們的婚姻也很講究門第：他們所娶所嫁，往往是他們的敵體的人家，這國的貴族和那國的貴族常常借了通婚姻以結外援。他們也有時上娶嫁於國君，或下娶嫁於士民，但這似乎只是例外。他們除了正妻（他們的正妻稱為「內子」）之外（極少的例外：諸侯與大夫的正妻也可以有兩個以上），還有許多妾，多妻主義在貴族社會裏差不多人人實行着。他們的正妻需要正式媒聘，至於妾，則有些是正妻的媵女，有些是奴婢升上的，有些是買來的，有些是他人贈送的，有些是淫奔來的，有些甚至於是搶奪來的。不好的妻可以「出」掉，不好的妾自然也可以趕掉送掉，甚至於殺掉。被「出」掉的妻和妾，同寡婦一樣可以隨意改嫁。卿大夫們娶再嫁的女子為妻，是絲毫不以為恥辱的。

貞節觀念

貴族的女子再嫁在當時人看來真是平淡無奇的事，例如鄭執政祭仲的妻曾教導她的女兒道：「凡男子都可以做女人的丈夫，丈夫哪裏及得父親只有一個的可親？」魯國的宗室大臣聲伯把他

已嫁的外妹（同父異母的妹）從施氏奪回來嫁給晉國的郤犨。這證明了當時對於女子的貞節是不大注重的，在這裏我們再來說一個故事。

當魯宣公的時候，陳國有一個大夫叫夏徵舒。他的母親夏姬是鄭國的宗女，一位著名的美人。她的美名引得陳國的君臣爭着與她發生關係，結果弄得君死國亡。夏姬被擄到楚國，楚莊王想納她做妾，只為聽了大夫申公巫臣的諫勸而作罷。執政子反也想要她，仍被巫臣勸止。莊王把她賜給臣下連尹襄老，連尹襄老戰死，她又與襄老的兒子通姦了。不料巫臣早想佔有這朵鮮花，就暗地派人勸她回到娘家鄭國去，說自己願意正式聘娶她為妻。他用盡了心計，才把夏姬送回鄭國。夏姬剛回到娘家，巫臣就派人去提親，鄭君答應了。後來巫臣就乘楚共王派他到齊國去的機會，帶了全家動身，一到鄭國，就叫副使帶了聘物回報楚王，自己卻接了夏姬一同逃奔晉國去了。像夏姬這樣淫濫的女子，堂堂大國的大夫竟至丟棄了身家去謀娶她，當時也沒有什麼人批評巫臣的下賤，可見那時人對於女子的貞節觀念是怎樣的與後世不同了。

但是事情也不可執一而論，我們試再說一個故事。當魯定公的時候，吳人攻入楚的國都，楚昭王帶了妹子季羋等逃走，半路遇盜，險些送掉性命。幸運落在他的一個從臣鍾建身上：他把季羋救出，揹起來跟着楚王一起跑。後來楚王復國，要替季羋找丈夫，她謝絕道：「處女是親近不得男子的，鍾建已背過我了！」楚王會意，便把她嫁給鍾建。在這段故事裏，又可見貴族間男女

的禮教究竟是比較謹嚴的。又如有一次宋國失火，共公的夫人伯姬（魯女）因等待女師未來，守禮不肯出堂，竟被火燒死，這也可以證明當時貴族女子已有守禮的觀念了。

貴族間的非禮的男女關係

從較可靠的史籍裏看，貴族的女子有師傅等跟着，似乎不能輕易自由行動。又據後世的傳說，周公已定下了「禮儀三百，威儀三千」的禮制。但是在事實上，春秋時貴族男女非禮姦淫的事卻多到不可勝計：有嫂子私通小叔的，有哥哥姦淫弟婦的，有嬸母私通姪兒的，有伯叔父姦淫姪媳的，有君妻私通臣下的，有君主姦淫臣妻的，甚至有子通庶母，父奪兒媳，祖母通孫兒，朋友互換妻子等令人咋舌的事發現。至於貴族男女間自由戀愛的例子也很多，如魯莊公與孟任私訂終身，郰陽封人的女兒私奔楚平王，鬥伯比私通郧子的女兒等都是。這可見在春秋時代，非禮的男女關係和婚姻，在貴族之間也都是盛行着的。

中下階級的自由戀愛

中等以下階級的男女間的關係，在《詩經》中最可看出：號稱周初的詩而實際上大半是西周以後的作品《召南》裏，有一首《野有死麕》，它敘述一位武士向一位閨女求愛的情形：他用白茅包了一隻死鹿，當作禮品，送給懷春而如玉的她。她接受了他

的愛，輕輕對他説道：「慢慢地來呀！不要拉我的手帕呀！狗在那裏叫了！」（原文：「野有死麕，白茅包之；有女懷春，吉士誘之。林有樸樕，野有死鹿，白茅純束，有女如玉。舒而脱脱兮！無感我帨兮，無使尨也吠！」）這首詩證明了那時的男子可以直接向女子求愛，女子也可直接接受男子的愛。男女們又有約期私會的，如《邶風》的《靜女》的作者説：「美好的女兒在城角裏等候我，我愛她，但找不見她，使我搔着頭好沒主意。她送我一根紅色的管子，又送我一束黃草，這些東西是何等的好——唉，我哪裏是愛的這些，只是它們是美人的贈品！」（原文：「靜女其姝，俟我於城隅，愛而不見，搔首踟躕。靜女其孌，貽我彤管，彤管有煒，説懌女美。自牧歸荑，洵美且異，匪女之為美，美人之貽。」）又如《鄘風》的《桑中》，記着一位孟姜在桑中的地方等候她的情人，又在上宮迎接他；相會過之後，就到淇水上送他回去。我們看那時女子們的行動是何等的自由！她們可以帶了酒出去「以敖（遨）以游」，她們可以同男朋友坐在一輛車上或並肩行走：這些都還是貴族的女子哩！（《國語》也載晉大夫里克與優施飲酒，優施起舞，對里克的妻説話，這也可見古代貴族男女交際的自由）。

　　據説鄭、衞兩國的風俗是最淫亂的。在衞國的詩《邶風》裏有一首《新台》，這首詩，從前的經學家説是衞國人做了諷刺衞宣公當扒灰老的，這實在是笑話！我們看看這首詩裏説些什麼話：「新台下面河水漫漫地流着，我們所需要的是美丈夫，可恨只見了許多醜漢！魚網本為打魚設的，不料投進了一頭鴻鳥。

我們所需要的是美丈夫，可惱得到了一個駝背老。」（原文：「新台有泚，河水瀰瀰；燕婉之求，籧篨不鮮。……魚網之設，鴻則離之；燕婉之求，得此戚施。」）這原是一首女子們自由求配偶的戲謔詩歌。大家如果不信，我們可以再舉一首《鄭風》裏的《山有扶蘇》：「山上有的是扶蘇（一種小樹），水邊有的是荷花，看不見那美麗的子都，只見到了一個無賴漢！」（原文：「山有扶蘇，隰有荷華，不見子都，乃見狂且！」）不也是這麼一套嗎？

在《鄭風》裏又有一首《溱洧》，裏面記述的更是熱鬧：「溱水與洧水正在慢慢地流呀，男的和女的手裏拿着蘭花正在玩呀。她說：『我們一同到那邊去玩玩罷？』他答道：『那邊已經去過了。』她又說：『再去玩玩又何妨！』他就和她來到洧水之外，這真是快樂的地方呀！男人們和女人們盡說着笑話，採了芍藥花，他送了她，她又送他。」（原文：「溱與洧，方渙渙兮；士與女，方秉蘭兮；女曰觀乎，士曰既且！且往觀乎？洧之外，洵訏且樂！維士與女，伊其相謔，贈之以芍藥。」）這是怎樣美麗的一幅仕女游春圖的寫真！

但是她們也有時被家長們監視着，《鄭風》裏就有一首詩記着一位閨女被拘禁的呼聲。她嚷着：「仲子啊！你不要跳過我的牆！你不要折了我家種的桑！並不是我愛惜這些東西，只因怕我的父母哥哥們說閒話呀。你固然是可愛的，但是父母哥哥們的閒話也是可怕的呀。」（原文：「將仲子兮！無逾我牆！無折我樹桑！豈敢愛之，畏我諸兄〔父母，人之多言〕；仲可懷也，諸兄

〔父母〕之言〔人之多言〕，亦可畏也！」）

他們和她們固然「邂逅相遇」就可以「適我願」，但是這樣容易的結合，自然有許多流弊出來。《鄭風》裏還有兩首詩記着：「她循着大路，牽着他的衣袖，對他央告道：『你不要討厭我呀！舊好是不該輕易忘記的呀！』」（原文：「遵大路兮，摻執子之袪兮，無我惡兮，不寁故也！」）這是一位柔弱的女子被男子遺棄時的悲聲。「你如還愛我，我就牽了衣裳涉過溱水來會你；你如不愛我，難道我就找不到別人？無賴漢呀你好無賴也！」（原文：「子惠思我，褰裳涉溱；子不我思，豈無他人？狂童之狂也且！」）這是一位潑辣婦對她的無情男子的痛罵。

父母之命與媒妁之言

大家讀了上面的敘述，不免感到當時中下層社會男女間只有自由的結合而沒有較嚴格的婚姻制度。你們如果有了這種觀念，我又要告訴你們：這是錯的！他們的確也有較嚴格的婚姻制度存在着：「怎樣種麻？先須把田畝橫直耕耘好！怎樣娶妻？先須稟告自己的父母！」「怎樣砍柴？非用斧子不可！怎樣娶妻？非請媒人不得！」（原文：「蓺麻如之何？衡從（橫縱）其畝！取妻如之何？必告父母！……析薪如之何？匪斧不克！取妻如之何？匪媒不得！」）在這兩段話裏，證明了那時的正式婚姻已需要「父母之命」和「謀妁之言」了。請不到好的媒人，婚姻是要「愆期」的。得不到「父母之命」便怎樣呢？《鄘風》裏載着一位叛

逆的女性的呼聲道:「柏樹做成的舟,正在河中飄流;那位頭髮披向兩面的他,才是我的好配偶。我立誓至死也不變心。呵,那像天帝一般威嚴的母親!你真太不原諒人了!」(原文:「汎彼柏舟,在彼中河;髧彼兩髦,實維我儀;之死矢靡它。母也天只,不諒人只!」)她甘心殉情了。

當時有勢力的男子為了得不到女子的愛,甚至拿打官司去壓迫對方,《召南》裏又有一首詩記着一個女子反抗強暴的男子的說話:「誰說鼠子沒有牙?它已經把我的牆壁咬穿了。誰說你沒有財產?竟至於拿打官司來壓迫我了。但是無論怎樣,我是決不和你同居的!」(原文:「誰謂鼠無牙,何以穿我墉?誰謂女無家,何以速我訟?雖速我訟,亦不女從!」)但是有時女子們也很需待男子來求婚,她們嚷着:「梅樹的葉子落完了,梅果兒已裝滿一籃子了。求我的男子們呀,你們可以來提親了!」(原文:「摽有梅,頃筐墍之,求我庶士,迨其謂之!」)看她這樣的迫不及待!

私訂終身的婚姻

正式的婚姻雖由「父母之命,媒妁之言」而結合,但也有先期由男女雙方自己私訂終身的。例如《邶風》的《擊鼓》記着一位戰士和他的愛人在「死生契闊」的當兒訂成了婚約:手攬着手,甘心偕老。(原文:「死生契闊,與子成說:執子之手,與子偕老。」)又如《衞風》的《氓》詩記着一個女子自述半生的

經過道：「呆蠢的他抱着布來買絲；他並不是真來買絲，實在是來和我商量訂婚的事。我送他涉過淇水，一直來到頓丘，對他說：『並不是我故意愆期，只因你沒有請得好媒人來。請你不要憤怒，我們就在這個秋天訂了婚期罷。』」（原文：「氓之蚩蚩，抱布貿絲，匪來貿絲，來即我謀。送子涉淇，至於頓丘，匪我愆期，子無良媒；將子無怒，秋以為期。」）在這段話裏，使我們知道男女的婚姻可以由雙方自己談判，但是其間也缺少不了媒人。

這種半自由戀愛的婚姻也會收到壞結果的。《氓》詩的作者敘述他們訂婚之後的情形：「我站在缺牆上，遠遠盼望那從複關裏出來的他；看不見他的時候，哭得眼淚汪汪。好容易見到了他，又喜笑，又談話；據他說：『在卜筮裏得到的卦象也不差。』他就用一部車來，把我和我的積蓄一同帶到了他家。我在他家裏整整做了三年的主婦，吃了不知多少的辛苦；早起晚睡，一刻不得閒工夫，這也算對得住他了；卻不料，他如願之後，漸漸變起心來了，把我遺棄掉。我的兄弟們不知細情，背地裏只管冷笑。靜靜想起來，自己一個人又悔又懊！想起從前，我們小的時候，說說笑笑，海誓山盟，何等要好。萬想不到：會有變卦的今朝；我自己懊悔也來不及了。奉勸天下做女兒的，你們不要再與男子們相好了！男子們的心真是永遠不可靠。」（原文：「乘彼垝垣，以望複關，不見複關，泣涕漣漣；既見複關，載笑載言；爾卜爾筮，體無咎言；以爾車來，以我賄遷。桑之未落，其葉沃若；於嗟鳩兮，無食桑葚；於嗟女兮，無與士

耽；士之耽兮，猶可說也；女之耽兮，不可說也。桑之落矣，其黃而隕；自我徂爾，三歲食貧。淇水湯湯，漸車帷裳；女也不爽，士貳其行；士也罔極，二三其德。三歲為婦，靡室勞矣；夙興夜寐，靡有朝矣；言既遂矣，至於暴矣；兄弟不知，咥其笑矣；靜言思之，躬自悼矣。及爾偕老，老使我怨；淇則有岸，隰則有泮；總角之宴，言笑晏晏，信誓旦旦，不思其反；反是不思，亦已焉哉！」）

娼妓制度的猜測

從西周末年到春秋時商業已相當的發達，娼妓制度恐怕也已有了（娼妓制度照例是隨商業的發達而興起的）。如後世傳說「齊桓公宮中七市，女閭七百」；戰國時商鞅曾「令軍市無有女子，輕惰之民不游軍市，則農民不淫」；後人說「女閭」和「軍市女子」就是一種娼妓。也有人不承認這種說法。但我們仍可承認「女閭」等為娼妓之始，因為在《詩經》裏已有這樣的文句：「如賈三倍，君子是識；婦無公事，休其蠶織。」「出其東門，有女如雲；雖則如雲，匪我思存；縞衣綦巾，聊樂我員（雲）。」「東門之枌，宛丘之栩；子仲之子，婆娑其下。穀（佳）旦（日）於差（擇），南方之原；不績其麻，市也婆娑。穀旦於逝，越以鬷（眾）邁（行），視而如荍（草名），貽我握椒。」這類記載中都隱約有娼妓制度的存在：女人們沒有公事而休其蠶織，她們在那裏幹些什麼事？東門（「東門」這個地點也可注意，凡《詩》中

提到東門的多與男女之事有關）外為何會有如雲的游女？女子們揀了佳日，不績麻而到南方之原的市上去婆娑作舞，男子們也在「穀旦」聚眾的前往，他們和她們懷着什麼目標，也就可想而知了。——不過娼妓制度在戰國以前，我們畢竟還不曾覓到一種確實的存在證據！

巫兒與贅婿

據後世的記載，齊國有一種特異的風俗：民家的長女不得出嫁，稱為「巫兒」，主持家中的祭祀。凡把長女出嫁的，其家不利（案《詩經》中說「有齊季女」，「齊」就是齋字，是敬的意思；是古人普通以季女主祭事，只有齊國是用長女主祭的）。齊國因有這種風俗，所以又盛行「贅婿」制度：後世相傳太公望為齊之「出夫」，淳於髡也為「齊贅婿」，皆可作證（其他各國自然也有贅婿制，但似不如齊國之盛）。

結婚年齡

最後我們還得研究研究古人的結婚年齡。據後世的記載：男子三十而娶，女子二十而嫁，其說未必十分可信。《左傳》稱「國君十五而生子」，又稱「冠而生子，禮也」；古人二十而冠，大約普通男子的結婚年齡總在二十歲以後，女子也似在十五歲加笄以後。而大貴族的結婚年齡似乎要比較的早些。

禮制

在從前私塾教育的時代，我們做小孩子時初讀《左傳》《禮記》，那威嚴如天帝的老師，一手拿着戒尺，一手指指劃劃，嘴裏天花亂墜似的講説那古代的禮制，那時我們真忘了頭上栗鑿的痛苦，而深深羨慕這揖讓莊嚴的禮教社會，彷彿親自在玉帛俎豆間周旋着似的。這種有趣的印象，一直到現在還刻在我們的頭腦裏，無怪乎二千年來的孔夫子要説一句「周監於二代，郁郁乎文哉，吾從周」的話了！但是我們現在知道那「鬱鬱乎文哉」的禮教社會，只是當時的貴族階級的領域；他們有農奴替他們勞動，吃飽了飯，一天到晚沒事做，所以盡鬧着種種的空場面，留下痕跡來，給後人玩想追吊。可憐當時的平民哪裏領略得到禮儀的趣味呢！據記載，周公制禮：「禮儀三百，威儀三千」，它的細密的情形，在現存的《儀禮》這部書中還可以想像出來。重要的儀制，除了婚、祭二禮我們另有專論外，現在再揀那略可考據的敘述如下。

冠禮

古代貴族階級的男子到二十歲開始算做成人，由父母替他請賓加冠（在未加冠的時候，或把頭髮剪短，披向兩面，叫做「兩髦」；或把頭髮打成小結，叫做「總角」），在宗廟裏行禮。加冠共分三次：初次加緇布冠（黑色的布製成的），次加皮弁（白鹿皮製成的），又次加爵弁（紅黑色的布製成的）。加冠以後，又

由賓替他取字（如孔丘字仲尼，卜商字子夏；字和名在意義上總是有聯帶關係的，不管是正是反），此後便算成人，可以出來與社會交際了。女子到十五歲也要加筓（安髮的簪），加筓以後便算成人。

相見禮

古人初次相見，必須請第三者介紹。去見人的人必須向所見的人行贄禮，「贄」就是見面時贈送的禮品：大贄用玉帛，小贄用禽獸果脯等物（男贄用玉帛禽鳥，女贄用果脯之類）。見面時，賓主揖讓，禮節頗繁。相見後又有主人拜賓還贄之禮。

鄉飲酒禮

這是居鄉聚會之禮。行禮時，有主，有賓，有介（副賓）。由年紀最老的人做大賓，飲酒奏樂，揖讓周旋。據說這是表明「尊長養老」的意思。由國君召集大夫士開宴會叫做「燕禮」，據說燕禮是明「君臣之義」的。

鄉射禮

鄉飲酒之後多行此禮。射鵠設在堂下，比射的人一對對的揖讓升堂，揖讓下堂；在堂上比射，比輸的人在堂下飲罰酒。

周旋禮儀也很可觀。孔聖人對射禮曾批評過一句「其爭也君子」的話。由國君召集大夫士比射的禮，叫做「大射」，典禮格外隆重。射禮之外，還有一種「投壺」禮，是賓主用箭投射壺中，中者為勝：這些都是古人尚武的遺習。

聘禮

　　諸侯派使臣到友邦去問好，叫做「聘禮」（天子有時也派使臣聘問諸侯，諸侯也派使臣聘問天子）。聘禮與朝禮一般，必有貢獻，大致用玉帛之類。聘使在本國君主前受了隆重的任使的禮命；到了所聘的國，先受那國君主的慰勞，然後在那國的宗廟裏獻幣行禮。聘後又有賓主宴會與主君贈賄之禮。

朝覲禮

　　諸侯朝見天子，叫做「朝覲禮」。據說行朝禮時，天子朝服依屏南面受禮，諸侯北面拜見。朝後也行賓主享禮。春秋時，小國諸侯對大國諸侯也行朝禮，其制度不可詳考，大致禮數較為平等。晉文、襄二公做盟主的時候，曾定下「諸侯三歲而聘，五歲而朝」的制度。此外天子諸侯間又有盟會之禮：「盟」是相會結盟；「會」是以時相會而不結盟。盟會都有主持其事的盟長，大抵是上國和大邦充任的。

喪葬禮

　　喪禮是古人所最重視的禮，記載最多，雖然不可靠的居大部分，但是大致的情形還可以想像出來。據說凡有病將死的人必須睡在正屋的北牆下，死後移到牖下。剛死時，由一個人拿着死者的衣服上屋向北面招魂三次，下屋時由另一個人把這衣服蓋在死人的身上（這衣服是不用以襲斂的）。於是設奠，赴告，受弔，男女聚守按時哭泣，和後世的喪禮差不多。小斂在戶外，大斂在阼階。小斂後移屍堂前，大斂後入棺過若干天，筮擇壙地；營築之後，卜期葬埋。

　　殉葬用的器物有「明器」，明器是一種只具式樣而不能實用的東西。明器以外也用其他的日用的器物殉葬（死人口中含着珠玉叫做「含」）。高等的貴族有時甚至於拿活人活物去殉葬；也用草木之類製成的假人做從葬的儀衞，這叫做「芻靈」（草人）和「俑」（木偶）。古時棺之外又有椁，椁是棺的外套；據說貴族的棺椁有好幾重的。又古時只有平葬的「墓」而沒有高葬的「墳」；墳是後起的制度。孔子曾因自己是四方奔波的人，恐怕過了多年回來要忘記，所以替他父母築了高墳作為標記。

　　喪服的制度，據後世的記載也是非常的細密，但十之八九是不足信的！真實的情形，需待詳細的考證，現在不能亂說。大抵古時也和後世一樣居喪穿着素服。喪服用粗麻布或葛布等製成，制度有輕有重。當時各地各階級的制度都不相同：有的地方喪服較重，喪期較長，有的地方較輕、較短，並無一定。後來的儒、

墨等家派各據一時一地一階級的制度,加以附會,自以為是古先
聖王的通制,後人上了大當。二千年來,喪服的制度越說越亂,
到現在還理不清楚。(《左傳》中記齊晏桓子死,他的兒子晏嬰
穿着不緝邊的粗麻布衣和草鞋,束着粗麻袋,手裏拿着喪杖,吃
着稀粥,住着倚牆的盧屋,睡着草編的席子,枕着草:據說這是
士的居喪的禮節,但不知可信否?)

　　奇怪得很:記禮的書雖多,古時的禮俗竟不可詳考。除了上
述的幾件大禮以外(上面所敘的也未必完全可靠),古時人平日
居家還有許多的儀節。但這類儀節,既瑣碎,又真偽雜糅,恕我
們不加贅述了。又古時庶民階級的禮俗的詳情,我們也已無法知
道,只好暫時闕疑。好在那時人是說過「禮不下庶人」的。我們
現在且先說說那時人的衣、食、住、行和娛樂。

衣服

　　古時人穿衣,上面是衣,下面是裙,裙叫做「裳」。據說只
有一種「深衣」(簡便之服)是上下衣裳相連的。衣裳之間有帶
(大帶用絲叫做「鞶」,革帶用皮),以資束縛。禮服的前面又
有皮製的蔽膝,叫做「韍」或「韠」或「韐」,大貴族的韍是紅
色的。又有包束足脛至膝的「邪幅」,叫做「偪」。內短衣叫做
「襦」,長衣內塞綿的叫做「袍」,不加綿的叫做「衫」。下體近
身的叫做「褌」,有袴褶的叫做「袴」(不縫襠),也叫做「褰」,
雨衣叫做「制」。男子頭上有冠,女子頭上有笄(冠笄外又有

巾)。貴族的男子身上佩有玉器和刀劍等（玉是寶器，當時人非常珍重，所謂「匹夫無罪，懷璧其罪」，可見一個平民〔匹夫〕連藏一塊玉的權利都沒有的）。頭上有摘髮的「揥」（象骨所制），耳旁有當耳的「瑱」（玉石所制），懸於冠上。貴族的女子除佩玉和「揥」、「瑱」之外，又有「副」（祭服的首飾，用髮編成的），「珈」（玉制的首飾，加在筓上的），「髢」（假髮）等首飾。那時人的衣裳和現在人一樣，是用布帛做成的。布帛的質地最普通的便是麻絲。貴族們的衣裳上，繪有彩畫，織有文繡（所畫所繡的是日、月、星辰、山、龍、藻、火之類，最有名的是「黼黻」：白黑相間的叫做「黼」，青黑相間叫做「黻」）。他們的禮服最是講究，普通的禮服喚做「端委」，最大的禮服叫做「袞」，其制度一時也說不完。平民們所穿的衣只是粗毛布所制，叫做「褐」。最貧賤的人甚至於「無衣無褐」。人們冬天所穿的有綿（絲綿）衣和皮衣，皮衣是用狐、貉、羊、鹿、熊、羆等皮製成的。（古裘衣皆如今之反著，外加衣以掩之謂之「襲」，開衣露其裘謂之「裼」）大貴族穿着「錦衣狐裘」。睡時有「寢衣」和「衾」（被）、「裯」（帳）、「枕」等。齋戒時又有「明衣」（是布製的）。冠也用布帛或鹿皮等製造，冠上下垂的有「纓」有「緌」，兩條絲線結於頤下叫做「纓」；有餘垂之為飾，叫做「緌」。有蓋板的帽叫做「冕」，以木為質，外加布套，上玄下朱，前俯後仰，這是大貴族所戴的禮冠；冕上懸有珠玉小顆，叫做「旒」。據記載：帽大致有冕、弁、冠三等，其制度之詳也已不甚可考。平民種田放牧時禦雨蔽日戴的有「笠」（貴族有時也戴），大抵是竹做

的。穿的有「蕢」，大抵是草做的。鞋料普通用葛布，冬天有穿皮毛的鞋的。大貴族的鞋也用紅色，有的以「金」為飾，叫做「金舃」。平民們大致穿着草鞋或木屐。鞋是用在戶外的，進戶時把鞋脫在戶外，出戶時才再着上。那時人也穿襪子（用皮製的），但見君時要把它脫去。男子們打仗時所穿戴的有甲胄等。甲胄是用犀兕等皮製的，外塗丹漆。女子們講打扮的是「綠衣黃裏，綠衣黃裳」和「縞（白色）衣綦（綠黑色）巾」；用膏沐髮以求光澤；或把鬢旁的短髮向上捲起，以求美觀。至於粉、黛和胭脂等等，那時候還沒有盛行。奇異的服飾是那時人所禁忌的，如鄭公子臧好聚鷸冠（鷸鳥的羽毛所作的冠），為鄭君所惡，派人把他殺了。

飲食

古人的食料，和現在人所吃的也差不多，他們通常所吃的飯，是麥米和菽豆等（當時以粱米為貴食，所謂「食必粱肉」，是很奢侈的事）。吃的菜：葷的有牛、羊、豬、狗、兔、雞、魚、鱉等肉（牛最貴，羊次之，豬、狗、雞等又次之，魚、鱉為下），最著名的美食是熊掌；素的也有各種菜蔬。平民們尋常吃素，貴族和老人們才得吃肉。貴族平民都以羹為常食。鹽、醬、醋等在那時也已發明。另外還有一種糖漿，叫做「飴」。鹽醋等之外，又用梅子作調羹的作料。薑、葱、韭等也是那時人日常必用的食物。喝茶的風氣還不曾有，他們所喝的：冬天是熱湯，夏天是涼水。娛樂交際的食品則有酒和果脯等。

居住

最古的人穴居住在山洞裏，或巢居在樹木上，到後來漸漸知道建造房屋。較早的屋子是用茅草或木板蓋成的。至遲到周代，已經有了瓦屋。周代貴族階級的屋子，大致分為兩種：一種叫做「路寢」，一種叫做「小寢」（庶人只有一寢）；又有所謂「高寢」，其制度之詳我們不知道。據近人所考，「寢」的制度，似是前「堂」後「室」，「堂」的左右有「廂」，「室」的左右有「房」，堂後和堂前有庭，和現在的屋子也差不多。室裏有牖（穿壁以木為交窗叫做「牖」），室外有門戶，屋外有檐，有牆，有大門。堂下有兩道階：在東邊的叫做「阼階」，在西邊的叫做「賓階」；賓客進門時，主人迎入，自己從阼階走上去，賓客從賓階走上去，互相揖讓行禮。屋內布席和几筵（「筵」就是席之長大者）。屋外又有園囿之類。娛樂的地方更有各種台榭。又當時行大家族制度，所以築起室來，常常是「百堵」。貧賤的人所住的屋子，是「篳門圭竇」（柴門小戶）的。打仗時人們所住的則有營幕。西周以來，貴族們已有「如翬（雉鳥）斯飛」的飛檐式的房屋，春秋時的諸侯更有了長「數里」的宮館。但雕牆畫棟之類，仍被視為奢侈之事的。又當時席地而坐，用几憑依，睡時則用「牀」。

交通

古時的交通不方便，道路的修築自然很簡陋。大概城中必有

大道，城外也有通路。水上有橋（有時搭船為橋）。在要道上設有旅舍。路旁有表道的樹。周室為當時天下的共主，在西周的時候，已建築有像砥（磨刀石）一般平，像射出的箭一般直的「周道」，那是給貴族們走的，平民們只有望望的份兒而已。交通的工具，大致陸地用車（有服牛、乘馬、人挽三種），水道用船或筏。有要事時有驛車，喚做「傳」或「駰」。據記載：大禹「陸行乘車，水行乘船，泥行乘橇（形如木箕），山行乘樏（大致是一種木製的轎）」，那末古代的交通工具種類也很多了。但庶人出外是步行，而且要自己帶了糧食。又北方水淺，少有橋梁，人們過小河的時候，往往用牽衣涉渡的方法。

娛樂

古人娛樂的事情不多，大致飲酒奏樂，就是唯一的大娛樂了。如鄭伯有好酒，造了一所「窟室」（地下室），全夜飲酒奏樂，結果竟致喪身之禍。男女們駕車出游，也是一種消遣的方法。貴族階級特殊的娛樂有所謂「女樂」，是女子的歌舞隊。又有「優戲」，多用於祭祀時。貴族們在幽美的園榭裏，喝着老酒，聽着音樂，左擁右抱，其樂無極。有時在家裏玩厭了，又可以出外游散，打獵，以解煩悶。平民們一年到頭忙碌着，只有在農間的時候才偶有喝酒吃肉歡呼聚樂的機會。演戲和娼妓，戰國以前雖似乎也已有了，但行用還不普遍。又當時已有博弈的事，孔子曾貶斥「飽食終日，無所用心」的人還不如「博弈者」好。

各地風俗

　　古時各地方的風俗，也略有可説的。據後世的記載：秦地的人好稼穡，務本業；又以氣力為上，以射獵為先。河內殷虛一帶的人性質剛強，多豪傑，喜相侵奪，薄於恩禮。晉地的人深思儉陋。周地的人巧偽趨利，喜為商賈。鄭地的人男女聚會，風俗淫亂。陳地的人尊貴婦女，喜歡祭祀。晉北戎、狄等地的人悲歌慷慨，好作奸巧。齊地的人舒緩迂闊，奢侈誇詐。魯地的人長幼相讓，上禮義，重廉恥。宋地的人性質重厚，多君子；好稼穡，喜儲蓄。衛地的人性質剛武，風俗淫亂。楚地的人懦弱偷生而無積蓄；信巫鬼，重淫祀。汝南一帶的人性格急劇，有氣勢。吳越的人好勇輕死。這些話雖是漢朝人所記，其中似包有戰國以至秦漢時的情形，但戰國以前的民俗也可於此見其大略了。

第三章

從西周到春秋時的政治制度和宗教學術

人口－古代土地的荒蕪－都鄙制－縣郡的原始－秦國的縣郡－楚國的縣－晉國的縣郡－齊國的縣－吳國的縣郡－縣郡制結論－城邑建築－田稅－軍賦－力役－商征－賦兵制－軍隊組織－軍隊數量－戰車之制－徒兵－水軍－戰陣－各國軍力－武器－爵位－西周官制－春秋普通官制－各國特有官制－卿大夫家官－教育制度－教育目標－教育程度－平民階級的教育－刑法－法典－非刑與贖刑－周人的神祇世界－秦齊兩國的特別祀典－鬼－妖怪－祭祀－卜筮－宗教的學問－傳統思想－文字－文學與科學－藝術

人口

要研究周代的政治制度，最要緊的是先弄明白當時的地方制。要研究那時候的地方制度，先須研究那時候的人口。戰國以前的人口數目是極難考核的，據我們的推測，大約最大的都邑不過一二萬戶（一戶大致五口），最小的縣邑或許有不滿百戶以至於只有十戶的。至於中等的都邑，大致在幾百戶以至一二千戶之譜。若問當時全中國的人口究竟有多少，我們卻苦於無法回答（大略估計起來，或許有一二千萬之譜）。《左傳》裏記着兩件故事：當魯閔公的時候，狄人攻破衞都，衞都的男女遺民逃出的只有七百三十人，添上了共、滕兩邑的居民，剛湊滿五千人，就以這些人口草創新國都了。這可見春秋初年中原人口的稀少。《論語》記孔子到衞國去，看見衞國的人口，曾說過一句「庶矣哉」的話，可見衞國在當時還算是一個富庶之區哩！雖然這已是春秋晚期的事了。又魯僖公的時候，秦、晉之際的梁國多築城邑而沒有人民去充實它，秦國便乘其虛而取其地，這也可證明那時人口的稀少。春秋時尚且如此，則西周時更可想而知，所以西周滅亡時，詩人會有「周餘黎民，靡有孑遺」之歎了。

古代土地的荒蕪

明白了古代人口的稀少，就可知道古代地方制度簡陋紊亂的原因了。周代的中國，不曾開闢的地方正不知有多少；當時

的所謂「蠻夷」之區不必去說它，就是中原（那時人稱為「中國」）之地未開闢的所在也到處都是。例如鄭國在西、東周之交東遷到現在鄭州的附近，還是「斬之蓬蒿藜藿而共處之」的，鄭地正當中原的中心，在東周之初，還是這樣的荒涼。鄭的東鄰是商代王畿一部的宋國，而到春秋之末，宋、鄭之間還有隙地六邑，兩國都不佔有，後來宋有叛臣奔鄭，鄭人在那裏築了幾個城，兩國因此發生戰爭，結果仍以六邑為虛。這又可見那時各國間甌脫地的廣大。又姜戎為秦人所逐奔晉，晉君賜給他們南鄙的田，後來戎人說那塊地方本是「狐狸所居，豺狼所嗥」的，因諸戎的「除剪其荊棘，驅其狐狸豺狼」，才能夠住人。晉的南鄙靠近黃河，也是中原之地，而竟也荒蕪如此。又秦、晉遷陸渾之戎於周的伊川，也可見伊、洛一帶本有荒地。那時的中原尚且這樣荒涼，其人口之少，地方制度的簡陋，可不繁言而解了。

都鄙制

戰國以前普遍的地方組織，大致是這樣：人民聚居的地方喚做「邑」，邑的大小範圍沒有一定，有的有城垣，有的沒有。大而有城垣宗廟的喚做「都」，都大致是列國大夫的封邑或重要的城鎮。諸侯所居的首都喚做「國」。國、都、邑，是那時列國大小城鎮的三層等級。天子所居的首都喚做「京師」，「師」是軍隊所駐的地方的專稱，「京」是高大的意思。國都以外的地方也

統稱為「鄙」，鄙中有邑和縣。「縣」和「邑」是差不多的組織（這「縣」和後文所說的「縣」略有不同）。

城外有郭（外城），大致城外郭內的地方喚做「鄉」，郭外喚做「郊」，郊外喚做「遂」；又有「牧」、「野」等名目，也是指城鄉外的地點。

地方上的小組織，有「鄰」、「里」、「鄉」、「黨」、「州」等名目，其詳細的區劃已不可確知。大致是以家為本位，合若干家為一鄰，合若干鄰為一里，合若干里為一黨，合若干黨為一鄉。州大致是與里差不多的地方組織。

縣郡的原始

春秋時，秦、楚、晉、齊、吳諸大國內又有一種新起的地方制度，那便是後世所稱為秦始皇帝創製的郡縣制。在後世所稱為周初的書《周官》和《逸周書》裏已有「郡縣」的名稱，是一種國都郊外地域的區劃。有的說若干家為一縣；有的說千里內立百縣，一縣內有四郡。據《逸周書》說，縣也有城垣，大的當國都三分之一，小的當國都九分之一。《齊語》上也記管仲治齊定國都外九千家為一縣。《周官》又有「縣師」等官職，這些記載雖不可盡信，但可從中看出縣郡名義的原始——縣和郡本是國都外的地方區劃。從銅器銘文和《左傳》《國語》《史記》等書觀察春秋時的縣郡制，則有如下的一些記載：

秦國的縣郡

秦武公十年（魯莊公六年），秦人滅邽冀戎，設為縣屬。十一年，又把杜、鄭兩國並為縣屬。魯僖公九年，秦人納晉惠公，惠公對秦使說道：「秦君已有着郡縣了。」以上是秦國有縣郡制的證據。它大約創始於春秋初年。

楚國的縣

楚文王立申俘彭仲爽為令尹，並申、息二國為縣。申、息之滅在魯莊公時，可見楚國的縣制也大約創立於春秋初年，與秦國不甚先後。

魯宣公十一年，楚莊王攻破陳都。想把陳國改為楚國的縣，後來聽了大夫申叔時的話才作罷；當他責備申叔時不賀他破陳的時候，曾說道：「諸侯縣公，皆慶寡人。」可見楚國的縣長是稱公的。

宣公十二年，楚莊王破鄭，鄭伯哀求莊王道：「你如肯不滅鄭國的社稷，叫鄭國改了禮節服事你，等於你國內的九縣，那就是你的恩惠了！」「九」是多數的意思，可見那時楚國的縣已很多了。

魯成公六年，楚兵伐鄭，晉兵救鄭侵蔡，楚將公子申、公子成帶了申、息兩縣的兵救蔡，與晉兵相遇。晉將說道：「我們起了大兵出國，如只打敗楚的兩縣，很不值得；如還打不敗他們，

那更是恥辱了。」楚國申、息兩縣的兵力已足與一個大霸國開戰，楚縣之大而富於此可見了。

魯襄公二十六年，楚、秦聯軍侵鄭，楚將穿封戍俘獲鄭將皇頡，楚王的弟王子圍（後來的靈王）和他爭起功來，由大臣伯州犁做公證人，他對着俘虜把手上抬指着王子圍道：「這是寡君的貴弟。」又把手放下指着穿封戍道：「這是方城外的一個縣尹。」那麼，楚的縣長又稱「尹」了。

魯昭公八年，楚人滅陳為縣，命穿封戍為陳公。十一年，晉叔向道：「楚王討陳，號稱安定陳國；陳人聽命，他就把陳並為屬縣。」是年，楚王又滅蔡，在陳、蔡、不羹等地方築了大城，命公子棄疾為蔡公。十二年，楚靈王在州來閱兵，很驕傲地對臣下說道：「今我大城陳、蔡、不羹，賦皆千乘，諸侯其畏我乎？」楚的大縣的賦有千乘之多，幾乎可以與當時的一個次等大國相比並了。以上是楚縣的記載。

晉國的縣郡

魯僖公三十三年，晉兵破白狄，晉將郤缺斬獲白狄子，晉襄公賞給薦郤缺的胥臣以先茅（人名）之縣。這是晉縣見於記載之始，在此以前晉國當已有縣制了。

魯宣公十五年，晉將荀林父滅赤狄潞氏，晉景公賞給保奏荀林父的士貞子以瓜衍之縣。魯成公十三年，晉侯派呂相斷絕秦國的國交，曾說秦人「入我河縣」，這「河縣」不知是一個縣名，

還是近河的縣？

魯襄公二十六年，蔡臣聲子對楚令尹子木說：「伍舉在晉，晉人將要給他縣，以與叔向相比。」

襄公三十年，晉平公的母親悼夫人頒賞食物給替她母家杞國築城的役人，其中有個絳縣人因為年老無子，也去受食。大家問起他的年紀，已有七十三歲。執政趙孟就問絳縣的縣大夫，知道這老人本是他的屬吏，當下就召這老人來當面謝過，分給他田，命他為絳縣的縣師，而把他的上司輿尉廢了。在這段記載裏，可以知道晉國的國都也立為縣（絳是晉的國都），「縣師」的官職在春秋時也有的。不過這條材料頗為可疑，或是漢人的記載。

魯昭公三年，晉侯把州縣的地方賜給鄭臣伯石。這州縣本是欒氏的邑，欒氏出亡，范、趙、韓三家都想把它據為己有。趙家說：「州縣本屬於溫，溫是我家的縣。」范、韓兩家說：「州縣從別屬郤氏以來已傳了三家了，晉國的別縣（大縣的分縣）並不止州一個，大家都不能把從自己食邑裏分出去的縣收回。」趙家聽了這話，只得罷了。到了趙家當政，又有人勸他乘機收取州縣，趙文子說：「我快要不能治我自己的縣了，要州何用？」韓家就乘趙家放棄的機會替伯石請得了州縣的賞。七年，鄭執政子產替豐氏（伯石後人的氏）把州縣歸還晉國，晉侯又把它賜給韓家；韓家因自己先前說了過度的話，不好意思自取，就把它向宋臣樂大心換得原縣的地方（也是晉國賜給他的）。在這段記載裏，又可以看出晉縣往往是大夫的封邑；小縣有從大縣分出的，分出的

原因有些是因為給別個大夫做封邑了；又大夫可以統治自己的縣；國內的縣並可以賜給別國的臣子做封邑。

昭公五年，楚靈王想刑辱送女來的晉大夫韓起和叔向，大夫鑠啟強對他報告晉國的實力，道：「韓家所屬的七邑都是成縣（大縣），晉國如失了韓起和叔向，他們必定盡起十家九縣的兵力九百乘來報復，其餘四十縣四千乘的兵力作為後備，那就了不起了！」在這段話裏又可看出晉國的大族可以有數縣的食邑，大縣每縣有一百乘的兵力，那時晉國全國的大縣共有四十九個。

二十八年，晉國滅掉祁氏和羊舌氏，把祁氏的田分做七縣，把羊舌氏的田分做三縣，各立縣大夫。這又可見晉縣愈分愈小，大約是大夫分贓的結果。

魯哀公二年，鄭兵替齊人轉送糧餉給晉的亡臣范氏，晉將趙鞅帶兵與鄭兵在鐵地開戰，趙鞅下令道：「打勝敵人的，上大夫受一縣的賞，下大夫受一郡的賞。」在這兩句話裏證明了晉也有郡制，但比縣下一等。

《戰國策》記知過勸知伯破趙之後封韓、魏的臣子趙葭、段規各以一個萬家的縣。這條記載如可信，則春秋、戰國之間，晉縣的富庶已很可驚了。以上是晉國縣郡的記載。

齊國的縣

齊縣除見於《國語》之外，又見於銅器銘文。《齊侯鐘銘》記齊靈公把釐（萊）邑的三百個縣賜給一個喚做叔夷的人，又命

他治理轚邑。這證明了齊縣是極小的，一邑之內已有三百個縣，三百個縣可以同時賜給一個人。查《論語》記管仲奪伯氏駢邑三百，這所謂「三百」當也是三百個縣（小邑）。又銅器《子仲姜寶鎛銘》記齊侯賜給一個喚做罋叔的人二百九十九個邑。這邑也極小，與「其縣三百」的縣差不多的大（《齊語》説三十家為邑，《論語》也有「十室之邑」的話，當即指這種小邑）。

《晏子春秋》記齊桓公賜給管仲狐邑與穀邑十七縣的地方。《説苑》又記景公賜給晏子一個千家的縣，這類記載如可靠，則齊縣確也有較大的了。總之，從銅器銘文和古書記載看來，齊國的縣制是特別的，實在還沒有脫離鄉鄙制度的規模。

吳國的縣郡

吳國的縣郡制見於《史記》。王餘祭三年（魯襄公二十八年），齊相慶封奔吳，吳國給他朱方之縣，富於在齊之日。大約吳國的縣也頗不小。魯哀公十一年，吳王夫差發九郡的兵伐齊。吳國的郡當也不甚小。它的縣郡制當是摹仿晉、楚而來的。

縣郡制結論

綜合上面的敘述，所得的結論是：縣郡本是國都郊外的區劃，秦、楚、晉、齊四國在春秋初年因開疆闢地的結果，開始有較正式的縣制，秦國並有郡制。楚縣最大，大致都是小國所改；

晉縣次之，大致都是都邑所改；齊縣最小，大致是從鄉鄙改的。秦縣的大小，當在楚、晉之間。楚、晉、秦的縣是獨立的區域；齊縣則大致是附屬於邑內的小組織。楚和秦的縣郡似直隸於君主，晉、齊、吳的縣則多是大夫的封邑。至少春秋的晚期，晉國也已有郡制的存在，但郡似較縣為小。吳國則在春秋晚期也摹仿晉、楚創立了縣郡制度。我們以為縣郡制就是創立於周代西周以後的春秋時代的。後世的記載或說周代以前已有郡縣制，那決不可靠！

城邑建築

戰國以前城邑建築的形式和範圍記載不多。據說周室建築東都洛邑，範圍很廣，內城大有九里見方，面積共八十一方里；外郭大有二十七里見方，所包的整個面積共七百二十九方里。其說似涉誇誕。列國的邑城，據說不得過五百丈（兩里多）或三百丈（近一里半），至多得國都的三分之一，那末列國的國都大致是四、五里以至六、七里見方了。其實是有更小的存在。又據說邑城分為三等：大邑約得國都的三分之一，中邑約得國都的五分之一，小邑約得國都的九分之一；這一說如可信，那麼，最小的邑城還不到一里或半里呢！

城的作用是保衛封土（國界上有「塞關」以為分界）。大致國君卿大夫和他們的衛士軍隊等都住在城的中央，沿城四圍和郭內以及大道旁是工商們的居處。農民則大部份住在城外。城的當

中有朝廷、宗廟、府庫、倉廩、社（祭土神的）、稷（祭穀神的）壇以及國君和卿大夫們的宮室等的建築。此外又有給外來的國君和使臣們住的客館。城郭外有護城池，上面有橋，大約是可以隨時抽動的。城郭的入口有可以開閉的城門，城下有水竇。又有可以升降的懸門（閘）。門外有曲城，叫做「闉」，其上有台，叫做「闍」。城上有陴，或作堞，是城上的短牆。城的四面和四角又有高樓，都是用以登臨守禦的（城之外，又有防堤以防禦水災）。

田稅

明白了古代的人口和地方制度，便可進一步討論到賦稅制度。戰國以前的賦稅制度，很不容易明瞭。據研究，古代的取民之法略分四項：一種叫做「稅」，是徵收土地上的收入。一種叫做「賦」，是徵收馬牛車甲等軍用品。一種叫做「役」，是徵用人民的勞力。一種叫做「征」，是徵收商業上的收入。關於土地的「稅」制，最有疑問。據我們的考究，古代的自由農民並不很多，大部份的農民都是農奴，中國古代農奴的收入似是全部送給地主而由地主擔任其生活的，所以根本無所謂租稅。至於少數的自由農，似乎是要繳納田稅給政府的。貴族們對於政府，似乎也要貢稅。他們繳稅的制度統稱為「徹」。「徹」究竟是怎樣的一種制度，現在已不能確知（據從前人說是什分征一的稅制）。我們先從字面上略加研究：查「徹」字有開闢的意思，如《詩經》

説：「度其隰原，徹田為糧。」便是説，視察低平的原地，開闢為田以資糧食。又説：「王命召伯，徹申伯土疆，以峙（積）其（糧）。」「王命召虎，式辟四方，徹我疆土，⋯⋯於疆於理，至於南海。」「徹」也是一種疆理開發的意思。又「徹」字還有通貫的意義。綜合看來，「徹」制或許只是一種開闢疆土遍通收税的辦法。其例並無一定。

《國語》裏記孔子的話，説：「先王制土，籍（税）田以力，而砥（平）其遠邇（以上兩語指『助』制）。⋯⋯其歲收：田一井，出諫（六百四十斛）禾（小米），秉（一百六十斗）芻（草），缶（十六斗）米，不是過也。」據這條記載，我們的意思，認為古代的税制：每田一井（據舊説即方一裏）最多不過歲收六百四十擔的小米，十六擔的草，一擔六斗的米（古代的斗量與現在不同，留待詳考）。而遠近的税收又不相同，這就是所謂「徹」制罷，然其詳確已不可考了。《國語》又説：「公食貢。」大約國君的收入是由貴族和自由農等進貢的。又説：「大夫食邑。」大約卿大夫的收入便是他們采邑土地上的税收（他們也有「食田」，與士一樣）。又説：「士食田。」大約士的收入便是自己田地上的出產。《詩經》説：「雨我公田，遂及我私。」或許古代竟有一部份田地實行着「助」制，所謂「助」乃是人民出力助耕公田，即以公田的收入作為租税（但這種説法很有問題，參看上章）。總之，周代的税制其詳已不可得聞了（山澤等的收入，如木材魚鹽之類，恐也有税征，其詳也不可考）。

軍賦

關於「賦」制，可靠的材料也少。大致若干家出馬牛若干匹，車若干乘，甲冑兵器等若干具，兵士若干人，其詳也全不可考；戰國以後人的記載是決不足徵信的。

力役

古代力役之徵，制度如何，也無確實可靠的記載。據說：「凡起徒役，毋過家一人。」「國中自七尺（二十歲）以及六十，野自六尺（十五歲）以及六十有五，皆徵之。」至於役期，更無一定。戰爭和城築用民之力最多，古人常說「無奪農時」，「使民以時」，古代人口甚少，勞力之徵確是很成問題的。

商征

商業的「征」稅，最古是沒有的。後來大致有「廛」征，是徵商場的稅；「市」征，是徵市場的稅；「關」徵，是徵商貨出入關口的稅。這三種稅，或徵其一，或徵其二。至工業有無稅制，沒有確實的記載可考，想也有些徵收的。

賦兵制

周代的兵制也不可詳知。大抵是寓兵於「士」和「民」的。「士」本是武士，他們的唯一事業便是習武打仗。至於普通人民，據說平時三季務農，一季演武，又在四季農閒的時候舉行狩獵以講習武事。三年大演習一次。遇到戰事，便徵士民為兵。至於平時國家的常備軍大約就是些武士之類。

軍隊組織

周代的軍隊組織，記載既凌亂，又缺乏。據較可靠的《齊語》的記載，管仲所定的保甲制是：五人為一伍，十伍（五十人）為一小戎，四小戎（二百人）為一卒，十卒（二千人）為一旅，五旅（一萬人）為一軍。這種記載至少可信為當時列國軍隊組織的一種影子。又據記載，車戰：十五乘為一廣，二十五乘為一偏，二十九乘為一參，五十乘為一兩，八十一乘為一專，一百二十乘為一伍。這種制度也是「其詳不可得聞也」！

軍隊數量

那時列國的軍隊似乎有公室的、世族的、地方的之分；詳細的分配，記載無徵，我們沒有膽量敢隨意亂道。至於列國軍隊的多少，據記載：天子六軍，大國三軍，次國二軍，小國一軍。其

實春秋時最大的侯國早已有超過三軍定製的了。關於一軍的人數，我們以為並沒有一定的。舊說萬人左右為一軍，這大致是通常的數目。但如春秋晚期晉、楚等大國的兵力，據我們考證，至少在十萬以上，那就決非舊說三軍以至於六軍所能包括的了。

戰車之制

戰國以前用兵少稱人數，多稱車乘。每一乘的人數究竟有多少，說法也不一致。據《司馬法》所記載的一說：一乘共甲士十人，步卒二十人。我們考證的結果，這種說法是大致可信的：一乘的人數，連乘車者和步卒（每乘的甲士和步兵的分配似乎沒有一定），確是三十人左右。我們的依據是《詩經·魯頌》稱頌僖公的兵威：「公車千乘，公徒三萬。」《齊語》記桓公時齊國的兵力是三萬人，八百乘。三萬是舉大數而言，則每乘的兵士約有三十人。又春秋時人常說千乘之國，千乘是大國，大國三軍，據舊說一萬人左右為一軍，那末一乘自當有三十人之數。不然的話，據或說十人為一乘（這種說法是誤解了各種記載），那末千乘只有一萬人，當時一個大國的軍隊似乎不止此數。

每乘兵車上的主力人員大致是三人：在左邊的叫做車左，掌管射箭；在右邊的叫做車右，掌管持矛應戰；在中間的是車禦，掌管御馬馳驅。但主將的戎車，卻是將帥居中擊鼓，御者居左，持矛居右。至於君主的車乘，因為當時某種習慣把左首當作上首，所以君主居左，御者居中，持矛居右。又一乘兵車上的主力

人員，有時也不限於三人；有所謂「駟乘」，是四個人為一車上的主力，用以增加戰鬥的力量的。至一乘兵車所駕的馬，大致是以四匹為常度。

徒兵

戎車之外的步卒，有的雜在車隊裏；有的單以步卒組織成軍，這便是所謂「徒兵」。春秋時中原列國的徒兵，有名的有晉、鄭兩國。《左傳》記載魯隱公四年，宋、衞諸國聯軍把鄭國的徒兵打敗。又載襄公元年，晉國合諸侯的兵伐鄭，又把鄭的徒兵在洧水上打敗。這是鄭國的徒兵。鄭國的徒兵大致是很有戰鬥力的。至於晉國，則有所謂「行」的組織。魯僖公二十八年，晉文公作三行以禦狄；因為戎狄多是步兵，所以抵制他們的也用步兵。魯昭公元年，晉國與無終和羣狄在太原地方開戰，將帥魏舒主張毀車為行，這「行」也便是步兵的名稱。至於戎狄等部落與他國交戰，自是多用徒兵或騎卒，這因為他們的居處多在山林，行車不便，而文化又落後，備不起車乘的緣故。但在周初，周人與戎狄的國家鬼方開戰，俘獲車乘至百兩之多，這證明了進步的戎狄已知用車乘作戰了。

水軍

南方的吳、越等國也多用步兵或舟師應戰。魯成公的時候，

晉國派楚的亡臣申公巫臣通使於吳，開始教吳人乘車和戰陣，這使楚國的地位大受影響。但此後吳、越的戰爭用戎車仍舊不多；便是楚國禦吳，也多用步卒或水軍。魯哀公十一年，吳、魯聯軍伐齊，俘獲齊車八百乘，統歸魯國所有，這是吳人不甚需要車乘的證據。

戰陣

各國的戰陣也有許多名目，如鄭有「魚麗之陣」，以二十五乘兵車當先，五名步卒隨後，為一隊，卒承車的缺隙以為彌縫。這是一種很堅固的陣勢。衛有「支離之卒」，是一種分散的陣勢。楚有「荊尸」之陣，在軍隊裏參用戟隊。吳有「方陣」，以百人為一徹行，百徹行為一方陣，是用以威脅敵人的。越有「勾卒」，是三軍外的遊擊隊，用以引誘敵人的。此外宋華氏又有「鶴」陣和「鵝」陣，其制不知怎樣。魯昭公元年，晉、狄太原之戰，晉人改車為卒，設立相麗的五陣，有「前」、「後」、「右角」、「左角」、「前拒」的名目。襄公二十三年，齊侯伐衛，順道伐晉，把軍隊分為六支，有「先驅」（前鋒軍）、「申驅」（次前軍）、「貳廣」（公的衛隊）、「啟」（左翼）、「𧙕」（右翼）、「大殿」（後防軍）等名目，這是深入敵國的軍隊組織。正軍以外，又有所謂「游闕」，是游擊補闕的車隊。

各國軍力

現在我們再來檢查檢查當時各國的軍力:

(一)晉國。晉在春秋時國勢最強,軍力當然不弱。據記載:曲沃篡晉,周王命曲沃武公以一軍為晉侯;獻公作二軍;惠公時作「州兵」而「甲兵益多」;文公作三軍。城濮之役,晉車還只七百乘。稍後又在三軍之外別作步軍三行以禦狄。魯僖公三十一年,晉人改作五軍以禦狄。不久因為將才缺乏,舍去二軍。泌之戰,晉的餘軍乘夜渡河,尚且「終夜有聲」,可見其兵數之多。晉、齊安鞌鞍之戰,晉車八百乘。魯成公三年,晉作六軍。其後又迭有損益。但軍制雖有變更,軍力實只有增加。在春秋中晚期,晉全國的兵力至少已達四千九百乘(魯昭十三年,晉治兵於邾南,甲車四千乘。齊伐夷儀之役,晉車千乘在中牟,均可證晉車之多)。如以一乘三十人計算,則晉國共有十五萬左右的兵,再加上別組的徒兵等,當更不止此數。但到了春秋末年,晉勢日衰,又有「戎馬不駕,卿無軍行,公乘無人,卒列無長」的情形了。

(二)齊國。齊國在春秋初年,國軍已有三軍,約千乘三萬人的兵力。到後來軍制雖未甚改變,而軍力當有大大的增加,才能維持他東方強國的地位。戍衛之役,齊桓公已用了三百乘的兵力。春秋末年,齊伐晉冠氏,喪車五百。吳、魯、齊艾陵之戰,齊國也喪失了八百乘的兵車。晉、鄭鐵之戰,晉兵收穫鄭人替齊人轉送范氏的粟米千車。一戰的損失如此之多,則其全國的兵力

當不下數千乘。

（三）楚國。楚國的軍制，王室的禁旅有左右廣，每廣十五乘，合為三十乘。又有宮甲，也是王宮中的兵甲。其全國似無一定的軍數，出戰時大致為三軍。城濮之役，晉人所獲獻周的楚俘為駟介（四馬被甲）百乘，徒兵千人。但楚國在春秋列國中軍隊實在是最多的（魯桓十三年，楚人伐羅之役，盡師以行而終被羅人所敗，當時楚國的軍數似尚不多。魯莊二十八年，令尹子元伐鄭之役，也還只用車六百乘。至楚共王時的楊橋之役，已兵多至使多兵的晉國害怕不動。魯成十八年，楚以三百乘戍宋的彭城，此時楚軍已很多了）。當楚靈王時，單是陳、蔡、二不羹四縣的兵力已有四千乘，再加上申、息諸大縣和其他地方的軍隊，當在萬乘數十萬人以上。楚國又有「組甲」、「被練」之兵，乃是所謂「簡師」（簡選之師）。而舟師則常用以對付吳、濮的。

（四）秦國。秦國全國的軍數缺乏確實的記載。魯僖公時，秦人襲鄭，過周北門，左右免冑而下，超乘者三百乘。魯昭公時，秦君的母弟鍼因為權勢太大，實力幾與秦君相並，被逼奔晉，隨從的車有千乘之多。一個公子的實力已大到如此，則秦國全國的兵力必也不下數千乘（但魯定公五年，秦救楚之役用車只五百乘）。

（五）魯國。魯國的軍制本為二軍；襄公十一年，作三軍；昭公五年，又把中軍廢了，仍復為二軍。魯國的國軍大致始終在千乘三萬人左右：僖公時，「公車千乘，公徒三萬」；襄公十八年，魯國和莒國都向晉請求各領兵車千乘從其本國攻齊。昭公八

年，魯人大蒐於紅，仍是革車千乘。

（六）鄭國。鄭國的軍力當在魯國之上。春秋初年，鄭國已有三軍，內戰用的軍隊已達二百乘。三軍外並有徒兵和臨時添置的軍隊。其國軍實力至少在千乘以上。魯襄公十一年，鄭人賂晉兵車百乘。二十五年，鄭子展、子產帶車七百乘伐陳，車數與城濮之戰晉車之數相等。哀公二年，晉、鄭鐵之戰，晉將衛太子蒯瞆登鐵丘上觀望鄭軍，看見鄭軍很多，害怕起來，自投於車下。此戰晉人以鄭為大敵，可見鄭國的兵力自春秋初年到末年始終不弱（鄭兵曾與晉、楚和諸侯聯軍開戰，諸侯的兵甚至畏鄭不敢越過鄭境，反被鄭軍所敗。鄭國軍力的強大於此可見）。

（七）宋國。宋為次等國家中的大國，兵力也不很弱，當在千乘以上。魯宣公二年，宋、鄭大棘之戰，鄭兵俘獲宋車四百六十乘；宋人又以兵車百乘，文馬百駟，向鄭贖取華元。宋國損失數百乘兵力還不算什麼，可見其實力之強了。

（八）衛國。衛在西周時為東方大國，兵力當必不弱。但在春秋時則為弱國，兵力較差。自被狄人破滅之後，文公元年（魯僖公元年）革車只有三十乘，末年到了三百乘，其後當更有增加。魯成公二年，齊、衛新築之戰，《左傳》中有「且告車來甚眾」的話，係指衛軍而言的，是衛國的軍力到此時已略強了。到春秋晚年，齊、衛伐晉，衛車五百乘，衛人高嚷着「晉國雖五次來伐我，我們尚能應戰」，可見他們全國的兵力至少也在千乘左右了。

（九）吳國。吳是春秋晚期的霸國，軍力自然很強。吳、齊

艾陵之戰，吳有中上下右四軍，其左軍當留守在國內，是吳國有五軍的軍制，魯哀公十三年，吳、晉會於黃池，吳國陳列中左右三軍帶甲之士三萬人為方陣，以與晉人爭長，則其國之軍至少在五萬人以上。

（十）越國。越也是春秋末年的強國。據記載，越也有五軍的組織。越王勾踐攻吳，發習流（流放的罪人）二千人、教士（普通戰士）四萬人、君子（王的私卒）六千人、諸御（高等軍士）一千人，約五萬人的兵力，這當是傾國之師了。越地較吳為小，其全國的兵力在滅吳以前似乎在吳之下；所以夫椒之敗，越王只以「甲楯五千保於會稽」。

至於周室的軍隊，武王伐紂還只用甲車三百乘，虎賁三千人；但到西周的晚年，出征的軍隊已達三千乘，其實力當不亞於春秋時的晉國。然到春秋時，王室大衰，實際上恐不夠六軍之數了。魯桓公五年，周桓王起傾國之師伐鄭，王領中軍，虢公林父領右軍，周公黑肩領左軍，只有三軍之眾。春秋初年周室尚有相當的勢力，其軍力已單薄得不值鄭人一擊；何況王畿日削，王綱日墜之後，不但「其車三千」的盛況不能恢復，就是春秋初年固有的實力恐也不能保持了。

各國內部大世族的實力，普通約在百乘左右；少的只有幾十乘以至於十餘乘；但也有較大的實力存在。如春秋中年，晉國的郤氏已是「富半公室，家半三軍」。剛到春秋晚期，晉國的韓家所屬已有七縣的地方，共有七百乘的兵力。又如魯國的季氏自從四分公室而取其二以後，私屬的甲士也已到了七千人以上。

武器

周代的武器大致用青銅製造。其種類略有戈、矛、劍、戟、刀、斧、鉞等，大別為「擊兵」（橫擊的兵器）、「刺兵」（直刺的兵器）、「句兵」（鉤曲的兵器）三類。此外尚有弓箭和石塊，用以及遠。甲冑干楯，用以防身。旗幟，用作標記。「鉤援」（雲梯之類）、「臨車」（從上臨下的車）、「沖車」（從旁衝突的車），用以攻城。擂鼓進兵，鳴金退兵。軍隊所住，除帳幕外，築土自衞，是謂「營壘」。

爵位

爵位是封建制度中的中心制度，有了爵位，才有所謂等級，有了等級，才能成立封建社會。據較早的記載，周制：天子為一位，公為一位，侯為一位，伯為一位，子、男同為一位，凡五等；君為一位，卿為一位，大夫為一位，上士為一位，中士為一位，下士為一位，凡六等。這種說法的下半截還大致可信，至於上半截的五等爵制（公、侯、伯、子、男），用較可靠的記載和銅器銘文比勘起來，便知道完全是附會！據近人的考證：古諸侯稱爵並無一定，有些諸侯甚至於自稱為「王」：除夷狄的國家外，中原如晉、齊、鄭、宋、呂等國的國君也多有稱過王的痕跡存在。又如宋、衞、陳、蔡、紀、滕諸國的君主，或稱公，或稱侯，或稱子；杞或稱伯，或稱子；楚或稱王，或稱公，或稱伯，

或稱子；許或稱子，或稱男。這都足以證明五等爵號的大半實在是些國君的通稱：公即是君，伯為人民之長與諸侯之長，子本是蠻夷君主之稱。周代真正的五等爵，有人說就是被後人說為畿服制的侯、甸、男、采、衞。這種說法雖尚有可疑之點，大致似乎是不錯的！我們覺得侯、甸、男是三等諸侯，采、衞是二等附庸。這種猜想，不知道對不對？

較大國家的上等的卿似乎也受冊命於天子，小國和下等的卿及大夫以下則由諸侯自加冊命（諸侯有功的，王賜給他「命」或各種賜物，卿大夫有功的，也由天子或諸侯賜給他「命」、「物」）。據記載：天子三公九卿或六卿，大國和次國都是三卿；小國二卿。但春秋時如晉、鄭、宋等國都有六卿制的存在。卿之中有上卿、中卿、下卿之分；大夫中也有上大夫、中大夫、下大夫之分；至士有上、中、下之分，那更不必說了。

西周官制

以上是爵制，再說官制。西周時的官制，現在已略可考，大致王之下有「卿事（士）寮」，人數似無一定，常數或為六人。他們執掌着國家的大政。「卿事寮」之下有「諸尹」，「諸尹」之中最高的似為「大史寮」，亦似不止一人。又有「尹氏」，或稱「內史尹」，或「作冊尹」等（「太師」似亦即此官），他們都是執掌典冊詔命之類的大官。又有「大保」，官階也甚高（或即卿士之一）。有「冢宰」和「宰」，似是掌王室家事的官。有「宗

伯」,亦稱「大宗」,是掌禮儀的官。「大祝」,是掌祭禱的官。有「冢司土(徒)」,是掌土地徒役的官。「司馬」,是掌軍賦的官。「司工(空)」,是掌建築工程等事的官(司徒、司馬、司空古或稱為「三事」,職位很是重要)。三司之外有「司寇」,是掌刑獄警察等事的官,地位較低。又有「師氏」、「亞旅」、「虎臣」,是掌軍旅的官。有「趣馬」,是掌馬的官。「膳夫」是掌王食和出納王命的官。此外又有「里君」,似是地方之長。西周時王朝的官重要的如上。其他諸侯之國和各都邑中的官制,大略與王朝不甚出入,其詳不可得考了。

春秋普通官制

春秋時的官制各國不同,但也有大致的共同點:有冢宰,或作太宰,居國君的左右,等於後世的丞相,官位甚高,但也有地位較低的;太宰的下面有少宰等。最重要的官是四司:司徒、司馬、司空(宋國因避武公的諱改司空為司城)、司寇(南方楚、陳等國稱司寇為司敗),職掌與西周時略同。司寇之下,有尉氏、理、士、刑史等,分掌刑獄等事。四司在有些國家中又有大少之分(如大司馬、少司馬,大司寇、少司寇等)。四司之外,重要的官有宗伯,掌宗廟祭祀等禮;宗伯的下面有宗人等(一說宗伯亦稱「宗人」),分掌祭祀禮節等事。又有太師、太傅、少師、少傅等,是君主和太子們受指導的師傅。有太史、內史、外史、左史、右史、祝史、卜史、筮史、祭史、巫史等,是掌管書

記、典籍、歷數、地理、掌故、禱告、卜筮、祭祀、接神等事的官；在古代史和巫是不分的；史職最為繁多。有行人，是掌管外交事物的官。——以上是重要的內官。

外官中重要的有邑大夫或作邑宰，掌一邑的政事。封人，掌城築封疆等事。候正、候人等，掌送迎賓客和斥候等事。此外，內外官吏還有許多不甚重要的職名，在這裏無庸列舉了（當時各國似又有田畯、工正、匠師、賈正等官，掌農工商等事，這是值得一提的）。

各國特有官制

上面說的是各國大致共通的官制，至於各國特有的官職，較重要的，據今日所知，晉國有固定的三軍將佐，或稱將軍；中軍的將又稱元帥。三軍將佐是為「六卿」。六卿又稱「六正」，六正之下有所謂「五吏」（文職）、「三十帥」（武職），可見其屬官很多。三軍又各有軍大夫，每軍約各二人。又有軍尉、侯奄，大致是臨時設置的官職；中軍的尉有佐。中上軍又各有軍司馬，是掌管軍中刑罰等事的官。有公族大夫等，是掌管公族和卿大夫子弟教育的官。有執秩，是掌爵秩的官。有縣大夫，或作縣守，其屬下有縣師輿尉等，是從縣制下產生的地方官吏。

齊國有左右二相，這是後世左右丞相制度的由來。周、魯、鄭、宋、衛、楚等國似也有相制的存在，但不可詳考了。

楚國有令尹，是執政的大官（令尹和司馬又稱為「卿士」）。

有莫敖，職位次於令尹。有左尹、右尹，似是令尹的佐官。有環
列之尹，是掌管王宮衛兵的官。又有箴尹、連尹、寢尹、工尹、
樂尹、莠尹、監馬尹、中廄尹、宮廄尹、右領等官，其職無庸詳
考。有左右司馬，似是司馬的屬官。有縣公（楚君稱王，所以他
的官吏稱公），亦稱縣尹，是一縣的長官（伍奢的兒子伍尚為棠
邑大夫，稱棠君尚，是楚的縣長又稱君。按：「公」與「君」古
同音，「君」與「尹」同形，實即一事。又齊國的邑大夫有時亦
稱「公」，如「棠公」，或是仿於楚制的）。

秦國有庶長、不更等官，似是軍職，其詳不可考。

魯國有縣人的官（這個官職恐是周、齊等國所共有的），是
都鄙制度下的地方官吏。宋國有左師、右師（宋以二師四司為
「六卿」），是可以執政的大官（魯國也有左師的官，地位似不甚
重要）。有大尹，是君主所親近的大官。

鄭國有少正（魯國似也有此官），據說乃是「卿官」。有馬
師，似是管兵馬庫的官（魯國也有此官）。有褚師（宋、衞也有
此官），是掌市的官。

至於王室的官吏，特立的有卿士、三吏（三公），是執政的
大官。王朝官吏自西周以來多稱公、稱伯、稱子，爵位等於畿
外的諸侯，雖然實力遠不如他們。近畿的諸侯也常有做王官的
事，如鄭、虢等國的君主都以得為王官為榮。但這類情形只盛行
於春秋初年以前，到了春秋中年以後，王綱大墜，這類事情便少
見了。

卿大夫家官

卿大夫的家裏也有許多職官，見於記載的，如家宰、家大夫、家宗人、家司馬等，大致和列國的官制一樣。

教育制度

周代的教育制度，古書上雖說得天花亂墜，其實多不可靠。現在只抽取他們所說的大致可靠的部分來敘述一下：那時的學制大概分為大學、小學二等；大學立在國都之內，小學立在鄉邑和家中。學校所造就的人才，只是王子、公子和卿大夫士們的子孫。他們先進小學，然後循序進入大學（當時的學校又是議論朝政的所在，《左傳》載鄭人遊於鄉校議論執政，所謂「人」當是朝廷上一班執事的人員）。那時教育的課程大致分為文、武兩項：文的教育的科目是書（文字）、數（計數）、詩、書、禮、樂以及其他的古典等。詩是祭祀用的頌神歌和當時士大夫們抒情的作品，其中較多的還推各國流行的民歌。書是王朝和侯國史官所記的誥誓等檔案。禮是各國通行的儀節。樂是古代和當代的音樂（詩便是奏樂時所歌唱的詞句）。詩書在當時不知道已否寫成書本？至於禮和樂兩項最重要的科目，則本來並沒有寫成的書本，他們只憑口頭的傳授和實際的演習。武的教育科目有射、禦、技擊等項。他們也像現在的體育家一般，整天裸着臂膀練習射箭、御車和干戈等的使用。武的教育是他們所最注重的。學校

的「校」字似乎就從比較武藝的意義出來。除了上述文、武兩項普通的教育以外，還有許多專門的科目，如卜筮、曆數等等，那是專門家所學的東西，似是父子相傳，不授外人的。當時的貴族女子似乎也受過相當的教育，便是所謂「姆教」；至於制度如何，沒有可靠的材料，不敢隨便亂說。

教育目標

那時貴族階級的教育雖說文武合一，但就實際情形推測，似乎比較偏重於武事。用西方的名詞說來，那時的教育是一種「武士教育」。這是封建時代的普遍情形。那時武士的生活，一方面以技藝為尚，一方面又沉浸於禮儀和音樂的空氣中。他們的教育目標，是要造成德、智、體、藝四位合一的「君子」的人格。

教育程度

一般人都以為春秋是個禮學盛行的時代，這個觀念實在是錯誤的！我們知道，春秋時士大夫的學問實在非常淺陋。現在姑且舉出兩個例子來一說：

魯宣公十六年，晉將士會帶兵滅掉赤狄甲氏和留籲鐸辰等部落，立下大功，晉侯向周王請求封冊，命他為中軍主帥，兼做太傅的官，執掌國典。不久王室起了內亂，晉侯派士會去和協王室，周王接待他，等到獻上菜來，乃是些零碎的肉塊。士會不

知道王室的禮節，私向旁人打聽。周王聽見了，便召他來對他說道：「你難道不知道嗎？天子的享禮用體薦（把整隻的豬分成七塊做菜），宴禮用折俎（零碎的肉塊），諸侯當受天子的享禮，卿當受天子的宴禮。這是王室的典制呵！」士會碰了一個釘子，回國以後才去講求典禮，以修晉國之法。我們知道士會是晉國的賢大夫，又做着「博聞宣教」的太傅的官，他竟不知道王室的普通典制，給周王教訓一頓回來，這可以證明當時的貴族階級是怎樣的不學無術！

魯昭公七年，昭公到楚國去朝見，經過鄭國，鄭伯在本地慰勞昭公，由大夫孟僖子做「介」（相禮的副使）。他竟不能讚相儀節。到了楚國，他又不能答謝楚人郊勞的禮。回國以後，自覺羞恥，才去講習儀文；只要聽得有知道禮節的人，就向他去請教。到臨終的時候，又吩咐他的兩個兒子去做知禮的孔子的門徒，以蓋他的前愆。我們知道魯國是封建禮教的博物院，孟僖子又是魯國的賢大夫，他竟至於不能當相禮的差使，這又可見當時禮學是怎樣的荒蕪了。因為當時禮學荒蕪，一班賢士大夫有傳授禮節的師傅的需要，所以我們的大聖人孔子便應運而起。

平民階級的教育

在春秋時，至少在孔子以前，平民階級可以說除了從小受父兄們各行職業的專門訓練以外，所受的國家教育只有打仗一事。所謂「禮不下庶人」，他們只是受統治階級的奴隸訓練，去供給

爭權奪利的犧牲，哪裏有什麼教育可言。他們剛好給貴族們愚弄利用，貴族階級用以統治他們的，便是所謂「刑」。

刑法

「刑」的作用本在鎮壓被征服的人民，所以征伐所用的兵和誅罰所用的刑，在古代是不分的。到了人民已被壓服以後，刑便轉化成維持封建社會秩序的工具了。古代重要的刑罰，約有黥（刺面）、劓（割鼻）、刵（截耳）、刖（斬足）、椓（宮刑）、大辟（斬）等若干種，以罪的輕重為施刑的等差。據說古代的刑律共有三千條之多（案：周初刑罰最嚴，凡不孝不慈不恭不友和酗酒的人都處死刑），最輕的罪只用鞭扑的刑。在軍隊裏又有「貫耳」（用箭穿耳）之刑。俘虜了人，把他截下一隻耳朵，叫做「馘」。貴族階級，犯了大罪才加以刑殺，犯了較輕的罪，則或奪爵位，或把他們流放到遠處去，就算了事；所謂「刑不上大夫」，大辟以下殘傷肢體的刑，似乎是不大用在貴族們的身上的。凡是受了黥、劓、刵、刖、椓等刑的人大半都成為奴隸。有時一個家長或族長犯了罪，整家或整族便都降為奴隸了。據說秦國在文公時已定下一人犯罪，誅滅三族（三族的說法很多，沒有一定）的刑律；在《左傳》等書中我們也時常看見有滅族的事；《尚書》中更有「孥戮」之文：大約古代已有這種慘酷的刑法了（據說古代的刑罰是隨世輕重的，所謂「刑亂國用重典，刑新國用輕典，刑平國用中典」）。

法典

　　成文法的公佈乃是春秋晚期的事，但把法律著於典籍，那卻是很早就有的。例如《左傳》載周代有「九刑」之書；又載周文王之法，有「有亡荒閱」（有逃亡的奴隸，必定大閱尋查）的話；楚文王《僕區之法》，有「盜所隱器，與盜同罪」（隱藏盜贓的人與盜犯同等的罪）的話。此外，晉文公有《被盧之法》，楚莊王有《茅門之法》，范宣子有刑書，《呂刑》更有「明啟刑書」的話（衛祝佗也說：「臣展四體，以率舊職，猶懼不給，而煩刑書。」），大概都是把簡要的條律記載在典籍上，以備治獄時的參考而已，並不是公佈於人民的（古代的公佈法典只有臨時的誥、誓等，但性質是不永久、不固定的）。

非刑與贖刑

　　在周代雖已有較文明、較固定的刑法，但是刑制仍很混亂。非刑如車裂（用車將人的身體分裂）、鑊烹（把人放在鑊裏烹煮）、焚燒、肉醢（把人斬成肉醬）等等，仍是不斷的施行着。又貴族犯罪，多有賜自盡的，自盡是用繩絞或毒藥鴆死。又據說，女人犯罪，除死刑外，不加殘傷肢體的刑罰；就是犯了死刑，也不得暴露尸體的（男子犯大罪的把他的尸體暴露在原野或朝市上示眾）。此外，還有一件事須特別一提，那便是所謂「贖刑」的問題。據說，古代一般人犯罪有疑問的，准許他們用黃金

（銅）或兵器等贖罪，但不知道確實與否？

周人的神祇世界

殷以前是傳說時代，社會文化的情形，我們已無法得着正確的明瞭。然而我們卻知道：在殷代，那時迷信的思想充滿於全社會，占卜和祭祀佔去那時人們很多的時間。占卜是向神鬼請求啟示，祭祀是向神鬼禱求降福免災。他們以為神鬼是天天同人類打着交道的。但是殷代的神鬼世界的詳情，我們知道得不如周代的清楚，周人的宗教似乎比較殷人的單純些，他們所想像的神祇世界大致是這樣：

封建社會之上有一個天王，所以神鬼世界之上也有一位上帝。封建社會裏有大小封君，都統屬於天王，所以神鬼世界裏也有大小神祇，都統屬於上帝。上帝是一位有意志、有人格的主宰，他很關心人間的事情，會得賞善罰惡，又會命令人王統治全世界，據說他還是人王們的始祖呢。人王被稱為天的兒子，所以天子服事上帝也應當像兒子服事父親一般，應當時時刻刻把上帝放在心頭，把最好的東西請上帝吃，把最好的娛樂請上帝享受。只有天子能夠同天直接打交道，普通的人是無緣和上帝接近的。

上帝之外，最有權威的神祇便是掌管人們所住的土地的社神和掌管人們所吃的穀類的稷神。社神又稱「后土」，他的名字喚做禹，又叫勾龍，他是受上帝之命下凡來平治水土的偉人。稷神又稱「后稷」（又有田神稱「田祖」，或許即是稷的化身），他的

名字就喚做稷，他也是受上帝之命下凡來播植谷種的天使。禹平定了水土，稷便在土上播了穀種，於是人們住的也有了，吃的也有了，感恩報德，把他們特別崇敬起來，所以「社稷」一個名詞就成了國家的代名詞。我們須知道這原是農業社會所構成的觀念。

日、月、星辰、山、川等在那時也已被當作神祇崇奉了。日、月、星辰的神能主使雪霜風雨的合時或不合時；山川等神又是水旱癘疫等災禍的主管者。他們多半也有名字可查，如日神叫做羲和，月神叫做常義，她們倆是上帝的左右夫人，日、月都是她們所產生的。商星的神叫做閼伯，參星的神叫做實沈，他們倆是上帝的兒子，原住在荒林裏，整天的打架，上帝看不過，把閼伯遷到商丘，派他主管辰星（就是商星）；把實沈遷到大夏，派他主管參星；使得他們倆永遠不能會面。又如封嵎山的神叫做防風，據說，古時大禹在會稽山聚會羣神，防風到得太晚，禹就把他殺死示威，因為他長得太長大了，他的骨節撐滿了一輛車。汾水的神叫做臺駘，他因疏通汾水和洮水有功，受了上帝的嘉獎，被封在汾水為神。山崩川竭，人們當作大災兆看待，國君們是要舉行種種儀式以表示不幸的。

此外還有許多各色各樣的神祇，一時也說不完。如火神叫做回祿；水神叫做玄冥；灶神叫做炎帝，能起火災；宗布神（驅除災害的神）叫做羿，能除去地下的百害；降福的神叫做勾芒；刑神叫做蓐收。他們都是些「人面鳥身」、「人面虎爪」的怪物。

秦齊兩國的特別祀典

據記載，秦、齊兩國所奉的神祇最是複雜詭異。秦文公夢見一條黃蛇從天上游下地來，以為這是上帝的征驗，就作了一個鄜時（鄜是地名，時是祭神的所在），郊祭白帝。後來他又得到一塊像石頭的物事，也立了一個神祠，把它當做神祇去祭祀，這位神被稱為「陳寶」。秦宣公時又作密時，祭祀青帝。後來的秦靈公（在春秋後）更在吳陽地方作上時，祭祀黃帝；作下時，祭祀炎帝（赤帝）。這四種顏色的天帝配上後來漢高祖所增立的黑帝，便是所謂「五方帝」。

齊國的特別祀典有八神。八神是：（一）天主，（二）地主，（三）兵主，（四）陰主，（五）陽主，（六）月主，（七）日主，（八）四時主。這種祀典把陰陽與天地並尊，似是陰陽思想盛行後的產品，它的起源恐怕不會很早的。

鬼

人死了之後靈魂會變成「鬼」，鬼的地位雖下於神，但與人的關係更為密切。他們也很愛管人間的閒事，和神一樣會得賞善罰惡；因為他們比神更接近人們，時常會得出現，會為人的禍患，人們看見他是很害怕的。他們又會求食，求不到食也會餓，餓了就要作怪逼人去祭祀他們了（鬼神也同封建社會裏的人一般，不大會遷移地址的）。

妖怪

神鬼之外，又有妖怪。據說，木石的怪叫做「夔蝄蜽」，水的怪叫做「龍罔象」，土的怪叫做「羵羊」，妖怪的種類也很多了（各種靈物都會變成怪的）。

祭祀

凡是鬼神都有受人祭祀的資格，那時的祀典是這樣：祭上帝的禮喚做「郊」，一年一次；也把天子的最有功德的祖先去配享，例如周人的始祖后稷，一面是稷神，一面又是配天而享的太祖（魯人祭稷為郊，所以祈農事）。社稷神都有專祠，無論大都小邑，都有社稷壇；上自天子，下至庶民，都有他們的社（國家的社稱為「大社」或「冢土」，「土」即是「社」）；社稷好比現在的城隍廟或土地堂一般，時時有受祭祀的資格。祭山川的禮喚做「旅」或「望」，也是極重要的祀典；祭祀它們大約也有一定的時間和次數。山川是神靈所聚的地方，《山海經》裏記着祭山川的禮數很多。據記載，只有天子諸侯才配祭祀山川。至於日、月、星辰以及其他的神祇的祀典，在當時自也有規定，但詳細的制度已不甚可考了。

從天子到士都有宗廟去祭祀他們的祖先（不同族類，鬼神是不享他們的祭祀的）。宗廟大致分為兩種：一種是合祭眾祖的太廟（一稱「大室」〔？〕以太祖為主），一種是分祭一祖的專

廟。據說，除太祖和最有功德的祖宗外，尋常的祖宗的專廟，經過若干代之後，便因親盡被毀了。祭祖宗的禮是最繁瑣，頂重要的有「禘」、「烝」、「嘗」等祭。禘禮在孔子時已不很明白了，據我們的研究，禘只是一種平常的祭祖禮。烝、嘗大概是四時獻新的祭禮。每年祭祖大致有一定的次數。三年有一次大祭，喚做「殷祭」。

遇到有事時，便是鬼神的幸運臨頭了。建一處都邑，打一次仗，以及結婚、死人、生病等等，差不多都要祭祀。人若不祀，鬼神會得向人要求，拿免禍賜福為條件。尤其是水旱等災荒，鬼神更被看成救主。最有名的禱旱的雩祭，在乾燥的北方大陸上，除平時舉行以外，遇到災荒，更要大事賽祭去挽救。

那時人把祭祀和打仗看成同等重大的國事，所以舉行祭祀時非常慎重：在祭祀之前，主祭的人先要離開家庭到清淨的所在去齋戒幾天。祭祖宗的時候，要找一個人扮成他的模樣來做供奉的具體對象，這叫做「尸」，亦稱「神保」。祭神鬼的犧牲，多用整只的牛、馬、羊、豬、狗等。有些國家也用人為犧牲。這類犧牲，或者像後世的辦法，給神祇嗅嗅味道；或請尸來嘗嘗；或者把它焚毀了，或埋在地下，沉在水裏，給神祇去着實的享用。焚給鬼神的幣帛，也統是真的而不是紙做的。獻給鬼神的玉不能擺一下就算了，要埋在土裏或沉入水中。但鬼神也像小孩子一般，可以哄騙：「你們若答應我的請求，我便把玉獻給你們；你們若不答應，我就把玉收藏起來了。」這是歷史上有名的大聖人周公對待他已死的祖父的妙策。鬼神有時也會提出無理的

要求，如楚令尹子玉制了一頂「瓊弁玉纓」的帽子，河神看中了它，向子玉要索，把保他戰勝作條件，子玉不肯，結果就至於喪師辱國。

　　諸神中最與民眾接近的是「社」。大致每年春秋佳日有一次社祭的賽會。這時候，鼓樂、歌舞、優伎、酒肉和城裏鄉下的俏姑娘引誘得舉國若狂。在齊國，也許因為民庶物豐，禮教的束縛比較輕，社祭的賽會特別使人迷戀：連輕易不出都城的魯君也忍不住要去看看（社祭之外，只有年終合祀萬物的「蜡」祭也具賽會的性質。據說舉行蜡祭的時候也是「一國之人皆若狂」的）。國家每逢出兵打仗的時候，先須祭社，祭畢把祭肉分給將士們，這叫做「受脤」。得勝回來的軍隊要到社前獻俘；有些國家有時且把最高貴的俘虜當場宰了，用作祭品。戰時「不用命」的人也在社前受戮。此外遇到大水、大火、日蝕和山崩等災難，也須到社裏去擊鼓殺牲獻幣而祭。遇着人們有爭執的時候，社更成為盟誓的所在。社神真是一個最好管閒事的神啊！

卜筮

　　至少在殷代，已有占卜之法；到了周代，仍舊繼續行用。卜的工具是用龜的腹甲或獸骨，先把它磨刮平了，在上面鑽鑿出孔；然後在孔中用火焚灼成坼裂的痕；這種裂文便是所謂「兆」；兆有吉有凶；所卜的事和卜得的兆的吉凶都寫出辭句來，這便是所謂「卜辭」（卜辭刻在兆旁）。近年來在安陽

殷虛發掘出來的龜甲獸骨很多，使得我們明瞭那時占卜情況的一般。

周人除用卜法以外，又造出一種「筮法」。筮法的詳細情形已不甚可考了。我們只知筮的工具是用一種蓍草，它的兆像是用一種叫做「卦」的符號來表示，卦是「爻」積成的，爻便是—或——的符號；三爻疊起來便成一個卦。卦有八個，是☰（乾qián）、☱（兌duì）、☲（離lí）、☳（震zhèn）、☴（巽xùn）、☵（坎kūn）、☶（艮gèn）、☷（坤kūn）。

這些卦的起源怎樣，到現在還是問題；不過我們知道，卦和蓍草一定有些關係。用兩個卦疊合起來，便成功一個整卦，如☶☷，便是「觀」卦。整卦八八相乘，共有六十四個。每卦的卦和爻，都有吉凶的應驗。卦有卦辭，爻有爻辭；這類辭句古代一定很多，到後來纂集成一部書，便是現在所傳《五經》中的《易經》。筮比卜的方法來得簡便，所以在周代筮的應用範圍較卜為廣。但那時人看筮法不如卜法的可靠，因之有「筮短龜長」的批評。

宗教的學問

在神鬼世界壓倒人間世界的時代，宗教就是學問，巫、祝們就是學者。神鬼時常會下降到人間，巫是神人的媒介，神靈會降附在他們的身上，所以他們特別知道神鬼世界的情形。一定要精爽聰明足以與神靈交通的人才有充當巫的資格。祝是替人們禱告

神祇的專門職業者，他們同筮一樣能知道人們所不能知道的事情。巫、祝與史又是一類人物。史本是掌管記載的官，但也兼管着祭祀卜筮等事；他們多是世官，又掌着典籍，知識愈富，所以上知天文，下知地理，中知人事，博觀古今，能醫卜星相，乃是當時貴族們最重要的顧問。他們會從天象和人事裏看出吉凶的預兆，所以他們既是智囊，同時又是預言家。

傳統思想

周人傳統的政治和道德的觀念，據研究是這樣：他們要敬事上天，遵法先祖，尊重君上，慈愛臣民，修明道德（道德要明哲、寬容、謙沖、柔和、虔敬、威儀、正直、果毅、篤厚、孝友），慎用刑罰（折獄最須「中正」），勤修政事，屏除奢侈，以禮教治國，兵威鎮眾，而勵用中道：這類思想已開後來儒家等思想的先河。

文字

中國文字起於「象形」。商代的文字，據現在發見的甲骨卜辭看來，還只是些複雜流動的「象形」字。周代銅器上所刻的字，與卜辭文字相去不遠，而較為進步；這種文字，或可稱為「大篆」。到春秋時篆文已有流變。到戰國時，一部份國家的文字變改得更厲害，便成為所謂「古文」了。

文學與科學

除了思想以外，周代的文學和科學等也有相當的進展。現存的《詩經》，一小部份是西周的作品，而大部份則是春秋時代的作品；這裏面有較深刻的思想，濃厚的感情，美妙生動的文辭，連章成篇的組織，已較「卜辭」時代的文學大有進步了。就是春秋時人的辭令，婉曲巧妙，雖出後人的追述，也總有些素底的：這也是一種文學。至於科學，較可敘述的有天文學和醫學：天文學已能產生較精細的曆法，醫學也已有了能斷人病症和生死的良醫；雖然此時的天文學大致還被星占等迷信所掩蔽，醫學也還染有巫術的色彩。

藝術

那時的藝術，看傳世的工藝品，都很精細講究，不亞於後世的作品。建築物，據記載也已有了雕牆畫棟和數里的宮室。但是代表那時代的藝術，自然是為封建時代惟一的陶養性情的工具 —— 音樂。那時的樂譜雖不傳於後世，然據記載，著名的《韶樂》已能使我們的孔子聽了後三個月嚐不出肉的滋味來了。在那時，樂與禮是並重的，都是貴族階級人人必須學習的藝術。當舉行祭祀宴會等典禮的時候，必須奏樂。奏樂時，有歌有舞。歌辭的一部分，便是現傳的《詩經》。舞，最熱鬧的是「萬舞」，萬舞是許多武士左手拿着樂器，右手拿着雉羽，或兩手拿着武

器，擺舞出種種的姿勢。這種樂舞一方面是娛樂，一方面還含有習武的作用。又有地下奏樂之禮，是一種很隆重的儀節。

　　據說，鄭、衞兩國的樂曲是最淫靡的，但是迷人的魔力卻頗不小。這是一種新起的音樂，所以稱為「新聲」。大聖人孔子曾有「放鄭聲」的主張。又宋國有一種特殊的樂，喚做「桑林」，是在舉行大典禮時奏的。有一次，宋人用了「桑林」接待當時的伯主晉悼公；舞隊出來，前面用了大旗和雉羽做標幟，舞容很是可怕，嚇得晉侯躲入房中，後來甚至於因受驚而生病；可見這種樂舞定是當時不經見的了。

　　「西周」和「春秋」是個野蠻到文明的過渡時代。這時代的思想，是由神本的宗教進化到人本的哲學；同時各項學術也都漸漸脫離宗教的勢力而獨立。關於這點，我們在後面還要敘述。

第四章

種族疆域與列國世系追述

所謂「華夏」與「中國」

中國民族是一個複合體。其中最主要的體幹當然是所謂「華夏」族。但這「華夏」族，也並不是一種單純的種族，他也是一個複合體。原來古代所謂「中國」人其實可分為東西兩支：東支

的代表是殷商，西支的代表是夏、周。夏、商、周三代原是三個不同的氏族。殷商起自東方，血統與東方夷族很是接近，從種種方面看來，或竟與淮夷為一族。夏人起自西北，其種族來源不可確知，但與周人的關係必很密切。周人起自西方，血統與西方戎族很是接近，從種種方面看來，或竟與氐、羌為一族。至於姜姓各國，更是西羌的近支，近人已論定了。至春秋時人所謂「華夏」，實是文明偉大的意思；所謂「中國」，便是天下之中的意思；其意義只是文化的與地域的，種族的意義很少。如果講起種族來，則當時所謂「夷蠻戎狄」不是「諸夏」的血族，也都是他們的近親。

周人起於陝西，那地方大約本是夏人根據地的一部，他們又或者與夏人有些淵源，所以自稱為「夏」。因周人勢力的擴展，「夏」的一個名詞就漸漸成為中原人的通稱。春秋時中原人常常自稱「諸夏」，而稱文化落後住在山林裏的氏族為「蠻夷戎狄」。「夷」、「夏」對立的觀念於是確立，漸漸變成種族的稱號了。

所謂「夷蠻戎狄」

除華夏族住在中原開化的地方外，較偏僻的地方都給所謂「夷蠻戎狄」居住着。古人把「夷蠻戎狄」四個名詞分配給東南西北，稱為「東夷、南蠻、西戎、北狄」，這種分配是不很確當的：因為「夷蠻戎狄」本都不是固定的種族稱號，「夷」、「蠻」和「狄」是中原人鄙視文化落後的氏族的稱呼，「戎」也是侵寇

的意思，因此在較古的書上，四方的種族稱「夷」稱「蠻」稱
「戎」稱「狄」原無一定。我們如要研究古代的種族，應得用另
一種分類的方法；我們現在姑且把「華夏」以外的古代種族或氏
族分為十一個支派來敘述。

鳥夷

這大概是一種以鳥為圖騰的種族。他們的分佈地在東方沿海
一帶。如徐戎、淮夷等都是他的同族。春秋時齊、魯等國的土地
也本是他們的故居。這一族的首長似即殷人，除殷人入華夏的
集團外，在春秋時，住在淮水流域的仍稱「淮夷」；與淮夷雜居
的有徐（即徐戎）和羣舒等。住在海邊的稱為「東夷」，東夷
之國有介（在今山東膠縣一帶）、萊（在今山東黃縣一帶）、根
牟（在今山東沂水縣一帶）、郯（在今山東郯城縣一帶）、莒（在
今山東莒縣一帶）、夷（在今山東即墨縣一帶）等。

貉

這一族在戰國以前不甚露頭角，大致服屬於華夏和其他種
族。他的盤踞地大致由今陝西北部直達東北朝鮮境內；戰國時
尚在中國之北，其後只東北一帶有之。此族與殷人也至少有些關
係。此外尚有這族的近支肅慎一族，為女真人之先，據傳周代時
曾入貢，服屬於中國。但其根據地在那時似在今河北省境內。

戎

這一族疑是商、奄的遺民或同族。《書經》裏稱殷為「戎殷」，周初的銅器銘文裏也有「伐東國戎」的話，近人釋為伐奄。《潛夫論》載宋微子後有戎氏，都是殷奄的餘裔可稱「戎」的證據。此族在春秋時居今山東曹縣一帶，也正與殷商的根據地相近。

山戎

這一支不知應屬何種，舊說以為即北戎，似不可信。其居地在春秋時似近太行山脈。

北戎

這族也不知應屬何種（或許即是「狄」的一支）。其種人大約散居在今黃河下游北岸一帶，居齊、晉、鄭、邢諸國之間，所以常與諸國交戰。我頗疑「北戎」並非一族的專名，凡住居黃河下游北岸一帶的文化落後部屬都可稱為「北戎」，所以其種族很難確指。

西方戎族

西方稱「戎」的種族很多，大略有：（甲）陸渾戎。陸渾戎中又有姜姓和允姓的兩支。姜戎是羌族的一支，與齊、許、申、

呂等國同祖。允姓之戎或說為姜戎的分派。他們本都居秦、晉之間的瓜州（即陸渾），後來遷到晉南周西的地方，仍稱為「陸渾」。（乙）揚拒、泉皋、伊洛之戎。雜居在伊、洛兩水流域。這些或是犬戎的分支，或是陸渾戎和其他「戎」族的同族，尚不能確定。（丙）蠻氏之戎，一名茅戎，亦稱「戎蠻」。這支似是羌族與苗族的混合種，春秋時或居今山西南境（茅戎），或居汝水流域（戎蠻）。（丁）犬戎，似亦羌種。西周時居周室王畿的西北，春秋時似因被秦所敗，其一部東遷到今河南、陝西兩省交界一帶。（戊）驪戎、大戎（以上兩種姬姓）、小戎（舊說允姓，恐非）等，似都與周、齊等國為同族。春秋時當居晉國的附近。（己）其他「戎」族。如綿諸（在今甘肅天水縣附近）、緄戎（即昆夷）、翟獂（在今甘肅隴西縣附近）、義渠（在今甘肅寧縣附近）、大荔（在今陝西朝邑縣附近）、烏氏（在今甘肅平涼縣附近）、朐衍（未詳何處）等，多在今陝西、甘肅兩省境內。

狄

狄的種類也很多，大抵居於北方，最重要的有三種：（甲）赤狄，根據地在今山西省，東掠今河南北部，到今山東、河北兩省境內，正當今黃河北岸。（乙）白狄，根據地在黃河西岸，今陝西省境內，其種人的一部也有來到東方的。（丙）長狄，亦稱「鄋瞞」。似是另一種族服役於狄人的。其時常出沒之地似在

東方魯、齊、衞、宋諸國之間。狄族據近人的考證，就是商、周之間的鬼方和昆夷，西周時的玁狁和犬戎，本居周畿的西北。西周滅亡後，此族東侵，其在黃河中下游東西北三面的即稱為「狄」。我很疑心「狄」也是羌族，本為西方「戎」種的一支（西方「戎」種的大宗就是羌族）。後來的匈奴也是這族的近親。又春秋時晉國的北面有無終氏之戎，舊說即山戎，很有問題，疑是狄與山戎的混種。

荊蠻

即是楚國的土著，這一支當是苗族。居今河南省南部和湖北省一帶。所謂「盧戎」、「羅」、「羣蠻」之類疑都屬此族。

越族

即吳、越等地的土著。這一支和馬來人的血統似很近，春秋時住在長江以南的沿海一帶。

濮

似即今傈僳族的前輩。古時本居今河南南部和湖北北部，春秋時其一部或居吳、楚兩國之間，或居楚國的西南境。

巴

這一支是氏族。本居楚、鄧、秦三國之間，即今河南南部、湖北北部與陝西南部一帶。後其一部居今四川省的東部。

種族結論

以上十一族中，除荊蠻、越、濮等南方種族本與華夏族關係較疏外（至春秋時，這些族的一部也已加入華夏系之中），其他如鳥夷、貉、東戎、西戎、狄、巴等都是華夏族的近親，並非真正的異族，不過因其文化落後，以至風俗語言等都和華夏的人有不同罷了。

三代疆域

三代疆域的詳細已不甚可考了，大致推測起來，夏代的「中國」約有今河南省的西部、山西省的南部和陝西省的東部一帶。殷代除兼有「夏虛」外，並將「中國」的疆域東面推到今山東省的西部，北面推到今河北省的南部（或已至北部），南面推到今淮水流域。到了西周時，「中國」的疆域益發擴大，《左傳》上載周人自稱：「我自夏以后稷，魏、駘、芮、岐、畢（當都在今陝西省境內），吾西土也；及武王克商，蒲姑（即齊地）、商（宋、衞地）、奄（魯地），吾東土也；巴、濮、楚、鄧（都在今河南

省南部及湖北省北部），吾南土也；肅慎、燕、亳（當都在今河北省境內），吾北土也。」是周人所添出的地方就是今陝西省的一部，河南省的南部和湖北省的北部。其勢力且及今河北省的北部，今華北區的大部已在華夏族控制之下了。

西北的失地

周自昭、穆以後累世南征，雖把南方漸漸開闢，但西北方面受到「戎」族的侵略，失地似也不少。到西周滅亡，周室東遷，西方之地幾乎盡被「戎」族所佔，秦人雖曾努力經營，但一時也似不能恢復西周的盛況。當春秋之時，中國在西北方的領土，恐不及西周盛時的廣大了。

東周王畿

東周定都洛邑（今洛陽城附近），春秋之初，王畿尚大，略有今河南省的西北部，就是前清的河南（治洛陽）、懷慶（治沁陽）兩府和汝州（治臨汝）的地方。其後「酒泉賜虢，虎牢賜鄭，允姓之戎入居伊川，溫原（在黃河北岸沁陽附近）蘇忿生（周朝的臣子）之田與鄭，復以賜晉」，於是周境東不及虎牢，南至伊、汝二水之間，西不及殽、函，北距黃河，廣運不過一二百里之間罷了。

魯國疆域

其他列國的疆域比較可以測知的,約有魯、齊、晉、楚、宋、衞、鄭、秦、吳、越十國。魯國都曲阜(今縣),疆域所包,略有今山東省南部小半省,兼涉蘇北一隅之地。大致東到今沂水之東,南到今魯、蘇兩省交界處,西到今鄆城、巨野、城武、單諸縣境,北到泰山及汶水之北,以泰山脈及汶水北岸地與齊為界,廣運(編注:猶廣遠)約二三百里之間。

齊國疆域

齊國都營丘(今山東臨淄縣附近),疆域所包,略有今山東北半省。大致東到海,南到穆陵關與泰山,西到古黃河及今運河之西,北到冀、魯交界一帶,東西長而南北狹,廣運約三五百里之間。

晉國疆域

晉國初都翼,亦稱絳(在今山西翼城縣附近),後遷新田(在今山西曲沃縣附近)。春秋初年疆域尚小,獻公以來滅國甚多,疆域日闢,到春秋中期以後,晉略有今山西省的大部份(除北部外),河北省的西南部,河南省的北端、西端,陝西省的東端,兼涉山東省的西端,縱橫跨五省的境地。

楚國疆域

楚國初都丹陽（在今河南省西南部丹、淅二水交流處），後遷今湖北省西部江陵縣附近（案此說甚有問題），春秋時都郢（今江陵縣？）復遷於鄀（在今湖北宜城縣附近？）。從春秋初年到末年滅國不已，所以疆域極大，約有今湖北省的大部份，河南省的南部，江西省的北端，安徽省的北半省，兼涉陝西南端，江蘇東端等地。大致東到今蘇、皖交界處，東南似沿長江為界，南到洞庭、鄱陽兩湖間，西達川、鄂、陝三省交界一帶，北至秦嶺山脈及淮水之北，地跨七八省，為春秋第一大國。

宋國疆域

宋都商丘（今縣），其疆域所包，約有今河南東北部及江蘇西北端，山東西端，即前清歸德全府及開封、徐州、曹州等府一部之地。大致東至彭城之東，南邊陳、蔡，西接汴梁，北至曹州以北，縱橫約二三百里之間。

衞國疆域

衞國初都朝歌（在今河南淇縣），疆域本大，春秋時國都被狄所破，遷至楚丘（在今河南滑縣附近），後又遷帝丘（在今河北濮陽縣附近），疆域日漸削小，約有今河北南端，河南北端及

山東西端之一部，地多奇零，與宋、魯、齊、晉諸國相錯。

鄭國疆域

鄭國初在西方，後東遷都新鄭（今縣附近）。其疆域約有今河南北半省之中部。大致：東有汴梁，南包許昌，西距虎牢，北越黃河，縱橫約一二百里之間。

秦國疆域

秦國初有今甘肅東部天水縣附近，後遷平陽，在今陝西郿縣附近。春秋時都雍（今陝西鳳翔）。其疆域不易確考，約有今陝西省中部及甘肅省東南端一帶地。大致東距黃河、潼關，東北距河西地，南距秦嶺，西距隴山，北或抵平涼、涇川、延安附近，其地遠不及晉、楚之大。

吳國疆域

吳國或都今吳縣附近（？）。其疆域亦不易確知，大略有今江蘇省的大部份，兼涉皖北、皖南、浙西（？）一部之地。東至海，南有太湖，西及蘇、皖邊界，北距徐、海二州，與宋、魯接界。

越國疆域

越國或都今紹興附近（？）。其疆域更不易考，大略有今浙江北半省的大部份（？），東至海，南或至今浙江中部，西或至今江西省境內，北至今嘉興一帶（？），與吳接界。

春秋疆域總論

以上十國疆域，連東周王畿，約佔今山東、河南、江蘇、安徽、湖北五省之全部，及河北（西南部）、山西（缺北部）、陝西（中部）、甘肅（東南端）、浙江（北半省）、江西（北端）六省之一部，再加燕國之地（春秋中年以後，似有今河北東北半省之一部），今華北全區總已整個開發，並及華中之一部。但這些地方中還雜有許多小國和小部落，未開化之地尚多。大致黃河下游開化程度最高，黃河中游次之，長江中游又次之，長江下游開化程度最低。至各國疆域大小的等第，大致楚國最大，晉次之，吳次之，齊次之、秦次之，越、燕次之，宋次之，魯次之，衛、鄭、周是最小。

列國世系

春秋是列國並峙的時代，在講春秋史之前，除了應該略敘三代的歷史以外，還應該敘述春秋以前的列國世系。春秋列國甚

多，較重要的有魯、齊、晉、秦、楚、宋、衞、鄭、陳、蔡、吳、越十二國，現在且略敘這十二國在春秋以前的歷史。

魯國世系

魯是周公旦的兒子伯禽的封國。周公旦有大功於國，周初平定的東方，需要宗室功臣去鎮壓，於是封伯禽於舊奄國的地方，為周室的大藩。伯禽本封於明，周初銅器中有「明公保」的稱號，據近人考證，明公保就是伯禽。《令彝》銘文記載着周王令周公的兒子明保尹三事四方。《明公簋》銘文又記周王令明公帶了三族去伐東國。《周書·費誓》據舊說是伯禽伐淮夷、徐戎的誓師詞，可見伯禽對於周室也是很有功勞的。伯禽八傳到武公敖，那時周宣王在位，武公帶了他的大兒子括和小兒子戲去朝周，宣王很喜歡戲，就立戲為魯太子。武公死後，戲即位，是為懿公。過了九年，懿公的哥哥括的兒子伯御結合了國人殺死懿公而自立。又過了十一年，周宣王帶兵伐魯，把伯御殺了，改立他的叔父公子稱為魯君，是為孝公。孝公傳子惠公弗湟，惠公的長夫人孟子早死，沒有兒子，繼室庶夫人聲子生個兒子名叫息姑，後來惠公又娶了宋公的女兒仲子為夫人，生個兒子叫做軌。惠公死後，軌還年幼，由息姑攝位，是為隱公。隱公元年，就是《春秋經》託始的一年。

齊國世系

　　齊國公室的始祖是周室的功臣師尚父，他姓姜，名望。周室的滅商，得他的力量最大，所以始封於呂（在現在河南省南陽縣），到東方平定以後，又封他於齊，與魯並為周初的大國。師尚父系始封之公，所以後人稱為「太公」。太公四傳至哀公不辰，被紀國的君在周夷王面前說了壞話，夷王把哀公殺了，因此結下了齊、紀之世仇。哀公八傳為僖公祿甫，僖公九年入《春秋》。

晉國世系

　　晉的始封祖據舊說是周成王的幼弟虞，成王滅了唐國，就封他在那裏，稱為「唐叔虞」。但我很疑心唐叔的輩行要高於成王，因為春秋時的銅器銘文裏曾說唐公輔佐武王，唐公是武王所封。唐公若是唐叔，那末唐叔當是與武王同世的人，或者他與管叔、蔡叔、康叔等同為武王諸弟之一，也未可知。又《書序》裏說唐叔得到了一種異樣的禾種，獻給成王，成王叫唐叔到遠地去送給周公，這說若是可信，也可證唐叔的年紀並不幼小。唐叔的兒子晉侯燮父遷居在晉水之傍，改國號為晉。晉侯七傳為穆侯費王，穆侯生了兩個嫡子，長的叫做仇，小的叫做成師。穆侯死，弟殤叔自立。過了三年，太子仇攻掉殤叔，自己即位，是為文侯。那時周幽王被犬戎所殺，文侯與諸侯推立平王，攻

殺與平王並立的攜王,對於平王很有功勞,平王賜給他秬鬯
(秬是黑色的黍,鬯是鬯草,用以釀酒的)和彤弓彤矢、盧弓盧
矢(彤是紅色,盧是黑色)等器物,命他與鄭國夾輔周室。文
侯死後,子昭侯伯即位,封文侯的弟成師於曲沃,稱為「曲沃
桓叔」。過了七年,晉國的大臣潘父殺了昭侯,想迎立桓叔為
君,被晉人所拒絕,由昭侯的兒子孝侯平嗣位。不久曲沃桓叔
也去世,桓叔的兒子莊伯嗣位,帶兵伐翼(晉的國都),殺了
孝侯;翼人又立孝侯的弟鄂侯為君。鄂侯二年,曲沃莊伯十一年
入《春秋》。

秦國世系

秦是嬴姓之族。據傳說,他們的始祖叫做大業;大業生大
費,又叫做柏翳,與禹同平水土有功,做了帝舜的女婿。大費生
了兩個兒子:一個叫做大廉,為鳥俗氏的始祖;一個叫做若木,
為費氏的始祖。大廉的玄孫叫做「孟戲中衍」,身體是一頭鳥,
卻會說人話,他做了殷帝太戊的御者,世有功績,遂為諸侯。傳
了多少代之後到蜚廉,蜚廉生惡來,父子兩人都以材力做商紂的
寵臣。周武王滅商,把蜚廉、惡來都殺了。蜚廉的孫子叫做孟
增,又叫作宅皋狼,做了周成王的臣子。以上所述的世系,當然
不可盡信。大約秦人本是東方的種族,與春秋時的郯國是同族。
據古書記載,武庚叛周時,有熊盈族與他同叛,周公東征熊盈
族的國家有十七國,俘虜回來的有九國。「盈」就是「嬴」,秦

人大約就在那時被遷到西方的（據《史記·秦本紀》：中衍的玄孫中潏已因親歸周，保西垂，其說似不可信）。宅皋狼再傳為造父，造父替周穆王駕馬有功，受封於趙城，便是後來趙氏的始祖。另有一個與造父同族的人叫做非子，也是蜚廉的六世孫，住在犬丘的地方，善於養馬，做了周孝王養馬的官，服務很有成績，孝王封他在秦地作附庸，稱為「秦嬴」。秦嬴三傳到秦仲，適當周厲王時，那時西戎作亂，把住在犬丘地方的秦嬴同族滅了。周宣王即位，命秦仲為大夫，叫他去討伐西戎，反被西戎所殺。秦仲有五個兒子，長子莊公，得到周的幫助，打敗了西戎，兼有了犬丘之地，做周室的西垂大夫。莊公死，子襄公嗣位。七年，犬戎殺周幽王，襄公帶兵救周，戰伐很有功勞。平王東遷，襄公又用兵護送，於是平王就封他為諸侯，叫他去攻打「戎」族，許他如把「戎」族趕走，就拿岐山以西的地方賜給他。到襄公的兒子文公的時候，居然把「戎」族趕跑，佔有了岐山一帶的地方；據說他把岐山以東的地獻給周室。文公四十四年入《春秋》。

楚國世系

楚的王室是芈姓之族。據傳說，他們的始祖叫做祝融，做高辛氏的火正。祝融的後裔分為六姓，最末的一支便是芈姓。芈姓的祖先叫做季連；季連的後裔有個叫做鬻熊的，做周文王的臣子。三傳到熊繹，受了周成王的封，立國於丹陽，那就是楚國

的第一代君主。以上的世系，也是很有疑問的。查甲骨卜辭裏有一片「辛卯，帚楚……」的記載，可見殷代已有楚的國名。又「鬻熊」或許就是「祝融」的演變，他的時代當在殷代。楚王室實在也是東方的種族。周初的銅器銘文記周王伐楚，駐兵在炎的地方，這該是後來的郯國，地在山東。《左傳》又記昆吾之虛在衞，昆吾是楚的同族。《詩經・鄘風》裏也有楚宮、楚室的名稱。《春秋》裏更有楚丘的地名：一在現在山東省曹縣，一在河南省滑縣。大約楚人本來居住在現今山東省與河南省之間。《逸周書》記周公東征熊盈族十七國，俘回來的九國，「熊」是楚氏，「盈」就是「嬴」，所以我們很疑心楚人同秦人一樣，都本是東方的種族而被周人硬遷到西方去的。楚人遷到西方以後，就住在丹陽，當丹水、淅水交流之處；《史記》載秦、楚交兵在丹陽，這個丹陽就是楚的初國。熊繹五傳到熊渠，當周夷王時，興兵伐庸和揚越，一直到鄂，封他的大兒子康為句亶王，中兒子紅為鄂王，小兒子執疵為越章王。在這裏有個疑問，便是楚在熊渠時既已強盛，為什麼到若干傳之後的若敖，蚡冒和武王、文王，《左傳》中反說他們「篳路藍縷以啟山林」，「土不過同」（方百里為一同）？我以為這大約是因為周人平定南方，開闢疆域直到「南海」，楚人在那時受了一次大壓迫，被逼南遷，重新經營，因而直到武王時才漸漸的復興起來。武王名熊通，是熊渠的十一傳孫。武王十九年入《春秋》。

宋國世系

宋是殷宗室微子啟的封國。周公攝政時，紂子武庚叛周，被周公打滅，便封已投降的殷室宗親微子啟於宋，代武庚為殷後。周公的用意，大約是叫他幫助周室鎮壓殷民的。微子十二傳為宣公力，宣公死時讓位給他的弟和，是為穆公。穆公七年入《春秋》。

衞國世系

衞國公室的始祖是周武王的弟康叔封。康叔原先封於康地，彝器銘文和《易經》裏的「康侯」就是他（康國不知在何處）。武王、周公滅殷，命康叔監視殷國，《周書》裏《康誥》《酒誥》兩篇便是武王或周公命康叔的訓詞。周公實封康叔於殷故地，便是衞國（衞就是殷，「殷」或作「鄁」）。康叔八傳為僖侯，僖侯有兩個兒子：長的叫做共伯余，小的叫做和。僖侯很寵愛和，賜給他很多的財物，他便拿這財物去聯絡士民。僖侯去世，共伯余即位，他就招集了兵士去攻共伯，共伯自殺，和即位，是為武公。武公即位以後，勤修政事，百姓很愛戴他。周幽王被犬戎所殺，武公帶了人馬去救周很有功績，為西周末年最有名的諸侯。武公再傳為桓公完，桓公十三年入《春秋》。

鄭國世系

鄭的始封祖是周厲王的小兒子，名友，宣王時受封於鄭（在今陝西省華縣），是為桓公。桓公是一個很賢能的君主，頗得國民的信愛。幽王時，入為王朝的司徒，替王室辦事也很有成績。那時周室已衰，戎狄強盛，桓公恐怕自己與王室同歸於盡，因此去問周的一個太史叫做史伯的，什麼所在可以避難。史伯告訴他說，濟、洛、河、潁四水之間虢、鄶兩國所在的地方最為穩固；教他先把妻子財物寄存在那裏，有事的時候就可以帶了王室的軍隊把這地方佔領。桓公依了他的話辦去，後來鄭國果然得了虢、鄶一帶的領土，遷到了東方。西周滅亡，桓公殉難，他的兒子武公掘突嗣位，擁護平王有功，仍做王朝的卿士。武公去世，太子寤生即位，是為莊。莊公二十二年入《春秋》。

陳國世系

陳是古時虞國的後裔，姓媯。有個叫做虞閼父的做周室的陶正有功，周武王把自己的長女太姬嫁給虞閼父的兒子滿，封他在陳國（在今河南省淮陽縣），是為胡公。胡公十一傳為桓公鮑，桓公二十三年入《春秋》。

蔡國世系

蔡是周武王的弟蔡叔度的封國（在今河南省上蔡縣）。武王滅殷，命蔡叔度與管叔鮮監視殷國。周公攝政時，紂子武庚聯合二叔叛周；周公東征勝利，蔡叔度被放死。他的兒子名胡，德行比父親好，周公便重封了他，是為「蔡仲」。蔡仲九傳為宣侯考父，宣侯二十八年入《春秋》。

吳國世系

吳國王室的始祖據說是周太王的長子太伯和次子仲雍。因為他們的弟弟王季特別賢能，而且王季有個極好的兒子叫做昌（文王），太王想立王季為後嗣，以便將來挨次把君位傳到昌的身上。太伯和仲雍二人知道父親的意思，要成全他，於是結伴逃到「荊蠻」去，後來就建立了吳國。這種傳說很是可疑：太伯、仲雍生當周室勢力尚未大發達的時候，古代交通閉塞，就是要逃，怎能逃到這麼遠的地方去？又《左傳》提到山西虞國的祖宗也是太伯、虞仲，虞仲就是仲雍（《史記·吳世家》把虞仲當作仲雍的曾孫，是不對的）。《史記》也說武王封虞仲於夏墟，可見太伯、虞仲是虞國的祖先，與在江蘇的吳國並沒有什麼關係。我疑心吳、越的王室都是楚的支族：《史記》說仲雍的玄孫叫做熊遂，「熊」是楚國王室的氏，楚的君主的名上都有一個「熊」字。《史記》說太伯、仲雍逃奔荊蠻，《楚世家》又記熊渠封三子於江上

楚蠻之地，其少子執疵封於越章，越章就是豫章，古豫章在淮南江北之間，可見楚的勢力早已發展到長江下游。所以説吳、楚王室是一族，並不算很武斷；何況吳本是楚的屬國呢。吳冒為姬姓當在春秋時。大約自從吳與晉交通，勢力漸漸北上，他們就頂了已亡的虞國的祖宗（「虞」、「吳」古是一字），自認為周的支族，以便參預中國諸侯盟會。這似乎是一個很近情理的假設。從熊遂傳十三代到壽夢，吳國開始強大，見於《春秋》。（又我近來又疑吳或本為漢陽諸姬之一，乃虞國的別封。其後東遷者，另有考證）

越國世系

越國王室的始祖據説是夏少康的庶子無餘，禹巡行天下，死於會稽；少康恐怕禹在會稽的祭祀絕了，於是封庶子無餘於越，典守祭禹的禮節。這個説法也是毫不足信的：禹死會稽，究竟在什麼地方，到現在還不能確定。何況這種傳説本是一種神話，萬不能當作事實看。《史記》記越的世系從無餘到允常只有二十多代，與楚、吳的世系差不多長，這怎麼可以把無餘説成夏代的人？我以為越國的王室定是楚的同族：《國語》同《世本》都説越是羋姓。《史記》記熊渠立少子執疵為越章王，這大約就是越的始封。《墨子》説「越王繄虧出自有遽」，據清人考證，繄虧就是無餘，有遽就是熊渠。這説如對，越的王室確是楚的支族了。越到允常時開始強盛，見於《春秋》。

列國世系結論

以上所述十二國，春秋以前的世系並不是完全確實的。這因為在周代各國的史籍本不全，又經過秦火的焚燒，史料越發殘缺了；漢朝人根據不全的記載，隨意湊合成列國的世系，我們現在根據他們的記載來重述，自然不會合於事實。這真是沒有辦法的事情！這裏所述，有些地方根據先秦的史料來訂正漢人的錯誤，有些地方還是只能依隨漢人。在這古史研究的草創時代，也只能做到這樣了。至於春秋時的列國世系，我們將在以下各章中隨時述及，不必讓枯燥無味的世系表來多佔篇幅罷。

第五章

黃河下游諸國的爭雄

東周初年的王室形勢－黃河下游諸國形勢－鄭國的內亂－衛國的內亂－鄭宋衛諸國的爭衡－宋國的內亂－魯鄭的交涉－魯國的內變－周鄭的交涉－鄭國的極盛

東周初年的王室形勢

從周室開始東遷算起，直到春秋時代的開始，約有四十多年。在這四十多年中，史料異常缺乏，我們所知道的，重要的只有一事，就是周室初遷時是靠着晉、鄭兩國的夾輔而立國的。晉國在黃河北岸，鄭國在南岸，一個蔽護周室的北面，一個蔽護他的東面；同時有虞（在今山西平陸縣）、虢（在今河南陝縣）兩國掩蔽其西，申、呂（都在今河南南陽縣附近）遮護其南。這時楚國尚未大興；西戎被秦、虢兩國牽制，也很難東侵；東面盡是

周室的封建諸侯，更無禍患；北面雖戎狄環繞，晉國的力量也還鎮壓得住；所以東周初年王室的地位還很穩固。這時周室似乎還能控制西方的一部，而近畿的西方之事似乎是委給虢國的。虢國是文王的弟弟虢仲的封國（另有東虢，是文王弟虢叔的封國，在今河南成皋縣，被鄭所滅），本在西周王畿之內（都今陝西寶雞縣附近），後隨平王東遷到今河南陝縣附近，正當崤、函要塞，足以抵制西戎的侵略。周王因虢國地勢重要，且有禦戎的功績，所以很重視他。不久之後，晉國分為翼和曲沃兩國，內亂不止，南面楚國已漸漸興起，侵略申、呂、許諸國，致勞王師遠戍，於是周室的真正屏蔽就只剩鄭、虢兩國了。

黃河下游諸國形勢

鄭、虢兩國中以鄭為強，鄭國一面是周室的唯一雄藩，一面又幾乎做了東方諸侯的領袖。當春秋初年，乃是黃河下游諸國的世界，我們在這裏應得先把這些國家的形勢大略談談。我們所謂「黃河下游」是指洛邑以東的地方，這裏大部份都是平原地帶，所以它的文化最先發達，商代就興起於此。當西周時，周室以征服者的資格，在經濟上向東方竭力榨取，弄得「東人之子，職勞不來（東人勞苦，而不見撫慰）；西人之子，粲粲衣服」；東方文化的發展似乎暫時被阻遏住。到了西周滅亡，周室在東方的壓力大去，於是黃河下游諸國就首先興起了。

黃河下游的羣國中以宋、衞、齊、魯、陳、蔡、鄭七國為代

表。宋國四面都是平原，地形最難守易攻，周室所以封微子於此，似乎也有防他反側的意思。幸而在宋國東南面的都是些東夷和淮夷，勢力分散，且似服屬於宋國，不足為患。南面是陳、蔡，勢力更是薄弱，在春秋初年這兩國且常被宋國所利用。宋國所應防禦的是西方和北方：宋的北面為魯、衞兩國，勢力尚不很強，只有西面的鄭國才是宋國的勁敵。

衞國在春秋初年西、北兩面均鄰戎狄，東面是雄齊，南面是鄭、宋，衞國介在諸大之間，地勢平衍，國力又不強盛，簡直無從談起發展。當春秋之初，鄭國強盛，勢力向東揮發，宋、衞兩國最感壓迫，所以常常聯結起來抵抗鄭人。

齊國在春秋初年，國土雖較大而勢力未盛，在當時歷史舞臺上還不算是要角。齊國負山帶河而蔽海，三面均有天然屏障，形勢很好，且有魚鹽之利，足使人民趨於富庶。在他東面的都是些弱小的夷族，正可供他吞併；在他北面的似是些戎族，勢力較強；但也不足為大患。在他西面的是衞國，更弱小不足道；在他南面的是魯國，國力較衞略強，在春秋初年頗有與齊爭雄之勢。

魯國北憑泰山，東依大海，南撫淮夷，只有西南部地勢較平，與宋接界；西北汶水流域的沃田又與齊連界，當春秋之初魯常以宋、齊兩國為敵手，也是地理形勢所造成的事實。

陳、蔡兩國都較為弱小，鄰近淮夷與宋，當楚國未起於西南方時，陳、蔡常服屬於宋而與鄭為敵國。這是因為陳、蔡與宋國的關係較為密切，而鄭是新興的強國，容易招人忌恨之故。

鄭國北憑黃河，西依周室，當北方的晉和南方的楚尚未興起

之時，只有東方才有敵國。他雖是小國，但挾了王臣的地位，足以東向與宋爭雄，宋合衞、陳、蔡四國之力尚不足以抑制他的新興之勢。他又東面與齊、魯聯歡，夾攻宋、衞，這就使宋國的地位始終立不起來。

鄭國的內亂

　　鄭國雖是春秋最初期的唯一強國，但他的地位也不是容易得來的。在剛入春秋時期的當兒，鄭國內部也險些鬧出一件大亂子來：原來鄭莊公的母親——鄭武公的夫人武姜，是個很偏愛的婦人。她生了兩個兒子：大的就是莊公，小的叫做叔段。《左傳》上說鄭莊公是在武姜睡夢中出生的，那時候驚嚇了他的母親，因此他便受不到母愛，家庭的幸福給叔段獨佔了。其實女人家偏愛小兒子本是情理中的事，《左傳》上的話恐怕只是後人在鄭莊公的名字（寤生）上替武姜想出來的不愛大兒子的理由。武姜既偏愛她的小兒子，便屢次在她的丈夫武公的面前請求立叔段為太子；武公不願廢長立幼，不答應她。等到武公去世莊公即位，武姜又在莊公面前替叔段要求封邑：先要制邑（在今河南汜水縣附近），莊公因為那是一處險塞，不肯給叔段；跟着又要京邑（在今河南滎陽縣附近），莊公答應了，便封叔段在那裏，稱為京城太叔。這同晉公子成師的封曲沃是差不多的一件事。成師封於曲沃以後便想吞晉，叔段封於京以後也想爭奪鄭國。他第一步先命鄭國的西鄙、北鄙的地方兼屬於自己，不久又把這兩處地

方完全劃作自己的領土，一直達到廩延的地方（在今河南延津縣附近）。第二步他便修築城池，招練兵馬，與他母親約好日期，請她做內應，想一舉攻入鄭都。莊公打聽明白他們的陰謀，就命大夫公子呂帶了二百乘兵車去打京城，京城的人都背叛太叔段，太叔段只得逃到鄢邑（在今河南鄢陵縣附近）。莊公又指揮兵將追打過去，他立足不住，遠逃到共邑（在今河南輝縣）去了。在太叔段初封京城的時候，大臣祭仲曾勸諫莊公道：「京城太高大了。把這地方封太叔是很不妥當的。」莊公裝着很無用的樣子說道：「這是太夫人姜氏的意思啊，有什麼辦法？」祭仲又說：「她哪裏會饜足，不如提早防備，不要使他們的勢力發展開來才好。」莊公就說：「他們多做不合理的事情，一定會自走到死路上去的，你姑且候着罷！」等到了叔段的勢力漸漸發展的時候，又有公子呂一再勸諫莊公，叫他趕快翦除叔段。莊公說：「不必，他們的勢力來得愈厚，便崩倒得愈快了！」在這裏可見莊公的處心積慮，要想加重叔段的罪狀，以便一舉將他除掉。我們看他的計劃何等的嚴密，他的手段是何等的毒辣！然而鄭國所以不致造成分裂的局面，也就靠着莊公的能幹。叔段奔共的時候，他的兒子公孫滑逃到衞國，衞國為了他起兵伐鄭，奪取了廩延的地方。鄭國也用了王室同虢國的兵馬回打衞國，以為報復。

衞國的內亂

不久，衞國也起了內亂。原因是衞國在先的君主莊公有個庶

出的兒子，叫做公子州吁，很為莊公所寵愛。他生性喜歡武事，莊公並不禁止他弄兵。莊公的嫡夫人莊姜卻把另外一位庶夫人戴嬀所生的兒子完當作自己的兒子，而很嫌惡州吁。那時衞國的大臣有個叫做石碏的也曾在莊公面前説州吁的不好，勸莊公抑制他，莊公不聽。等到莊公去世，公子完即位，是為桓公；石碏也告了老。桓公十六年（魯隱公四年），州吁作亂，殺了桓公，自立為衞君。他恐怕國人不服，想與諸侯聯絡，並耀武於外國，以安定自己的君位，於是聳動了宋國，又聯合了陳、蔡兩國起兵伐鄭，把鄭國的東門圍了五天。那年秋天，宋、衞等國再起兵伐鄭，又來聯合魯國；魯隱公不願與他們聯絡，但終因公子翬的請求，去湊了一回熱鬧。諸侯的人馬把鄭國的步兵打敗，割了鄭國的禾子回去。這回主戰的國家是宋與衞，至於魯、陳、蔡都只是附從。我們應記住：在春秋初年，鄭國的敵人是宋、衞兩國。衞州吁出了兩次兵，仍舊不能使全國的人民歸附自己，於是他便派他的同黨石厚（石碏的兒子）去問他父親，怎樣才能安定君位？石碏本來嫌惡州吁，曾告誡石厚，不要去同州吁打夥伴，石厚不肯聽從。到此時，他趁着他們來請教，胸中便打定了主意，對他的兒子説道：「要想安定君位，非去覲見天子不可！」那時離西周時代不遠，王室還有些威權，周王不是輕易可以覲見的，石厚又問：「怎樣才能得到覲王的機會呢？」石碏教他道：「陳國的君主（桓公）正有寵於周王，陳國與衞國現在正和睦，如果你們肯去朝陳，請陳國轉向周王請求，就能夠達到目的了。」於是州吁便帶了石厚去朝陳君。石碏暗地派人到陳國去説道：「這兩個人

是殺害敝國先君的逆賊，請貴國把他們除去了罷！」石碏是衛國
的國老，說話很有效力，所以陳國聽了他的話，便把州吁、石厚
二人拿下，向衛國邀請監斬官。衛國派右宰醜去監斬了州吁。石
碏也派了他的家宰獳羊肩去監斬石厚。州吁既死，衛國人便向邢
國去迎公子晉回國為君，是為宣公。

鄭宋衛諸國的爭衡

鄭國趁了衛國的亂，起兵侵擾他們的郊野，回報了圍東門一
役的仇恨。衛國也用了南燕國（在今河南延津縣）的兵去回打鄭
國，卻被鄭國用埋伏夾攻之計殺了個大敗。在這裏看來，衛國到
底不是鄭國的對手。不但衛國，就是宋國也被鄭國用了王室的軍
隊同邾（在今山東鄒縣）兵打進了外城；宋國雖起兵報復，也是
得不到多大的便宜。這時鄭國又先向陳國求和，陳侯迷信宋、
衛，不許，鄭國又把陳國打得大敗。當時齊國看見宋、衛、鄭等
國互相攻伐，想來做個和事老，便於溫的地方召會三國，在瓦屋
的地方結了一次盟（在此以前，宋、陳與鄭已曾講和，鄭、陳且
已聯姻）。不料口血未乾，鄭國就借了宋公「不共王職」的罪名
（大約是宋公不肯隨鄭伯朝王），自說奉了周王的命起兵伐宋。
魯國也因宋國不來告警，與宋絕了交好。鄭國便乘機聯合了魯、
齊兩國再伐宋國。魯兵打敗宋兵，鄭兵奪取了宋邑郜、防，做人
情送給魯國，來討魯國的好。宋國也聯合了衛、蔡兩國的兵回打
鄭國，三國的兵反被鄭兵在戴的地方（在今河南考城縣附近）打

得全軍覆沒。此後鄭國又連次伐宋，把宋國打得喘不過氣來，於是宋國就發生了內亂。

宋國的內亂

原來宋國那時是殤公與夷在位，殤公是穆公的姪兒，因為穆公的即位是受了他哥哥宣公的讓，所以他要把君位讓還宣公的兒子與夷，而叫自己的兒子公子馮出居鄭國。殤公即位以後，鄭國要想把公子馮送回宋國來（似是想藉此要挾宋國），因此宋、鄭兩國結了怨，大家相斫了好幾年。宋殤公在位十年，倒打了十一次的仗，百姓很吃些苦頭，弄得都對殤公不滿。恰巧那時宋國的太宰華督與穆公的顧命大臣大司馬孔父不知為了什麼事情結怨，華督在百姓前宣言說：「我國連年打仗，都是司馬（孔父）的主意。」他便糾集了徒黨攻殺孔父。孔父是殤公的保護人，華督害怕殤公要替孔父報仇，就把殤公一併殺了。

殤公死後，宋人就向鄭國迎立了公子馮為君，是為莊公；這是要表示與鄭親善的意思。從此以後，宋、鄭的爭鬥便暫告一段落。這時已是魯桓公的二年了。

魯鄭的交涉

至於魯國同鄭國的交涉是這樣：當魯隱公做公子的時候，曾帶兵與鄭國在狐壤地方開仗，被鄭國捉了去，鄭人把他囚在大夫

尹氏家裏。隱公向尹氏厚納賄賂，又在尹氏所奉祭的鍾巫之神面前禱告了，就與尹氏一同逃歸魯國。隱公即位以後的第六年才與鄭國通好，曾答應鄭國用祭泰山的祊田掉換祭周公的許田（許本是魯的附庸，所以魯有祭周公的許田；鄭國不知何故也有祭泰山的祊田？祊田近魯，許田近鄭，所以兩國願意掉換）。在此以前魯臣公子豫已曾私與邾、鄭兩國結盟。到此時魯國又幫助鄭國打宋國（在先魯國本是宋的與國），後來更邀合了齊國幫鄭國打許國（在今河南許昌縣），攻進了許都；許君奔衞。因為魯國原是許國的宗主國，所以齊僖公拿許國讓給魯國，魯國不受，轉讓給鄭國，想是報答他奪取宋邑讓給魯國的好意。這可以說是魯、鄭兩國的交換條件。

魯國的內變

就在伐許的一年（魯隱公十一年）上，魯國也發生了內變，原因是魯國有個專權的大臣公子翬（羽父）想巴結隱公，在隱公的面前自請去殺隱公的弟弟軌，使得隱公好永久做魯國的君。他要求隱公給他做太宰，以為他設策的酬報。不料隱公說：「以前我是因為太子軌年幼，所以即了位；現在時機到了，我正要把君位交還他呢。不久的將來，我就派人到菟裘地方築別館，預備到那裏去養老了。」公子翬聽見這話，害怕太子軌即位以後要懷恨他，便反到軌的面前去說隱公的壞話，請設法結果了隱公。

先是當隱公從鄭國逃回的時候，因為感謝尹氏和鍾巫之神，

便在魯國也立了鍾巫的神祠，常常去祭祀。在這年的十一月，隱公去祭鍾巫，在社圃齋戒，住在一家寫氏的家裏。公子翬得到這個機會，就派了個刺客到寫家去把隱公刺死，擁太子軌即位，是為桓公。他們反把弒君的罪名推在寫氏的頭上，殺了寫家的幾個人算了事。桓公即位以後，就與鄭國修好，他和鄭國在越的地方結了一次盟，把掉換祊田和許田的事辦妥。他又娶妻於齊國，是僖公的女兒，是為文姜。

周鄭的交涉

這時候鄭國的氣焰正盛，各國沒有一個不怕鄭的，所以陳、宋、魯、齊等國都親起鄭來。於是鄭國人的膽子愈弄愈大，過了若干時，他竟敢同周王打起仗來。原因是鄭國的武公、莊公都做周平王的卿士，在王室很有權柄；後來平王大約為了鄭國太強橫的緣故，不願他獨把王朝的內政，想把鄭伯掌握的周室政權分一半給虢國。鄭莊公知道了，大不高興。平王安慰他說：「哪裏有這件事呢？」他情願同鄭國交換質子：王子狐到鄭國去，鄭公子忽也到周朝來，交換做押品。這已損壞了王室的威嚴。

平王死後，孫桓王林即位，打算真把政權分給虢公。鄭莊公聽得這消息，便派大夫祭足（祭仲）帶了兵馬去把周的溫地同成周（東周的都城）的麥和禾子一齊割了去，於是周朝同鄭國的感情大破裂了。但是兩方面都還暫時敷衍着：鄭莊公還去朝周，雖然得不到桓王的敬禮，桓王也並沒有把鄭伯的政權完全剝奪（這

時大約虢公為周室的右卿士，而鄭伯為左卿士）。後來鄭國還曾
以齊人朝王，並用過王師去伐宋國。畢竟是桓王不識相，他向鄭
國取了鄔、劉、蔿、邘四邑的田，而把自己拿不動的蘇忿生的
田（都在黃河北岸一帶）換給鄭國；鄭國自然大不高興。接着桓
王又把鄭伯的政權完全奪了，於是鄭伯不朝。桓王大怒，在魯桓
公五年的秋天，招集了虢、蔡、衞、陳等國的兵，御駕親征去伐
鄭，鄭國也就起兵抵抗王師。兩方在繻葛地方開戰，鄭國用了魚
麗之陣把王師同諸侯的兵打得大敗。桓王甚至被鄭將祝聃射中了
肩頭，於是天子的威嚴掃地了！從此以後，「王命」兩個字便不
算什麼，周室的真正地位也就連列國都不如起來了。

鄭國的極盛

鄭國打勝周王以後，勢力格外強盛。那時齊國被北戎侵擾，
也向鄭國去討救兵（北戎先曾侵鄭，被鄭兵打得大敗）。鄭太子
忽帶了兵馬救齊，大敗戎兵。齊僖公想把女兒嫁給鄭太子忽，以
為姻援，卻被太子忽辭絕了。這次戰爭，諸侯的大夫多有帶兵替
齊國守禦的。齊國答謝諸侯的好意，餽送糧餼給各國大夫，請魯
國按班次代為分派，魯國分後了鄭國，鄭太子忽很不高興。後來
鄭國竟聯結了齊、衞兩國的兵來伐魯。這也可見鄭國在當時的強
橫了。

鄭國當莊公時代，憑藉了「挾天子以命諸侯」的地位，採用
了「遠交（交齊、魯）近攻（攻宋、衞）」的政策，努力經營，

國際的地位就蒸蒸日上。到了莊公末年，幾乎成為春秋最初期的伯主（莊公敗周以後又曾合齊、衛之師伐周邑盟、向，王遷盟、向之民於郟，也可見鄭人勢焰之盛）。魯桓公十一年，齊、衛、鄭、宋盟於惡曹，鄭的敵國都變成他的與國了。民國七年在新鄭出土的銅器中有王子嬰次爐，據近人考證，王子嬰次就是鄭子儀，他的父親便是莊公。這話若確，就證明了鄭莊公稱過王的，想來是敗周以後的事了。

第六章

齊桓稱霸前的國際形勢

緒論－鄭國的中衰－衛國的第二次內亂－齊魯的暗鬥－齊國
的始強－齊國的內亂－楚國的形勢－楚國的發展

緒論

黃河下游的諸國中，以形勢論，以國力論，最容易發展的本
來是齊國。但因這時西方的壓力剛去，東方各國一時還透不過氣
來。同時周室的尊嚴尚在，與王家關係較切近的國家到底佔些便
宜；而鄭莊公又是一位不世出的雄主，敢於力征經營，所以春秋
最初期的歷史竟成了鄭國獨強之局。但一時的機會畢竟敵不過自
然的形勢，東方的霸權終於漸漸落入齊國的手裏。

鄭國的中衰

　　魯桓公十一年的夏天，鄭莊公去世，國內發生變亂，鄭國就中衰了。原來莊公的太子名叫做忽，是鄧國的女兒鄧曼所生。莊公又娶了宋國雍氏的女兒叫做雍姞，生個兒子叫做突。雍氏是宋國的貴族，為宋國的君主莊公所寵。鄭莊公死後，太子忽即位，是為昭公。宋國人氣憤不過，設法誘騙了鄭國的大臣祭仲到宋國來，把他拘住，硬逼他擁立公子突為君。祭仲本是昭公的保護人，到這時因為自己的性命要緊，只得答應宋人，與他們結盟，帶了公子突回國，擁他即位，是為厲公。昭公便逃到衛國去了。當厲公將要回國的時候，也被宋人拘住，逼着要賄賂，厲公只得答應。厲公即位以後，宋國逼討賄賂很急，逼得鄭國喘不過氣來，宋、鄭間的國際感情就日趨惡劣，將要打起仗來。那時魯國連同宋國會盟，想出來做調和人。魯桓公十二年，魯侯又同宋國在句瀆之丘結了一次盟，但講和的事情仍不見頭緒；再會於虛和龜兩處地方，宋國到底不肯答應和議。那時激惱了魯國，便與鄭國會盟於武父的地方，聯兵伐宋。到了第二年，鄭國又聯合了紀、魯兩國，與齊、宋、衛、燕（南燕）四國開戰，結果四國聯軍打得大敗。於是魯、鄭兩國格外交好，連次會盟，聯成一氣。在這裏可以看出鄭魯與宋衛到底是兩個國際的集團（齊本也是鄭黨，這次所以加入宋、衛一邊，乃因紀與魯聯合的緣故，參看下文），此時差不多又恢復了春秋開始的形勢。又可看出鄭究竟比宋強，所以在這個時候鄭還能佔到勝利，真所謂「百足之蟲死而不

僵」了。但宋國吃了虧那裏肯服，就又聯合了齊、蔡、衞、陳諸國的兵伐鄭，焚了鄭國的渠門，一直打進大街；又侵擾鄭國的東郊，奪取了牛首的地方，把鄭國大宮（祖廟）的椽子搶回去做了宋國盧門的椽子。這一次的戰事，因為寡不敵眾，卻是鄭國吃了虧了。

鄭國在敗弱之際，內部又發生變亂起來。原因是厲公為祭仲所擁立，所以政事很被祭仲把持；厲公頗忌他，就派祭仲的女婿雍糾設計去殺他。不料雍糾是個沒用的腳色，他不知怎樣把消息透漏給他的妻子雍姬。雍姬便去問她的母親道：「父親與丈夫是哪一個親近些？」母親道：「只要是個男人，都可以做女人的丈夫；但父親卻只有一個！」雍姬聽了這話，便把雍糾的陰謀暗示給祭仲，於是祭仲把雍糾殺了。厲公一看事情不穩，逃到蔡國去。昭公就回國復了位。先前被鄭所滅的許國也乘這機會復了國。厲公又引動鄭國櫟地的人民殺了守將檀伯，佔居櫟地，做昭公的敵人。魯國本與厲公交好，便結合宋、衞、陳、蔡等國一再伐鄭，想送厲公回國，結果沒有成功；於是魯、鄭也分裂了。

在這裏，我們知道伐鄭的五國中，魯本是鄭黨，這次伐鄭還是為了鄭；宋、衞、陳、蔡四國卻是鄭的敵人，他們只不過想乘機打劫罷了。

衞國的第二次內亂

鄭國的內亂未定，跟着衞國又發生了內亂。原因是衞國的宣公收納了他的庶母夷姜為妻，生個兒子叫急子，把他交給宗親大

臣右公子職保護。急子長大以後，宣公替他娶了齊國的女兒；因為齊女長得美麗，宣公捨不得配給兒子，自己收用了，是為宣姜。宣姜生了兩個兒子：一個叫做壽，一個叫做朔。宣公又把壽交給另一宗親大臣左公子泄保護。夷姜因為失了寵，自己吊死。宣姜與他的小兒子朔日夜在宣公面前說急子的壞話，宣公信了讒言，就派急子到齊國去，暗遣刺客在莘的地方等待着殺他。宣姜的大兒子壽聽得這消息，忙去告與急子，叫他趕快逃走。急子不肯，說：「天下哪裏有沒有父親的國家可以逃奔呢！」壽看勸他不醒，便用了一計：在他動身的時候，替他餞行，把他灌醉，壽自己載了急子的行旌先去，想犧牲了自己來救急子，果然給刺客殺了。急子卻不肯對不住他的弟弟，急忙趕去，對刺客說道：「你們要殺的是我，他是個無罪的人，你們殺錯了！」於是刺客又把急子殺死。為了這個緣故，急子和壽的保護人左右兩公子都怨恨朔，魯桓公十二年，宣公去世，朔即位，是為惠公，隔了四年，二公子起來作亂，擁立了公子黔牟，惠公只得逃到齊國去。

齊魯的暗鬥

這時齊、魯兩國正因紀國（在今山東壽光縣一帶）的事發生衝突：原來紀國的君所娶的是魯國的女兒，所以魯要保護紀。因為齊、紀是世仇，齊國常想滅紀（報仇的話其實是託辭，齊國想的是開拓疆土。又齊、紀結仇的事只見於漢人的記載，究竟可信

與否，也未能定）。在齊僖公的時候已與鄭莊公合謀襲紀，沒有成功。後來紀人嫁女為王后，似乎想藉王威以抵抗齊國，也不發生效力。魯桓公十三年，魯、紀、鄭三國與齊、宋、衞、燕四國的戰事，其中恐也包含着齊、紀的問題；這次齊國雖然失敗，但究竟不能使他息了併紀的陰謀。到了僖公去世（魯桓公十四年），他的兒子襄公諸兒即位，與魯國修好，圖謀滅紀更急；紀國向魯國求救，魯國也沒有切實的辦法，反而弄得與齊國又翻了臉：魯桓公十七年，魯、齊兩國的兵戰於奚的地方。不久魯國助宋伐邾，似是想聯宋以抗齊。但到了第二年，魯桓公與齊襄公會於濼的地方，又與夫人文姜一同到齊國去；大約是想與齊國修好，不料竟被齊國害死；齊國只把刺客除殺以卸責。魯國也不敢對齊國怎樣。

齊國的始強

在魯桓公死的那年，齊襄公又曾殺了鄭君子亹。先是，鄭莊公在世的時候，想用高渠彌做卿，太子忽很厭惡這人，竭力勸諫莊公不要用他，莊公不聽，等到昭公（太子忽）復國，高渠彌怕昭公要殺他，便先把昭公殺了，擁立昭公的弟弟公子亹為君。齊襄公聽見這事，想替鄭國討賊，藉此可以擺出他大國的架子來；於是帶了兵馬駐屯在首止的地方，叫鄭君來相會，公子亹不敢不從，帶了高渠彌前去。襄公殺了公子亹，把高渠彌車裂了。公子亹同高渠彌既死，祭仲便向陳國迎了昭公的另一個弟弟子儀回國

即位，是為鄭子（不成君為「子」）。

魯桓公既死，紀國失了後援，齊國便乘機遷了紀國的邢、鄑、郚三邑的居民，把這三邑收為己有；跟着紀侯的弟弟紀季也以紀國的酅地入於齊國，紀國越發難以保存了。魯國到這時還想與鄭國一同援救紀國，但是因鄭也有內亂，懼怕齊國，無力助魯，反與齊國相合，於是紀的生命終於不能維持下去。到了魯莊公（桓公子同，桓公死後即位）四年，紀侯便把全國交給紀季，逃出國去；紀季把紀國全部歸了齊，紀國便滅亡了。

這時衛國內亂未定，衛惠公逃在齊國。齊國號召了魯、宋、陳、蔡諸國一同伐衛，把惠公送回國去。惠公回國以後，把公子黔牟放到周國去（這大約是因為公子黔牟與周有些關係的緣故，當諸侯之師伐衛時，周兵曾來救衛），殺了左右兩公子，重登了君位。

齊國的內亂

這時中原的國家已推齊國最強。齊襄公滅紀伐衛又服魯，幾乎成了桓公以前的伯主。可惜不久齊國也發生內亂，伯業沒有做成功。先是，齊襄公派大夫連稱、管至父兩人去駐守葵丘的地方；兩人是在瓜熟的時候去的，襄公對他們說道：「到明年瓜熟的時候，我派人來代你們。」到了期限，他並不派人去代，兩人向襄公去請求，他也不許；因此他們兩人很怨恨襄公，合謀作亂。那時齊國有個宗室叫做公孫無知，是襄公的叔父夷仲年的兒

子。他為襄公的父親僖公所寵，一切待遇都如太子。到襄公即
位，把他的待遇降低了，他很怨恨。連稱、管至父兩人就奉了他
圖謀作亂，連稱有個堂房的妹妹做襄公的侍妾，不為襄公所寵，
他們就叫她做間諜；無知許她事成之後立她為夫人。魯莊公八年
十二月，齊襄公遊於姑棼的地方，乘便在貝丘的地方打獵，受了
傷，連稱等就在這時發動，把襄公攻殺了，擁立公孫無知為君。
不料無知又被大夫雍廩所殺。那時襄公的庶弟公子糾逃在魯國，
魯國想把他送回齊國為君；不幸被襄公的另一個庶弟叫做公子小
白的從莒國趁先回國即了位，這便是赫赫有名的齊桓公。齊桓公
即位以後，發兵抵抗魯國送公子糾來的兵，在乾時地方（在今山
東博興縣附近）開戰，把魯兵殺得大敗，齊兵乘勝打到魯國，
硬逼魯國殺死公子糾，獻出公子糾的臣子管仲、召忽。召忽自殺
了，管仲卻忍辱做了囚犯，由齊兵把他帶回國去。那時齊軍的主
帥是鮑叔牙，本是管仲的好朋友，知道管仲是一個有大本領的
人，便在半路上解放了他，在桓公面前竭力保舉。桓公聽了他的
話，重用管仲為相，後來果然成就了所謂「一匡天下」的大功業。

楚國的形勢

　　當春秋開始時，黃河流域諸國正在勾心鬥角的時候，南方已
有一個蠻夷的強國起來，這就是楚。魯桓公二年，鄭國約蔡國會
於鄧的地方，《左傳》說這次盟會的原因是開始懼怕楚國。以鄭
莊公之強，尚且對楚國發生畏懼，可見楚國在那時候的強盛已經

超過了鄭了。楚國當時已控制了漢水流域和長江的中游，在他四面的都是些小國和野蠻的部落，楚國文化既較高，同時武力又很強盛，所以開疆闢地勢如破竹，不到幾十年的功夫，就成了南方唯一的霸國。

楚國的發展

魯桓公六年，楚武王起兵侵隨（在今湖北隨縣），先派了薳章到隨國去議和，自己帶兵駐在瑕的地方等候。隨國也派了一位少師前來證和。楚國的大夫鬥伯比對楚王說道：「我們所以不能在漢東得志的緣故，是我們自己造成的：我們張大了武備去恐嚇他們，他們自然害怕了要聯合起來對付我們，弄得我們現在沒法使他們離散。但是漢水東面的國家以隨國為最大，隨國倘若自大起來，必定丟開了其他小國；小國分離，正是楚國的利益。現在隨國派來的少師是個很驕傲的人，我們可以故意把老弱殘兵陳列出來去哄騙他，使他們上我們的當。」楚國的另一個大夫熊率且比聽了鬥伯比的話，說道：「隨國有個季梁，是很有智謀的人，這套計策，恐怕騙不倒他罷？」鬥伯比說：「我們用這計策是為日後打算。要知道少師是隨君的寵臣，隨君很聽他的話呀！」楚王用了鬥伯比的計策，故意把軍容毀壞，然後請少師進來。少師一見楚兵疲弱，回去便請隨侯起兵追趕楚師。隨侯正想聽他的話，季梁果然出來勸諫道：「老天爺幫楚國的忙，楚國勢頭正盛，他們是故意的示弱，在哄騙我們呵！」隨侯聽納了季梁的

話，便止住了。在鬥伯比的話裏，我們可以看出那時南方的形勢是楚國獨強，勉強能與楚國對抗的只有隨國。隨國聯合了漢水東面的諸小國做楚國的敵人，所以楚國汲汲的要想打服他。他們所用的政策，是先離間漢東諸小國與隨國的聯結。

過了兩年，楚國邀合南方諸侯在沈鹿地方（在今湖北鍾祥縣附近）盟會，只有黃、隨兩國不來。楚武王派了薳章去責問黃國，自己帶了大兵去伐隨國，駐兵在漢水、淮水之間。季梁勸隨侯與楚國講和，楚國不許然後開戰，這是使本國的人民發憤而懈怠敵人的計策。少師卻對隨侯說道：「我們快動手的好！不然，楚兵又要像前次一樣逃走了。」隨侯聽了少師的話，便起兵與楚國開戰，在速杞的地方被楚兵打得大敗，隨侯步行逃走，楚國俘獲了隨侯的兵車，把車右少師殺死；於是隨國只得服從楚國了。

不久，楚國又開闢了濮地（在今河南省南部和湖北省一帶），打敗了鄧國（在今河南鄧縣附近）和鄖國（在今湖北安陸縣附近）、絞國（在漢水流域湖北省境內）的兵，聲勢更是不可一世。不料就在這時吃了一回虧：在魯桓公十三年，因為羅國（在今湖北宜城縣？）有意對楚國挑釁，楚國起了大兵伐羅，在屢勝之後輕看了敵人，未設防備，被羅國聯合了盧戎（在今湖北南漳縣？）打得大敗。

楚國雖然敗了這一次，但實力並不大損。在魯莊公四年，楚武王造了一種「荊尸」的陣法，在軍隊中參用戟隊，起兵伐隨，在半路上死了。令尹鬥祁、莫敖屈重把喪事按住，開闢了行軍的直道，在溠水上面搭了橋，領兵深入，直逼隨國。隨國人大怕，

又同楚國講和。莫敖假託了王命到隨國與隨侯結盟，並要求結會
於漢汭（漢水之曲）的地方。事情辦好，班師回國，渡了漢水，
然後發喪。在這裏，我們又可看出楚人是怎樣的一種尚武力征的
種族。他們肯這樣努力經營，所以才能為南方的伯主。武王死
後，子文王熊貲即位，聯合巴國伐申，後又滅了申、息（在今河
南息縣附近）、鄧等國，攻入了蔡國，勢力駸駸北上，從此成了
中原諸侯的大患了。

第七章
齊桓公的霸業

緒論－狄族探原－狄族的發展－戎夷的侵擾－王室的衰微－「尊王」與「攘夷」政策的關聯－管仲－管仲治齊的政策－管仲的內政計劃－管仲的軍政計劃－管仲的財政計劃－管仲政策的批評－齊魯宋的爭衡－宋國的第二次內亂－齊國獨強局面的造成－齊桓霸業總論－魯鄭的叛離與征服－楚國的北略－山戎的征討－魯國的第二次內亂與齊桓的安魯－狄人的南侵與邢衞的救護－齊楚的爭衡－齊桓的東略的開始－周室的安定－葵丘之會－齊霸的漸衰－齊桓霸業結論

緒論

春秋初期，列國並峙，互相爭勝。在這時期中，黃河流域比較活躍的國家是鄭、齊、魯、宋、衞五國。五國之中約略説來：

鄭、齊、魯為一党，宋、衛為一黨。兩黨的勢力，以前一党為強盛。前一党中起初最強的是鄭，後來是齊。鄭、齊兩國在春秋最初期，可以算是准伯主的國家。鄭因發生內亂中衰，齊國代興，滅紀敗魯，漸漸做成了真盟主。到了公元前六百七十九年（魯莊公十五年），齊桓公正式登了伯主的寶座，應合時勢的需要，做出了一番「尊王攘夷」的事業來。這「尊王攘夷」的事業，是有適合的背景的，先敘如下。

狄族探原

齊桓公時，中原的強敵在南是楚，在北有狄。據考證：狄就是商代的鬼方，周代的獫狁和犬戎，《易經》上說商王武丁領兵伐鬼方，一打打了三年，才把他們克服。打一處仗要用三年功夫，在古代真是一個極大的戰爭了。古書上又記周王季伐西落鬼戎，俘獲了二十個翟（狄）王；西落鬼戎就是鬼方。打一次仗就俘獲了二十個王，又可見鬼方部族的強大。在文王時，也曾征伐過犬戎。到西周時，成王（或康王）又曾派了一個叫做盂的人去伐鬼方，俘獲了一萬三千另八十一個人回來，這真是西周對北方蠻族鬥爭的第一次大勝利。穆王時，又曾去征過犬戎，俘獲了五個王，又得到四隻白狼和白鹿，把戎族遷到太原（在河東）的地方。夷王時，命虢公帶兵伐太原的戎族，到了俞泉地方，俘獲了一千匹馬。厲王或宣王時，獫狁內侵甚急，他們佔據了焦、穫（在今山西陽城縣？）地方，攻打鎬方（在今山夏縣？）、西

俞等處，一直到洛水（現在陝西的洛河）和涇水（現在的涇河）的北面。周王親征，在罽盧（即彭衙，在今陝西白水縣）地方打敗玁狁，又命大臣尹吉甫等帶兵直追到太原，更命一個叫做南仲的到朔方（方）去築城，連攻連守，才把玁狁暫時平定了。到了宣王晚年，又興兵征伐住在太原的戎族，卻得不到勝利。到幽王時，戎狄格外強盛起來，蠶食周地，結果犬戎竟把西周滅了。東周之初，戎族在西方擾亂，梁國（在今陝西韓城縣）曾抵抗過「鬼方蠻」，秦文公又趕走了佔居周地的戎族；其後秦、虢等國與西戎就屢有交涉。魯閔公時，以虢國之小也曾擊敗犬戎，可見犬戎已衰。到秦穆公的晚年，西戎全被秦所征服。秦國霸了西戎，西方的戎禍就告一段落了。

狄族的發展

西方的戎禍稍靖，北方的狄寇又起來了。上文說過，狄就是鬼方的一支，與玁狁、犬戎是同族。他們以今山西、陝西兩省為根據地，勢力一直到達了河北、河南和山東。晉曲沃莊伯二年（春秋前九年），翟（狄）人伐晉，一直到了晉都的郊外。晉獻公時晉國強盛，兼併狄土，狄人被驅，同時，黃河下游諸國正互相爭鬥得筋疲力盡，狄人乘勢東侵南下，一時中原諸侯大受他們的威脅，大家懼怕狄人，比懼怕楚人還要厲害些。

戎夷的侵擾

狄之外，春秋初年為中原禍患的還有諸戎。春秋時的戎族，除玁狁後裔的犬戎外，東方的戎國雖與魯盟好，他們也有時為寇，與魯、齊等國爭戰；又曾侵犯過曹國（在今山東定陶縣附近）。北戎的勢力較為強盛，曾侵犯過鄭國，被鄭國打敗，又曾伐過齊國，也被鄭國的救兵殺退。山戎曾侵擾過燕國（這是北燕？都城據說在今河北宛平縣，恐未必可信）。揚拒、泉皋、伊洛之戎曾聯兵伐周，攻破了王城，被秦、晉聯軍所打退（參見下文）。其他諸戎勢力不強，不大為中原之患。總之，春秋時的諸戎雖不及狄族之強，然而中原列國也是受到他們的侵擾的。至於號稱夷族和蠻族的，除了楚外（楚就是蠻夷的一種），在春秋時都不佔勢力，他們和中原就不發生什麼關係。只有淮夷較強，曾侵擾過杞國，詳見下文。

王室的衰微

以上所說的是「攘夷」事業的背景，至於「尊王」事業的背景，那就更容易知道了。東周王室在春秋開始的幾年還有些威權，自從周、鄭繻葛之戰，王師大敗，就一蹶不振；後來又繼續發生內亂：魯桓公十八年，周公黑肩想殺了莊王（桓王子佗，嗣桓王位），擁立當初桓王交給他保護的王子克（莊王弟）為君；有個大夫叫做辛伯的把周公黑肩的陰謀告訴莊王，莊王殺了周公

黑肩，王子克逃到燕國去。這是春秋時周王室的第一次內亂。魯莊公十九年，惠王在位（莊王死，子僖王胡齊立；僖王死，子惠王閬立），周室又發生第二次內亂，由鄭、虢兩國代為平定，惠王酬謝鄭、虢二君，就賜給鄭國虎牢以東的地方，賜給虢國酒泉的地方。於是王畿削小，王室也更趨衰弱了。

「尊王」與「攘夷」政策的關聯

因為王室衰微，所以造成列國互相爭勝的形勢；因為列國互相爭勝，中原內部因不統一而更不安寧，所以又造成戎、狄交侵的形勢。要「攘夷」必先「尊王」，「尊王」的旗幟豎起，然後中原內部才能團結；內部團結，然後才能對外，所以「尊王」與「攘夷」是一致的政策。這是春秋初年的時勢的需要，並不是齊桓公和管仲一二人突然想出來的花樣！

管仲

「五霸」的事業是一部春秋的骨幹，而五霸之中以齊桓、晉文為首。孟夫子說：「《春秋》，其事則齊桓、晉文。」又說：「五霸，桓公為盛。」可見齊桓公的霸業是春秋史中最重要的節目。但是齊桓公的霸業是管仲幫他做成的。管仲字夷吾，據《史記》說他是潁上的人氏，大約是周的同姓管國（在今河南鄭縣）之後。又據《史記》說，他少年時曾與鮑叔牙交好，鮑叔牙知道

他的賢能，很敬重他。管仲那時極貧窮，與鮑叔牙一同出外經商，等到分利息的時候，管仲常常欺侮鮑叔牙，自己多要好處；鮑叔牙始終不同他計較，仍是很善待他。這段故事實在是不甚可信的。我們知道管仲是齊大夫管莊仲的兒子，乃是貴族階級，怎會有微賤而經商的事呢？（商人在古代是微賤的階級）這恐怕只是戰國人用了戰國的時代觀念造出的故事（這段故事始見於《呂氏春秋》）。後來鮑叔牙依屬了公子小白，管仲也做了公子糾的臣子。等到齊襄公去世，公子小白與公子糾爭國時，管仲曾發一箭，射中了小白的衣帶鉤。桓公（小白）即位，打敗魯兵，逼魯國殺死公子糾，把管仲俘虜回來；因鮑叔牙的竭力保薦，管仲竟做了桓公的相，他替桓公規劃政事，先立定了創霸業的基礎。

管仲治齊的政策

管仲替桓公所規劃的治齊國的方法，可分為內政、軍事、財政三方面。他所用的政策，約略說來，是分劃都鄙而集權中央，獎勵農商以充實國富，修整武備以擴張國威。現在根據《國語》等書，就分內政、軍事、財政三項，略敘管仲治齊的政策。

管仲的內政計劃

關於內政方面，管仲所定的計劃是：把國都分為六個工商的鄉，十五個士（兵士的士）的鄉，共為二十一鄉。這十五個士的

鄉，由桓公自己管領五個，上卿國子和高子各管領五個。把國政也分為三項，立出三官的制度：官吏之中立出三宰，工人之中立出三族，市井之中立出三鄉；又立三虞的官，管理川澤的事；立三衡的官，管理山林的事。又規定郊外三十家為一邑，每邑設一個司官；十邑為一卒，每卒設一個卒帥；十卒為一鄉，每鄉設一個鄉帥；三鄉為一縣，每縣設一個縣帥；十縣為一屬，每屬設一個大夫，全國共有五屬，設立了五個大夫。又立出五正的官，也派他們各管一屬的政事，而受大夫的統屬。在每年的正月裏，由五屬大夫把他們治理屬內的成績報告給桓公，由桓公督責他們的功罪。於是大夫修屬，屬修縣，縣修鄉，鄉修卒，卒修邑，邑修家，內政就告成了。

管仲的軍政計劃

關於軍政方面，管仲所定的計劃是：作內政而把軍令寄在裏面。他規定國都中：五家為一軌，每軌設一個軌長；十軌為一里，每里設一個裏有司；四里為一連，每連設一個連長；十連為一鄉，每鄉設一個鄉良人。就叫他們掌管軍令：每家出一個人，一軌有五個人，五人為一伍，由軌長帶領着；一里有五十人，五十人為一小戎，由里有司帶領着；一連有二百人，二百人為一卒，由連長帶領着；一鄉有二千人，二千人為一旅，由鄉良人帶領着；五鄉有一萬人，立一個元帥；一萬人為一軍，由五鄉的元

帥帶領着。全國三軍，就由桓公與國子、高子帶領了。桓公等三人也就是元帥。這便是一種保甲制度，也是一種軍國制度。他們定出這種制度來，每逢春季和秋季借了狩獵來訓練軍旅，於是就「卒伍整於里，軍旅整於郊」了。訓練完成以後，下令全國的人不許自由遷徙，每伍的人有福同享，有禍同當，人與人、家與家之間都互相團結，就做到了「夜裏開戰，只要聽到聲音，大家就不會亂伍；日裏開戰，只要看見容貌，大家就互相認識」的地步；這樣的軍隊自然是最好的了。

那時齊國缺少軍器，管仲又定出一種用軍器贖罪的刑法來。臣民犯了重罪，可以用一副犀牛皮製的甲同一柄車戟贖罪；犯了輕罪，可以用一副皮製的盾同一柄車戟贖罪；犯了小罪，可以用銅鐵贖罪；打官司的人必須用一束箭做入朝聽審的訟費。這樣一來，甲兵也便充足了。

管仲的財政計劃

關於財政方面，管仲所定的計劃是：「相地衰征」（衰是等差的意思，征是賦稅；相地衰征，就是看土地的好壞來等差賦稅的輕重），通貨積財，設「輕重九府」之制，觀察年歲的豐凶、人民的需要來收散貨物，製造錢幣，由官府掌管。更提倡捕魚煮鹽的利益。於是齊國就富庶了。

管仲政策的批評

我們綜看管仲治國的方法（雖然《國語》等書的記載未可盡信，但必保存些當時的真相的影子），實在是一個大政治家的手腕。他知道治國的要點先在分劃內政和統一政權；富國的要點先在整理賦稅和發展農商，而由國家統治經濟。尤其可以佩服的，是他把軍令寄在內政上，使武備不為獨立的擴張。兵屬於國，民屬於兵，兵民合為一體，國家豈有不強盛的道理。即此可以知道一國的強盛固然需要其他內在和外在的條件，而大政治家的有益人國，也是絕對不可否認的事實！

齊魯宋的爭衡

在齊桓公稱霸以前，還有齊、魯、宋三國爭衡的一段歷史，這為自來研究春秋史的人們所不大注意的。現在我們先把它挑出來談一談：原來當齊桓公尚未成霸時，魯國曾強盛過一時。當魯莊公十年，齊國起兵伐魯，大約是報上年魯國伐齊納公子糾的怨恨。那時魯國雖剛吃了敗仗，但元氣尚不甚損傷，齊兵來時，恰巧魯國有個很有智謀的人叫做曹劌，他去見魯莊公，談了一會，很合莊公的意思；莊公便帶了他起兵在長勺的地方與齊兵開戰。曹劌勸莊公先不要擂鼓（擂鼓便是準備開戰的信號），等到齊兵擂了三次鼓，見魯兵始終不動，正在發呆的時候，曹劌才請莊公擂鼓進兵，一下子就把齊兵打得大敗而逃。曹劌又勸莊公不要就

追，自己先下車去看看齊兵的車跡，再登車望望齊兵的旗幟，才
請莊公發兵追趕，這一仗魯兵就得了個大勝利。曹劌先叫莊公不
要擂鼓的原因，是為了鼓是興奮軍氣的物事，多擂了，軍氣便衰
竭了；齊兵的軍氣已竭，魯兵的軍氣方盛，所以齊兵便被魯兵打
敗了。他叫莊公不要就追的原因，只為齊是大國，難以猜度，恐
怕齊兵假敗，另有埋伏；後來他看了齊兵的車跡紊亂，旗幟也倒
了，知道他們是真敗，所以又請莊公追趕。曹劌的舉動是很合兵
法的。查曹劌和管仲都是下級的貴族，他們都很有才能，一個被
齊用，一個為魯用，可見在當時較次的階層已漸漸抬頭了。

　　魯國勝了這一仗以後，國勢便振起了，於是起兵侵宋。齊國
不服，又聯合了宋兵來打魯國，兩國的兵駐在郎的地方。魯國的
大夫公子偃對魯莊公說道：「宋國的軍隊很不整齊，我們可以先
把他打敗。宋兵敗了，齊兵自然回去。」莊公不聽他的話，他就
自己帶了軍隊從南城門偷偷出去，在戰馬的身上蒙了虎皮，先沖
宋營；莊公帶了大兵接應上去，把宋兵在乘丘地方（在今山東滋
陽縣附近）打得大敗。宋兵既敗，齊兵果然自己回去了。次年，
宋國為了報復乘丘之敗，又起兵來侵魯國。莊公發兵抵禦，乘宋
兵尚未結陣的時候衝殺過去，又把宋兵在鄑的地方打敗了。

宋國的第二次內亂

　　宋國被魯國打敗兩次，內部又發生了變亂。先是乘丘之戰，
宋國的勇將南宮長萬被魯莊公親自用了「金僕姑」（箭名）射倒，

給魯兵擒了去。宋國因他是本國的勇士,向魯國請求釋放;魯國
答應了,放他回國。那時宋國的君主是宋閔公(莊公子捷,嗣莊
公位),他當面取笑南宮長萬道:「從前我為了你勇敢,很敬重
你;現在你做了魯國的囚虜,我要改變態度了。」南宮長萬聽了
這話,惱羞成怒,圖謀作亂,在魯莊公十二年的秋天,他在蒙澤
地方對閔公下了毒手,又殺死大夫仇牧和太宰華督,擁立公子遊
為君。宋國的羣公子逃奔蕭地,閔公的弟公子御說逃奔亳地;南
宮長萬派他的兒子南宮牛和部將猛獲帶兵圍困亳邑。宋國蕭邑的
大夫蕭叔大心同了宋戴公、武公、宣公、穆公、莊公的後裔發動
曹國的兵反攻南宮長萬,先到亳地把南宮牛殺死,又打到宋都殺
了公子遊。他們奉公子御說為君,是為桓公。猛獲逃奔衞國,南
宮長萬逃奔陳國。宋國向衞國要回猛獲,又用賄賂向陳國要回南
宮長萬,把他們都殺了。

齊國獨強局面的造成

　　那時齊國已滅了譚國(在今山東歷城縣附近)。魯莊公十三
年,齊國邀集宋國、陳國、蔡國、邾國在北杏地方會盟,平定宋
國的內亂,徵召遂國(在今山東寧陽縣)赴會;他們沒有前來,
齊國就把遂國滅了。魯國那時連敗齊、宋的兵,本很強盛,但因
諸侯都歸附齊國,寡不敵眾,又因鄰近的遂國被齊國所滅,感到
威脅,便也只得和齊國在柯的地方結盟,開始與齊通好。就在那

年，宋國大約因齊、魯結合，而魯國是宋的敵人的緣故，背叛了齊國。次年，齊桓公邀集陳、曹兩國的兵伐宋，又向周室請派王師。周王派單伯帶領軍隊跟三國的兵會合伐宋，於是宋國只得屈服了。自從鄭莊公假借王命征伐諸侯以後，這是「挾天子以令諸侯」的事業的第一次重現。

便在這時，鄭厲公從櫟地攻打鄭國，到大陵地方捉住鄭子儀的臣子傅瑕；傅瑕情願投降，替厲公做內應；厲公與他結盟，放他回國。傅瑕回去就殺了子儀同他的兩個兒子，迎厲公復位。厲公回國，恩將仇報，殺了傅瑕；又怨大夫原繁不向自己，也把他生生逼死。這可見厲公手段的毒辣，不亞於他的父親莊公。厲公看清了時勢，復位以後就與齊國聯結。齊桓公又邀單伯與宋、衛、鄭三國在鄄的地方（在今山東濮縣附近）會盟；第二年，齊、宋、陳、衛、鄭五國在鄄地又重會了一次。《左傳》上說齊國就在這次盟會裏開始稱霸了。

我們綜看齊桓公創霸的經過，他的政策是先想征服魯國，不成，便聯結宋國；用了兩個大國的聲威，團結陳、蔡、邾諸小國成一個集團，又滅了遂國做榜樣，硬把魯國逼服。魯國歸服以後，宋國背叛齊國，桓公又邀合諸小國，假借了王命把宋國打服。魯、宋兩大國既服，鄭本是齊黨，衛本是宋黨，自然都來歸向了。這可見齊桓公創霸時的對象是魯、宋兩國，只要征服了魯和宋，霸業的基礎便建築完成了。

齊桓霸業總論

齊桓公的霸業可以分作三個時期來講。第一時期約從魯莊公十五年起至二十八年止，這個時期可以說是聯結中原諸侯的時期。第二時期約從魯莊公二十八年起至魯僖公四年止，這個時期可以說是安內攘外的時期。第三時期約從魯僖公五年起至十七年止，這個時期可以說是尊王和霸業成熟的時期。現在先說第一時期。

魯鄭的叛離與征服

當魯莊公十五年的春天，齊桓公再合諸侯於鄄，開始稱霸以後，這年夏天，魯夫人文姜也到齊國結好，可說黃河下游的魯、鄭、宋、衞四大國已都服了齊國。但那時諸侯內部還未完全和協，鄭、宋兩國的世仇也還未盡解釋。就在這年秋天，齊、宋、邾三國去伐郳國（就是小邾國，在今山東滕縣附近），鄭國偷乘了這個機會便起兵侵宋，於是次年，齊、宋、衞三國的兵伐鄭。楚國這時也來伐鄭，一直打到櫟的地方。這是齊、楚兩大國努力以鄭國為衝突焦點的開始。這年冬天，因鄭國降服，齊、魯、宋、陳、衞、鄭、許、滑、滕諸國又在幽的地方同盟了一次。不久，鄭國又不肯去朝齊國，於是齊國拘了鄭國的執政大臣鄭詹。遂國的遺民也在這時起來撲滅了齊國的駐兵。鄭詹從齊國逃奔魯國。魯國在這時與莒聯結，夫人文姜兩次往莒，大約也想背叛齊

國，所以齊、宋、陳三國伐魯西鄙。

這時王室也發生內亂，大夫蒍國等聯結了蘇、衛、燕等國擁立王子頹（莊王子）為君，周惠王奔鄭，由鄭、虢兩國保護惠王回國平亂復位。已見上文。大約鄭國因得罪齊國，所以與王室聯絡，想借王命來抗齊。衛國這時是齊黨，衛國叛王起兵伐周，擁立王子頹，齊國不去責問，也很有助逆的嫌疑，這場安定王室的大功竟讓鄭國佔了。要不是鄭厲公不久就死，以厲公的手腕，很可能聯合西方諸侯（如晉、秦、虢等國）奉了王室另外結成一個團體，以與齊國對抗。如果這樣一來，春秋中世史就會變換個樣子，齊國的霸業或者就此終結也未可知。幸而鄭、虢兩國因爭周王的賞發生嫌隙，周、鄭的國交也因此破裂，厲公不久又去世了，所以齊國得以乘機服了魯國，與魯互通姻好，國交日睦；因勢又服了鄭國，邀合諸侯再盟於幽，於是霸業大定。周工也派了召伯廖來賜齊桓公的命，叫他伐衛，討立王子頹的罪。齊桓公觀察情形，早已丟開衛國，這時奉了王命，大張旗鼓的去伐衛，大敗衛兵，以王命數責他的罪，卻取了賄賂回去。衛國既服，黃河下游諸國就結成一個團體了。以上第一時期。

楚國的北略

當齊桓公開始稱霸的時候，楚國已滅了息、鄧等國，攻入蔡國，跟着又伐鄭國，勢力已發展到中原。隔了兩年，巴國伐楚，楚文王起兵抵禦，因有內亂的緣故，打了個大敗仗；回國時管城

門的官吏鬻拳不肯開門，硬逼文王再去伐黃國，把黃國的兵打敗，保全了楚國的聲威。文王回到湫的地方，得疾去世；鬻拳把他葬在夕室，也自殺了。文王的兒子堵敖熊囏即位，被弟弟熊惲殺死；熊惲自立，是為成王。魯莊公二十三年，楚成王開始派使聘問魯國，這是楚國與東方諸侯交通之始。

魯莊公二十八年的秋天，楚令尹子元又帶了六百乘兵車伐鄭，打進鄭國的外城，一直攻入大街市井。鄭國卻連內城的閘門也不下，兵士們學了楚國的方音出門應敵。楚兵被他們的空城計嚇倒，不敢前進。恰巧這時齊、魯、宋等諸侯的兵來救鄭國，楚兵就連夜逃走了。鄭國人本想逃到桐丘的地方去避難，間諜報告說，楚兵的營幕上已有烏鴉停着，大家知道楚兵已去，方才停住不走。楚令尹子元從鄭國回去，竟佔住了王宮，被大夫申公鬥班殺死，由一個叫鬥穀於菟的繼為令尹。鬥穀於菟就是那赫赫有名的令尹子文，他是一個很能幹的人，他當時楚國內亂未定，就自己毀了家來安定國難。楚國得了這樣的賢臣，從此便格外強盛了。

山戎的征討

此時山戎常常侵擾燕國，齊桓公起兵征伐山戎，直打到孤竹國，得勝回來。於是燕國也入了齊國的黨。齊國的勢焰大盛，魯國甚至於替管仲修築私邑小穀的城，藉此向齊國討好。齊、楚兩國的勢力既都發展到相當的程度，終不免有一次衝突。齊國勢力較大，便先謀伐楚，向諸侯請會。

魯國的第二次內亂與齊桓的安魯

就在這時，魯國又發生內亂。先是魯莊公娶了大夫党氏的女兒孟任，生個兒子叫般；般長大後，有一次魯國雩祭，先在一家梁氏的家裏演習祭禮，莊公的女兒去看演禮，有個圉人（馬伕）叫做犖的從牆外調戲了她，被般知道，把犖責打，犖因此記下對公子般的仇恨。魯莊公三十二年，莊公得病將死，向他的異母的三弟叔牙問立後的事，叔牙道：「二哥慶父（叔牙的同母兄）很有才幹，可以繼位為君。」莊公又向他的同母的四弟季友詢問，季友道：「臣願以死力奉般為君。」莊公告訴他，叔牙曾保舉慶父，季友便假託君命，派一個叫鍼季的用毒酒把叔牙毒死了。不久莊公去世，季友奉般即位，暫駐在党家；慶父利用圉人犖對般的仇恨，派他到党家把般刺死，季友逃奔陳國。魯人又奉莊公的庶子啟方即位，是為閔公。

魯閔公初立，內亂未定，就與齊桓公在落姑地方結盟，請齊國叫季友回國。齊桓公答應了，便派人到陳國去叫季友回來。齊國又派了大夫仲孫湫來省問魯國，仲孫湫回去報告桓公道：「不把慶父除了，魯國的國難是不會完結的。」桓公便問：「怎樣除去慶父？」仲孫湫答道：「他作亂不息，自會自己走到死路上去的，你可以姑且等候着！」桓公又問：「我們可否乘機取了魯國？」仲孫湫道「魯國還保存着周禮，未可輕動，你應當竭力安定魯難，才是正理！」不久，魯閔公又被慶父派人害死，季友奉莊公另一庶子公子申逃奔邾國，慶父也因對付不下國人而逃奔莒

國。慶父既去，季友就回國奉公子申即位，是為僖公；送賄賂到
莒國，請求他們把慶父押解回國，莒國答應了，送慶父來，慶父
自知罪大，在半路上自殺了。這時齊國又派上卿高子來與魯國結
盟，竭力拉攏魯國，魯國的國難就從此平息。

狄人的南侵與邢衛的救護

此時狄人起兵攻打邢國（在今河北邢臺縣附近？），管仲對
齊桓公說道：「戎狄的性情和豺狼一般，沒法使他們滿足的；諸
夏之國都是親戚，不可丟了他們；安樂是酖毒，不可過分留戀。
請你起兵救邢罷！」桓公聽了他的話，就發兵去救了邢國。不久
狄人又起兵伐衛，衛懿公（惠公子赤，嗣惠公位）起傾國之師抵
禦，在滎澤地方開戰，衛兵大敗，懿公被殺。狄人長驅攻入衛
都，竟滅了衛國；並追殺衛國的遺民，直至黃河。宋國救出衛國
的遺民，男女只有七百三十個人。添上了共、滕兩邑的居民，剛
湊滿五千人，就在曹地（在今河南滑縣）立了衛惠公庶兄昭伯的
兒子申為君，是為戴公。齊桓公派他的兒子公子無虧帶領三百乘
兵車、三千名甲士替衛國戍守曹邑，又送給衛君乘馬、祭服和牲
口、木材等等，並送給衛夫人乘車和做衣服用的細錦。這時鄭國
命大夫高克帶兵駐守河上，大約也是防禦狄人的。駐兵竟致潰散
而歸，這也可見狄人的強盛了。隔了些時，狄兵又攻邢很急，齊
桓公再邀宋、曹兩國的兵救邢。邢國的人逃出城來，投奔諸侯的
軍隊。諸侯的兵趕走狄人，把邢國遷到夷儀地方（在今山東聊

城縣？），齊桓公更命諸侯的軍隊替邢國築了城。衛國的戴公去世，弟文公毀即位，齊桓公又帶領諸侯的軍隊修築楚丘城（亦在今河南滑縣），把衛國遷到那裏。《左傳》上形容這兩國人民的高興，說「邢國的遷徙好像回家一樣，衛國也忘記了滅亡了。」（衛文公穿了粗布的衣，戴了粗帛的冠，以儉樸治國，努力復興事業，提倡農工商和教育，並任用能臣，不久衛國便漸漸復興了）這安魯、救邢、存衛，是齊桓公的三件大功業。

齊楚的爭衡

北方的狄難未息，南方的楚患又起。

魯僖公元年，楚國再起兵伐鄭。齊桓公邀諸侯在檉的地方盟會，圖謀救鄭。從魯僖公二午到三年，齊國又結合了宋、江、黃（江在今河南息縣附近，黃在河南潢川縣附近）三國在貫和陽穀地方接連盟會了兩次。江、黃兩國本是楚的與國，到此時也歸入了齊國的掫下了。齊國的勢力越發擴張，楚國恰在這時連次伐鄭，齊桓公便召合魯、宋、陳、衛、鄭、許、曹等國的兵侵蔡（蔡這時是楚國的與國），蔡民潰散，諸侯的兵就順道伐楚。

楚王派了一個使者來質問齊桓公道：「你住在北海，我住在南海，任何事情都是沒有關涉的。這次你們會到我們這邊來，不知是為了什麼事？」管仲代桓公答道：「從前召康公奉了周王的命令，曾對我們的先君太公說過：『五種侯，九個伯，你都可以專征！東邊到海，西邊到河，南邊到穆陵，北邊到無棣，你都去

得！』你們不向周王進貢祭祀用的灌酒的包茅，已是失禮；況且周昭王南征，死在半路上，與你們也不無關係。我們現在前來，正是為的責問這個。」楚使答道：「不進貢確是我們寡君的罪；至於昭王南征不歸的一件事，你只好到水邊上去責問了！」齊桓公見楚國的態度強硬，便進兵駐在陘的地方（在今河南郾城縣附近）。楚王又派一個大夫叫做屈完的到諸侯的軍營裏來講和，諸侯的兵便退駐在召陵地方（亦在今河南郾城縣）。齊桓公陳列了諸侯的軍隊，招屈完同車前去，指點給他觀看，說道：「帶了這許多人馬去打仗，誰還能抵擋得？帶了這許多人馬去攻城，還有什麼城不可攻破？」屈完答道：「您若用德義安撫諸侯，誰敢不服；如果用兵力來威脅我們，那末楚國可以把方城山當城，把漢水當池，城這麼高，池這麼深，你的兵雖多，也是沒用的呵！」齊桓公一聽屈完的話厲害，便許他與諸侯結了盟。

齊桓的東略的開始

伐楚的事剛剛完結，不料諸侯內部就鬧出了意見。原來那時諸侯的軍隊中有一個陳國的大夫轅濤塗，對鄭國的一個大夫申侯說道：「各國的兵如果打從我們兩國之間回去，我們的本國一定要受到很大的破費。如果再到東方去，向東夷示威一次，循着海邊回去，豈不很好！」申侯說：「這個辦法不錯！」轅濤塗聽了申侯讚成他的話，就把這個回兵的計劃去告訴齊桓公，齊桓公答應了。回兵行到東方，軍隊因疲勞的緣故很受損失。申侯反去見

齊桓公說道：「我們的軍隊疲乏了，打從東方回去，遇到敵人，恐怕要失敗的。如打從陳、鄭兩國之間回去，叫他們供給軍隊的糧餉器物，豈不是好！」齊桓公一聽這話不錯，便把鄭國的虎牢地方賜給申侯，而把轅濤塗拘押了。一方又派魯國同江、黃兩國的兵去伐陳國，討他不忠於諸侯的罪。過了些時，齊、魯、宋、衛、鄭、許、曹等國又聯兵侵陳。陳國趕快向諸侯求和，齊國才把轅濤塗放了回去。以上第二時期。

周室的安定

那時周惠王想廢黜他的太子鄭而立少子叔帶為太子，周室內部又發生不寧的現象。魯僖公五年，齊桓公又邀合諸侯與太子鄭在首止地方結會，圖謀安定周室。陳國的轅濤塗這時和鄭國的申侯也在會，轅濤塗怨恨申侯前次給他當上，便在這時反勸申侯修築齊桓公賜給他的采邑虎牢，更替他向諸侯請助，就把虎牢城修築得很堅固。等到這座城修好以後，轅濤塗便到鄭文公（厲公子捷，嗣厲公位）面前去說申侯的壞話：「申侯修築他的賜邑很堅固，目的是想叛你呀！」鄭文公聽了他的讒言，申侯從此得了罪了。諸侯在首止結盟，周惠王卻派大臣周公去召鄭文公來，勸他道：「我保護你去服從楚國，再叫晉國輔助你，可以不受齊國的氣而得到安寧了。」鄭文公正怕齊桓公與他的臣子申侯聯絡，於他不利，得了王命，很是喜歡，卻又畏懼齊國，就不與諸侯結盟，私自逃回國去；於是諸侯的兵伐鄭，圍住鄭國新密地方。楚

國這時滅了弦國（在今河南潢川縣附近），因救助鄭國，又把許國圍住；諸侯的兵救了許國就放下了鄭國了。隔了一年，齊國又起兵伐鄭。鄭文公殺了申侯向齊國解說。諸侯在寧母地方結盟，管仲勸齊桓公修禮於諸侯，命諸侯向周王修職貢之禮。就在這時，鄭伯派太子華聽命於會，太子華卻對齊桓公說道：「我們國內的泄、孔、子人三家實在是違背你命令的主謀者，你若除去這三家，我就可以拿鄭國做你的內臣了。」

這是鄭太子華要想借了齊國的勢力自立為君的計劃。齊桓公將要答應他，管仲忙諫止道：「你以禮和信聯結諸侯，現在幫助兒子反叛父親，這是不合理的事情，諸侯定要不服的。你如不答應鄭太子華的請求，鄭國是一樣會降服的。」齊桓公聽了管仲的話，就辭謝了鄭太子華；太子華從此得罪於鄭君（後被鄭君所殺），鄭國果然來向齊國乞盟了。

就在這時候，周惠王去世，太子鄭很怕他弟弟叔帶要作亂，便不發喪，先向齊國乞援。魯僖公八年，齊國邀合諸侯與周人在洮的地方結盟，鄭國也來請盟，諸侯奉太子鄭即位，是為襄王。襄王定了位，然後才敢發喪。

葵丘之會

隔了一年（魯僖公九年），齊桓公又邀魯、宋、衛、鄭、許、曹等國在葵丘地方（在今河南考城縣附近）相會修好，周襄王派了大臣周公（宰孔）來賜給齊桓公祭肉。齊桓公將要下堂行

拜禮，周公又傳周王的後命道：「伯舅（天子叫異姓的諸侯為伯舅）的年紀大了，加賜一級，不必下拜！」齊桓公敬謹答道：「天威不遠就在面前，小白怎敢貪受天子的恩命，廢掉下拜的禮節。」他就下階行了拜禮，再登堂接受王賜。在這裏我們可以看出一點消息，就是周天子的威嚴在春秋以前表面上反沒有這樣煊赫，到了此時，周天子的真正實力已消滅無遺，而他的威嚴在表面上反而比前格外煊赫起來，這就是霸主的手段和作用。因了一班霸主「尊王」的權術，君臣間的禮制才謹嚴了。後來的儒家特別注重君臣的禮節，他們號為祖述三王，實在乃是祖述的五霸啊！這年秋天，齊桓公與諸侯又在葵丘結盟，發出宣言道：「凡我同盟的人，既盟之後，大家都要相好！」又申明周天子的禁令道：「不可壅塞泉水！不可多藏穀米！不可改換嫡子！不可以妾為妻！不可使婦人參預國事！」這次盟會就是歷史上有名的「葵丘之會」，是齊桓公創霸的一場壓軸好戲。

齊霸的漸衰

不久，晉國的獻公去世，國內發生變亂（詳見下章），齊桓公帶了諸侯的兵伐晉，到了高梁地方（在今山西臨汾縣附近）就回去了。後來又派大夫隰朋帶兵會合周、秦兩國送晉惠公回國即位。這是東方的國家與西方黃河上游的國家正式發生關係之始。

隔了一年（魯僖公十一年），周襄王的弟弟叔帶招了揚拒、

泉皋、伊洛之戎來打周國，攻進了王城，焚毀了東門。秦、晉兩國發兵伐戎救周。楚國在這時也滅了黃國。狄兵也再來滅了溫國（就是蘇國，周王畿內的諸侯，在今河南溫縣附近），並侵擾衞、鄭等國。齊桓公只能聯合許國去伐了北戎，以牽制入寇的戎狄；並發諸侯的兵替衞國修築城郭；又派了管仲、隰朋兩人替周室、晉國跟戎人講和。他既不能討平戎族，又不能征伐楚國，更不能征服狄人。齊國的霸業到此時實在已經中衰了。

魯僖公十三年，齊桓公為了淮夷侵擾杞國和戎族侵擾周室，又邀諸侯在鹹的地方盟會，諸侯的兵替周室守禦。次年，又與諸侯修築緣陵的城，遷了杞國過去。不久，楚國又起兵攻打徐國，諸侯盟於牡丘，起兵伐厲（楚的與國）以救徐，不得勝利，結果仍被楚國將徐國的兵在婁林地方打敗了。又隔了一年（魯僖公十六年）周王再向齊國警報戎難，齊桓公再徵集諸侯的兵駐守周地。就在這年，齊國又邀諸侯在淮水上盟會，替鄫國（在今山東嶧縣附近）修築城池，防禦淮夷，並想起兵向東夷示威，不料築城的人多害了病，城沒有築成就班師了。次年，齊國又與徐人伐了楚的與國英氏。此時魯兵滅了項國，魯僖公還在諸侯的會（淮之會）上，齊桓公責問魯國滅小國的罪，就把僖公拘下了。魯夫人聲姜為了僖公的事，與齊桓公在卞地相會，齊國才把僖公放回。這年的冬天，齊桓公就去世了。以上第三期。

齊桓霸業結論

統看齊桓公的霸業，他的勢力實在只限於東方一帶。黃河上游的秦、晉和南方的楚，北方的狄，他並不把他們征服。他的實力實在還很單薄，只靠了諸侯的團結，才勉強做出一點場面來。至於他的功績，約略說來，在安內方面，是有相當的成就的；對於攘外，卻多半隻做出一些空把戲。然而中原的所以不致淪亡，周天子的所以還能保持他的虛位至數百年之久，這確是他的功勞，至少可以說這個局面是他所提倡造成的。倘使沒有齊桓公的創霸，那時晉國未強，中原沒有大國支撐，周室固然不能免於滅亡，就是中原全區，也一定被蠻族踐踏了。所以後來的孔夫子便說：「管仲輔相齊桓公，做了諸侯的霸主，一匡（正）天下。要沒有管仲，我們都要披散頭髮，衣襟開向左邊，成為蠻族統治下的人民了！」這段話確是極公正的批評。即此可見齊桓公與管仲兩人對於保存中原種族和文化的偉大的功績！

第八章

秦晉的崛起與晉文稱霸前的
國際形勢

黃河上游的形勢－晉國的統一－晉獻的發展－秦國的發展－
晉國的第二度內亂－秦晉的爭衡－春秋初年秦晉兩國歷史的獨立
性－齊霸的結束－宋襄的圖霸－楚宋的爭衡與宋的失敗－楚國的
強橫－周室的大亂－中原的新危機

黃河上游的形勢

所謂「黃河上游」是指洛邑以西的今河南、山西西部和陝西
一帶地方。在這區域內，較大的國家除周以外，有晉、秦、虞、
虢等國。其中晉國扼居河曲一帶，表裏山河，四面都是戎狄的小
部落，地大勢固，又易發展。秦國偏居河西，出口為晉、虞、虢

等國所扼，雖便於守，卻難於攻。虞、虢兩國地勢最為險要：虞扼茅津，虢據殽函，可惜兩國地小勢孤，反被晉人所滅。晉國得了虞、虢，便西向足以制秦，東向足以爭霸。晉國在春秋時為第一強國，便是這個原因！

晉國的統一

當齊桓公「九合諸侯」稱霸黃河下游的時候，黃河的中上游已有兩個大國起來，這便是晉與秦。晉鄂侯六年（魯隱公五年），曲沃莊伯聯合了鄭、邢兩國的兵伐翼（晉都。晉本國此時也稱作翼，像商因都殷而稱作殷一樣），周桓王也做人情，派尹氏、武氏去助曲沃；鄂侯受這強力的壓迫，只得逃奔到隨邑（晉地）。不久曲沃背叛周宰，周王又派虢公帶兵討伐，立鄂侯的兒子光為晉君，是為哀侯。次年，翼國的大族在隨地迎接前晉君，把他送入鄂邑（在今山西寧鄉縣），這便是「鄂侯」名號的由來。那時晉國的本邦也是鄂侯、哀侯父子兩君並立着。魯隱公七年，曲沃莊伯去世，子稱繼位，是為曲沃武公。魯桓公三年，曲沃武公伐翼，在汾隰地方把哀侯擄獲殺了，晉人又立哀侯的兒子小子侯為君。魯桓公七年，曲沃武公又誘殺了小子侯，順勢滅了翼國。周桓王幫定了翼，派虢仲立哀侯的弟緡為晉君；又派虢仲帶領芮、梁、荀、賈四國的兵去伐曲沃。但是曲沃的勢力一天強似一天，周王到底壓抑不住。到了魯莊公十六年（就是齊桓公開始稱霸的次年），曲沃武公又起兵伐晉，滅了侯緡。到這時，周僖

王沒法對付，只得承認這既成事實，就派虢公去任命曲沃伯主領
一軍為晉侯，是為晉武公。從此曲沃的支庶之封竟成了正式的諸
侯了。從桓叔初封曲沃到武公並晉，晉國共計分裂了六十七年，
到了此時才重告統一。武公剛做了晉侯，便聽了周臣蒍國的鼓
動，去伐周的夷邑，殺死夷邑大夫夷詭諸（在併晉以前，武公已
曾伐過夷邑，俘獲夷詭諸），鬧得周室的執政大臣周公忌父因此
逃奔虢國。於此可見王室勢力的衰微和曲沃的強橫了。

晉獻的發展

魯莊公十七年，晉武公去世，子佹諸繼立，是為獻公。獻公
是一個雄主，晉國強盛的基礎完全在他的手裏造成。他即位以
後，便與虢國朝王，受了周王的賞賜，國際地位漸高。那時曲
沃桓叔與莊伯的後裔在晉國很驕橫，逼迫公室，獻公用了大夫士
蒍的計策離間桓、莊之族的內部，使他們自相殘殺，結果獻公竟
把羣公子統統殺死，內患告靖，政權便集中於中央了。獻公平定
內患以後，定都絳邑（獻公北廣翼都，稱為絳邑），漸漸向外發
展。魯閔公元年，晉獻公始作二軍，起兵打滅耿（在今山西河津
縣）、霍（在今山西霍縣）、魏（在今山西芮城縣）三國，把耿、
魏賜給臣下趙夙和畢萬，這就伏下了後來三家分晉的根苗。次
年，獻公又因狄人的東南下（攻伐邢、衛），派太子申生帶兵伐
狄族東山皋落氏（在今山西垣曲縣一帶），敗狄兵於稷桑，可見
晉國國勢到此時已很強盛了。在此以前，虢國曾再度起兵侵晉，

獻公想報復這仇恨，就用了大夫荀息的計謀，把自己珍藏的屈地所產的良馬和垂棘地方所出的寶玉送給虞國，向他借道伐虢（虢在虞南，晉在虞北，所以晉伐虢定要借道於虞）。虞公是個很貪利的人，見了寶物，便一口答應晉國，並且情願起兵助晉伐虢。那時虞國有個很有智謀的大夫叫做宮之奇的看破晉國的陰謀，諫勸虞公不要讓道給晉國出兵；虞公不聽，竟興師會合晉兵伐虢，破滅了虢國的要邑下陽（在今山西平陸縣）。

隔了三年（魯僖公五年，就是齊桓公伐楚的次年），晉國又向虞國借道伐虢，破了虢都上陽，就把虢國全吞滅了。回兵駐在虞地，順勢又滅了虞國。虞、虢既滅，晉國就更強大，再敗狄兵，開始想參預中原諸侯的盟會了。

秦國的發展

秦國自從文公趕走戎族，佔有了岐山一帶的地方，國勢已漸漸強盛起來。文公再傳到寧公，徙居平陽（在今陝西岐山縣），派兵伐滅蕩社（西戎亳國邑名，約在今陝西三原縣）和蕩氏。又曾侵芮圍魏，生俘芮伯回國（後來又把他送回）。寧公死後，秦曾內亂，後寧公長子武公嗣位，興兵伐彭戲氏（即彭衙），到了華山的下面。更伐滅邽、冀戎（或說絡戎約在今甘肅天水縣，冀戎約在今甘肅甘谷縣），開始建立縣制。又取了杜國（在今陝西長安縣）和故鄭國（在今陝西華縣）的地，滅了小虢國（在今陝西寶雞縣，據說是西虢之餘）。武公死，弟德公嗣位，遷都雍邑

（在今陝西鳳翔縣）。德公死，長子宣公嗣位，曾戰敗晉人。宣公死，弟成公嗣位。成公死，弟穆公任好嗣位。穆公是個很有為的君主，即位後，就伐敗茅津戎。他娶了晉獻公的女兒做夫人，與晉通了姻好，重用虞人百里奚（本是虞公的臣子，被晉所虜，晉國把他當做陪嫁的媵臣）和蹇叔們，勢力更向東方發展，於是與晉國就時常發生接觸了（後來在魯僖公十八九兩年，秦國又蠶食在黃河西岸的梁國的土地，把他滅了）。

晉國的第二度內亂

晉獻公雖是個雄才大略的君主，但他對於女色方面卻是非常糊塗。他先娶了賈國的女兒做夫人，沒有兒子；就收納了他的庶母齊姜為妻，生了一男一女：女的嫁給秦穆公做夫人，男的叫做申生，立為太子。他又在戎國娶了兩個庶妾，生了兩個兒子，叫做重耳與夷吾。後來獻公伐驪戎，又收納了驪戎之君的女兒驪姬同她的妹妹。驪姬很為獻公所寵，被立為夫人。驪姬生個兒子，叫做奚齊，她的妹妹生個兒子，叫做卓子。驪姬想立她的兒子為太子，便勾連獻公的外嬖梁五與東關嬖五兩人，叫他們勸獻公派太子申生去守曲沃（在今山西聞喜縣），重耳去守蒲邑（在今山西隰縣），夷吾去守屈邑（在今山西吉縣），羣公子都去駐守各處邊地，只留驪姬同她妹妹的兒子在絳都。他們一切佈置好了以後，又使用一條毒計，先由驪姬叫申生去祭祀他的母親齊姜（那時齊姜已死），等到申生在曲沃祭祀之後，把祭肉進獻給獻公，

獻公剛在外面打獵，驪姬把肉放在宮裏，過了六天，獻公才回來，她在肉裏放了毒藥，然後進獻上去；獻公試出肉裏有毒，驪姬便乘機訴説申生想弒父自立，於是激怒獻公，把太子申生活活逼死。申生死後，驪姬又訴説重耳、夷吾都與申生同謀，獻公就派人去殺二公子，逼得重耳逃奔狄國，夷吾逃奔梁國。驪姬把羣公子統統趕掉，她的兒子奚齊便被立為太子。不久，獻公得病，把奚齊託給他的太傅荀息。獻公去世，荀息擁奚齊即位；晉大夫里克、郤鄭們想迎立重耳為君，便糾合了三公子（申生、重耳、夷吾）的徒黨在喪次殺死奚齊。荀息又立奚齊的弟卓子為君，里克更把卓子殺死，荀息也殉了難。於是晉國走入了混亂無君的狀態。

秦晉的爭衡

這時公子夷吾在梁國，想回國為君，向秦國請求援助。秦穆公看見晉國內亂，正想乘機撈些便宜，便要約夷吾把晉國河外（黃河之南）一帶地方送給秦國做援助他的報酬，夷吾答應了。秦國便聯合齊國和周室送夷吾回國即位，是為惠公。惠公回國之後，先殺了里克、郤鄭們，除去內部的有力人物，對外更想賴掉送秦國的賄賂，於是內外都對他不滿意。不久晉國荒年，向秦國乞糴，秦國運送了很多的穀米給晉。過了幾時，秦國也遭了饑荒，向晉國乞糴，晉國卻拒絕了；於是激惱秦國，起兵伐晉。惠公發兵抵禦，秦兵深入到了韓原地方（今山西河津縣和萬泉

縣間），兩軍激戰；晉兵大敗，惠公被秦兵生擒了去。幸而秦穆公的夫人是惠公的姊妹，聽得惠公被擄，便帶了兒女走到一所臺上，腳下踏着薪柴，拿尋死要挾穆公，逼他與晉國講和；晉國的大臣陰飴甥與秦穆公在王城地方結盟，也用話諷示穆公向他請求釋放惠公。過些時，穆公果然把惠公放回國去，一面收取了晉國河東地方，達到要挾的目的。惠公回國，更把他的太子圉送到秦國做押當，這時晉國差不多完全被秦國壓服了。

春秋初年秦晉兩國歷史的獨立性

這段秦、晉的興起與爭衡的歷史，在春秋初期的歷史裏差不多另成一片段。春秋初期的歷史在地域上可以分成三方面：第一方面是黃河下游諸國的歷史，這是春秋初期歷史的中心；第二方面是長江上游楚國和漢東諸國的歷史，這一地域在春秋初期的後半期已與黃河下游諸國發生相當的關係；第三方面便是黃河上游秦、晉、虞、虢諸國的歷史，這一地域直到春秋中期才與上兩地域正式的發生關係，在此以前，它的歷史是獨立的，自應當分別敘述。

齊霸的結束

從魯莊公十五年，齊桓公再合諸侯於鄄，開始稱霸，到魯僖公十七年，三十餘年間，「九合諸侯，一匡天下」，齊國的盟主

地位始終沒有變遷。直到齊桓公去世，齊國才漸漸中衰了。原來齊桓公雖是個有名的霸主，但一方面卻又是一個好色的庸人。他娶了三位夫人，是周、徐、蔡三國的女兒，都沒有生兒子。又收納了許多庶妾，內寵地位如夫人的共有六人，生了六個兒子：衛國的女兒長衛姬生公子無虧（武孟），少衛姬生公子元（後來的惠公），鄭國的女兒鄭姬生公子昭（後來的孝公），葛國的女兒葛嬴生公子潘（後來的昭公），密國的女兒密姬生公子商人（後來的懿公），宋國華氏的女兒宋華子生公子雍。這六位公子都是庶妾所生，地位平等，大家都可以做太子；齊桓公恐怕死後諸子爭位，就預先與管仲把公子昭囑託給宋襄公（桓公子，名茲父，嗣桓公位），立為太子。那時齊國有個雍巫，又名易牙，以善於烹調為長衛姬所寵，又得桓公的寵閹寺人貂的引薦，做菜給桓公吃，也得了寵。這班嬖幸大家在桓公的面前讒毀立公子無虧為太子，桓公就答應了。後來管仲去世，齊國失了鎮壓的大臣，五公子都起來圖謀儲位，齊國的內部就栽下了變亂的種子。等到齊桓公去世，易牙進宮，與寺人貂奉了長衛姬們作亂，殺死羣吏，擁立公子無虧為君；公子昭逃到了宋國去。宋襄公見齊國有亂，想乘機起來搶奪盟主的位子，就結合曹、衛、邾三國起兵伐齊。齊人殺了公子無虧向諸侯解說。宋襄公想送公子昭回國，齊人也情願迎立公子昭為君，只因四公子之徒在中作梗，只得與宋兵開戰。宋襄公把齊兵在甗的地方打敗，送公子昭回國即位，是為孝公，在宋兵伐齊的時候，魯國曾起兵救齊，狄國也來救齊。魯、狄兩國都曾受過齊桓公的壓迫的，到這時反來救援齊國，這可見

齊桓公遺烈之盛了。但鄭國卻乘齊喪去朝楚國;邢國也乘機聯合
狄兵伐衛,圍困了衛國菟圃地方。衛文公甚至想把國家讓給父兄
子弟與朝眾,大眾不肯,合力起兵在訾婁地方抵禦狄兵;狄兵見
衛國強硬,就回國去了。

宋襄的圖霸

宋襄公既打敗了齊兵,自以為國勢強盛,足以代齊為盟主,
就先向諸侯示威,拘了滕君嬰齊以為不服的諸侯的榜樣。又邀
合曹、邾等國在曹地結盟,鄫國的君赴會稍遲,宋襄公就叫邾
人把他拘了,當作犧牲品去祭祀次睢地方的社神,想藉此威服
東夷。不久襄公又因曹國不服,起兵圍了曹都。衛國也在這時
起兵伐邢,報復他勾結狄人圍困衛邑的仇恨。陳國邀合了楚、
魯、鄭、蔡諸國在齊地結盟,重修桓公之好。過了些時,齊國
也邀合狄國在邢地結盟,狄人侵衛,打算替邢國抵抗衛國的侵
略(這時衛國已復興,滑國也叛鄭而服於衛)。但邢國不久仍
被衛國滅了。這時的諸侯中,大概楚、齊、魯、鄭、陳、蔡、
邢、狄諸國合成一大集團,共同威脅宋國;宋襄公的一黨只有
衛、邾、許、滑等寥寥幾國,勢力實在很是薄弱。宋襄公卻不
度德,不量力,仍妄想做盟主。魯僖公二十一年,宋襄公在鹿
上地方邀齊、楚兩國結盟,向楚國請求諸侯;楚人假意允許了
他,暗地裏卻佈下了天羅地網。到了這年秋天,楚、鄭、陳、
蔡、許、曹諸國在盂的地方邀宋結會,宋襄公自矜信義,不帶

兵去赴會，楚國乘機把他拘住，起兵伐宋。魯僖公代宋國向楚國討饒，在薄（即亳）的地方會合諸侯結盟，就在這次會裏，楚國把宋襄公釋放回國。

楚宋的爭衡與宋的失敗

宋襄公被楚國玩弄於股掌之上，仍不覺悟，回國以後，因鄭伯到楚國去朝見，又邀合衞、許、滕諸國的兵伐鄭，想征服鄭國。楚人哪裏容他猖狂，就起兵伐宋以救鄭。宋襄公將要與楚兵開戰，宋國的大司馬公孫固諫勸襄公道：「老天爺丟棄商國已很久了，你硬要重興祖業，恐怕是不容易的事情吧。」原來春秋時有一種「一姓不再興」的迷信，以為一國滅了，就不能重新興起來，如果勉強去興復已滅的國，就要得罪上天了。宋襄公不聽大司馬的諫勸，竟起兵與楚兵在泓水（在今河南柘城縣一帶）開戰。宋國兵少，先排成陣勢，楚兵還未全數渡過泓水，司馬目夷勸襄公道：「他們兵多，我們兵少，實力上敵不過，不如乘他們正在渡水的時候掩殺過去，或者可以得勝。」襄公仍是不聽。等到楚兵全數渡過泓水，還未排列成隊，司馬又請乘機攻擊，襄公始終不肯。等楚兵排好了陣，兩國正式開戰，宋兵大敗，襄公的股上受了重傷，戰士死得很多。宋國人都抱怨襄公，襄公卻道：「君子不殺已經受傷的人和年老的人；乘險隘去壓迫敵人，是不合古人行軍之道的。寡人雖是亡國之餘，也決不肯攻擊尚未列陣的軍隊！」宋襄公這種迂腐的話，正是後來墨、儒兩家「非攻」、

「王道」等等話頭的老祖宗（這時楚既敗宋，而楚的同族邾國也大敗魯兵，中原的形勢真危險極了）。

宋國在大敗之後，一蹶不振。齊國乘機也藉口於前次宋國不與諸侯在齊地結盟的過錯，起兵伐宋，圍困了宋的緡邑。不久，宋襄公因傷重去世，宋國的霸業就此草草不終場的結束了。

楚國的強橫

宋兵既敗，楚國的氣焰更是不可一世。楚兵凱旋回國，鄭文公派他的夫人芊氏（楚王的姊妹）和姜氏（齊國的女兒）到柯澤的地方去慰勞楚王。楚王叫樂師陳列從宋國得來的俘虜和砍下的敵人的耳朵給鄭夫人看，藉此表示楚國的兵威。

鄭君又邀請楚王到國內來受享，招待他的禮數很是隆重。夜裏楚王回營，鄭夫人芊氏又帶了眷屬去相送，楚王好色，順手揀了鄭君的兩個女兒帶回國去：這可見諂媚敵國總是沒有好結果的！到了宋襄公去世之後，楚國又派大將成得臣（子玉）帶兵伐陳，責罰他有貳心於宋國的罪，奪取了陳國的焦夷地方，又替陳國的敵人頓國築了城，藉以逼迫陳國（後來楚人又興兵圍陳，把頓君送回頓國）。成得臣得勝回國，令尹子文因他有功，就把他自己的令尹位子讓給了他，這就種下了後來喪師城濮的禍根。

周室的大亂

這時中原沒有霸主，諸侯互相攻伐，夷狄入侵（陸渾之戎也在這時遷入周地伊川），時勢危亂到了極點，弄得周天子也蒙了塵。

先前，鄭國的屬國滑國叛鄭附衛，鄭國起兵討罪，攻入了滑都，滑人乞降。鄭兵回國，滑人又去歸附衛國，於是鄭公子士洩、堵俞彌帶兵再伐滑國。周室那時與衛、滑兩國相好，周襄王派大夫伯服和游孫伯兩人到鄭國去替滑人講和；鄭伯怨恨前次惠王回國不賞給屬公重器，又怨襄王偏愛衛、滑，就不聽王命，把伯服等拘了。襄王大怒，將要引動狄兵攻鄭，周王的大臣富辰諫勸襄王道：「從前周公悲傷管、蔡二叔的不合作，所以廣封親戚，以為周室的屏衛。後來召穆公憂慮周德衰微，又在成周糾合宗族，作詩諷勸後人要兄弟和睦。鄭國是厲、宣二王的近親，又在平、惠二王時立過大功，在諸侯中與周室最為親昵。現在周德更衰了，您不該違背周、召二公的遺訓，去引夷狄攻擊兄弟！」襄王不聽他的諫勸，竟派大夫頹叔、桃子兩人去發動狄兵。狄國果然興兵伐鄭，奪取了鄭國的櫟邑。襄王很感激狄人，就立狄女為后。富辰又進諫詞，襄王仍是不聽，於是大禍就起來了。

引起這場大禍來的，是周王的親弟弟王子帶（甘昭公）。王子帶在先為他的母親惠后所寵，惠后想立他為太子；事未成，惠后便去世了。襄王定位，子帶奔齊。後來襄王召他回國，又與狄后通姦；被周王知道，廢了狄后。前次奉使狄國的頹叔、桃子兩

人恐怕自己因此得罪狄人，就奉了子帶作亂，引動狄兵攻周。周王出奔到坎欿的地方，國人把他迎接回國。狄兵進攻，周兵禦戰大敗，周室大臣周公忌父、原伯、毛伯、富辰們都殉了難。襄王逃到鄭國，住在氾的地方。子帶帶了狄后住在溫的地方（狄人所侵的周地），儼然自立為王了。

中原的新危機

在狄兵入犯王室的時候，楚國的勢力正駸駸日上，宋國也投降了楚，宋成公（襄公子王臣，嗣襄公位）到楚國去朝見。蠻族的勢力內侵到這種地步，中原的形勢比齊桓公初年還要險惡。這時齊國既不能再興，於是第二次尊王攘夷的事業就落到黃河上游的唯一姬姓大國 —— 晉國的手裏去了。

第九章

城濮之戰與晉文襄的霸業

晉國的積亂－文公的復國－晉國的勤王－晉楚的爭競－城濮之戰－踐土之會－晉衛的交涉－鄭國的叛服－狄族的漸衰－晉秦新衝突的開始－狄人的膺懲－晉襄的南略－晉襄的束征－晉秦的互攻－晉楚的東方爭競－晉國人才的雕落與趙氏的得政

晉國的積亂

晉國自從惠公被秦國所擄，國勢一衰；狄人又乘晉國之敗，起兵侵晉，奪取了狐厨、受鐸兩個地方，渡過汾水，一直打到昆都。晉國受外患的逼迫以此時為最甚。那時晉太子圉到秦國為質，秦穆公送還晉國河東的土地，又把女兒嫁給太子圉為妻。哪知太子圉不願做押品，乘機逃回晉國，於是晉國又得罪了秦國。不久晉惠公去世，太子圉即位，是為懷公。懷公很猜忌在外逃亡

的公子重耳，下令羣臣的親屬不准跟從重耳，如果過了一定的期限仍不回國的，便治罪無赦。這時晉國老臣狐突的兒子狐毛和狐偃二人跟從重耳在秦，狐突不召他們回來；懷公拘了狐突逼他去召，狐突仍是不肯，懷公就把他殺了。這一事就大失了晉國的人心。

文公的復國

且說晉公子重耳自被他的父親獻公所迫，逃奔狄國，跟從他的人有狐偃、趙衰、顛頡、魏犨、胥臣們，都是晉國的俊傑。狄君待遇重耳很好，那時狄人伐同族的廧咎如，擄獲了廧咎如的兩個女兒叔隗和季隗，就送給重耳為妻；重耳自己娶了季隗，把叔隗配給了從人趙衰。重耳在狄國住了十二年，離狄往齊。齊桓公又把宗女姜氏嫁給他。重耳在齊國有八十匹馬的財富，感覺滿意，便想久住齊國不圖發展了。他的從臣狐偃們很不以為然，大家在一處桑樹底下商量動身的計劃。不料恰有一個婢女在樹上採桑，聽到他們的私話，便去告訴姜氏。姜氏不願漏出消息把她殺了，私下對重耳說道：「我知道你有經營四方的大志，聽到這個消息的人已被我除掉了。」重耳道：「我並沒有這個意思。」姜氏力勸重耳以事業為重，不要貪圖安樂；無奈重耳不肯。姜氏只得與狐偃同謀，用酒灌醉重耳，把他送出國去。重耳在路上醒了，很是憤怒，但也沒有法子了。於是他周歷曹、宋、鄭等國，來到楚國。楚王招待他很好，在宴會時，楚王一再詢問重耳道：

「公子如回到晉國，可以用什麼來報答我呢？」重耳答道：「如果蒙了您的威靈得回晉國，將來晉、楚治兵，在中原相遇的時候，一定避您三舍（三十里為一舍）之地，這就是唯一的報答你的辦法了。」楚國的令尹子玉一聽重耳的話厲害，請楚王把他除去；楚王不肯，反用厚幣把他送到秦國去。那時晉太子圉已從秦國逃回，秦穆公與晉惠公父子絕了交好，想提拔重耳為晉君，送了五個女兒給他為妻妾，晉懷公的夫人懷嬴也在其內。惠公既死，懷公又不得晉國的人心，秦穆公就乘機興兵送重耳回國；晉國的臣子做了內應，迎立重耳為君，是為文公。懷公逃奔到高梁地方，文公派人去把他殺死了。

那時惠公的舊臣呂甥和郤芮尚在，恐怕也被文公所害，想先下手為強，計劃已定。幸虧有從前奉了獻公的命追逼文公的寺人披來向文公討好告密，文公便偷偷地出國，在工城地方與秦穆公相會。呂、郤二人起事，焚燒公宮，找不到文公，趕到河上；秦穆公把他們引誘來殺了。文公迎接夫人嬴氏回國，秦穆公送給文公衛士三千人，以為鎮定內亂之用。文公回國以後，勤理軍政，舉賢任能，省用足財，晉國大治，就立下了開創霸業的基礎。

晉國的勤王

便在這時，周襄王因避狄難出居鄭國，派使者向魯、晉、秦諸國告難。秦穆公帶兵駐在河上，想送周王回國。狐偃向晉文公說道：「求諸侯沒有比勤王更好的，您趕快去繼續您祖宗文侯的

功業罷！」於是文公辭去秦師，親自帶兵駐在陽樊地方，派右軍
圍住溫邑，左軍迎接襄王。襄王復位，殺了子帶。文公前去朝見
天子，襄王待他的禮節非常隆重。文公進一步向襄王請求自己死
後改用隧葬的典制（在地下掘了地道，送柩入內安葬，這是天子
的葬禮），襄王不讓他上僭，只把王室所不能統治的陽樊、溫、
原、攢茅的田送給他，作為他勤王的報酬（四邑在山南河北，水
北為陽，所以稱為「南陽」）。四邑中陽樊和原都不肯服晉，晉
人用兵把他們都打服了。

晉楚的爭競

晉文公勤王之後，積極向外發展勢力，也聯合秦國去打近楚
的鄀國（在商密附近）。秦兵乘勢攻入楚境，破了楚邑商密（在
今河南內鄉縣一帶），俘獲了楚將申公子儀和息公子邊回去。那
時魯國與衛、莒結盟，齊人不願意這事，侵魯很急，魯國派大夫
公子遂和臧文仲去楚國去請兵伐齊。宋國也在這時背楚投晉，於
是楚兵先伐宋國，圍困緡邑。魯國引楚兵伐齊，奪取了齊國的
穀邑（在今山東東阿縣），把桓公的兒子公子雍放在那裏，叫易
牙輔佐他，作魯國的援助，由楚大夫申公叔侯帶兵駐守。魯僖公
二十七年冬天，楚王親征，帶了鄭、陳、蔡、許諸國的兵圍宋，
魯國也來與諸侯在宋地結盟。宋國派公孫固到晉國去告急。晉大
夫先軫對文公說道：「報施（文公出亡過宋的時候，曾受過宋君
的厚贈）救患，取威定霸，都在這一舉了！」狐偃也向文公說：

「楚國這時剛得到曹國的歸附，又新與衛國結姻。我們如果起兵去打曹、衛兩國，楚兵一定前來救援，這樣便可免除齊、宋的禍患了。」於是文公先在被廬地方校閱軍隊，開始建立三軍，命郤縠為元帥，帶領中軍，郤溱為佐；狐毛帶領上軍，狐偃為佐；欒枝帶領下軍，先軫為佐；又命荀林父為公車的御戎，魏犨為車右，起兵侵曹伐衛，奪取了衛國五鹿地方（在今河北濮陽縣附近）。晉、齊兩國在斂盂地方結盟；衛成公（文公子鄭，嗣文公位）也請與盟，晉人不許，衛國人把衛侯趕到了襄牛地方，以向晉國解說。這時魯國派公子買帶兵替衛國守禦，楚兵救衛不勝，魯國畏懼晉國，便殺了公子買向晉國解說，對楚國卻說因為他不盡力守禦的緣故。

城濮之戰

晉兵攻入曹都，楚兵也圍宋很急，宋國再向晉國告急。晉文公因齊、秦兩國未肯合作，不敢輕易與楚國決裂，很是躊躇。先軫（這時郤縠已死，先軫代為中軍元帥，胥臣為下軍佐將）獻策道：「叫宋國送賄賂給齊、秦兩國，就請齊、秦替宋國向楚講和；我們拘了曹君，把曹、衛的田分給宋人，楚國愛護曹、衛，必不肯許宋國的和，這樣我們就能得到齊、秦兩國的合作了。」文公照計辦去，把曹伯拘了送給宋國（曹本是宋的屬國，現在降楚與宋為敵，所以晉文公有這舉動）。楚王回駐申地，派人叫申叔離開齊國的穀邑，叫令尹子玉也離開宋國，不要與晉國作對。

子玉不肯，派手下伯棼向楚王請求對晉宣戰，道：「我並不敢說這次戰事定能獲勝，不過想藉此塞住進讒言的人的嘴罷了。」楚王聽了子玉的話，很不高興，只分了少許的兵給他，由他去幹。子玉得到楚王的援兵，便派使對晉文公說道：「只要你讓衛侯復國，重封曹國，我也可以解除宋國的圍。」先軫又獻策，勸文公暗地允許曹、衛兩君復國，以離間曹、衛與楚的聯絡；一面拘了楚使，藉以激怒楚國。文公又照辦了，曹、衛兩國便向楚國告絕。子玉大怒，起兵追趕晉軍。晉文公實踐從前答應楚王的話，退兵三舍，避開楚軍。楚軍大眾想止住不追，子玉不肯，又帶兵前進。晉、宋、齊、秦四國的軍隊駐在城濮（在今山東濮縣）地方，楚兵背了險阻立營。晉文公很憂慮楚兵佔得優勝的地勢，狐偃勸文公道：「我們這仗如能打勝，一定可以得到諸侯；就是不勝的話，我們的國家據山臨河，險隘很多，也是一定沒有什麼禍患的。」文公聽了他的話，才決定與楚開戰。當時兩國遞了戰訊，在魯僖公二十八年四月己巳那天，晉、楚兩方正式在城濮開戰（齊、秦、宋三國的兵助晉），晉下軍佐將胥臣帶了本部抵擋從楚的陳、蔡兩國的軍隊。楚軍方面，令尹子玉帶領中軍，大將子西帶領左軍，子上帶領右軍，與晉國的三軍相敵。胥臣在戰馬上蒙了虎皮，先向陳、蔡的軍隊衝殺過去。陳、蔡的兵抵擋不住，四散逃奔，楚國的右軍也跟着潰散了。晉國上軍將領狐毛建了兩面大旗，假意向後退去（大旗所在就是大將所在，這是表示大將已退）；下軍將領欒枝也叫兵車拖了薪柴假意逃走（用薪柴拖起灰塵，這是要表示全軍已走）。楚兵追逐過去，晉中軍將佐

先軫、郤溱發動中軍公族的兵向橫裏攻擊，狐毛、狐偃帶了上軍夾攻楚將子西的兵，於是楚國的左軍也潰散了。戰爭結束，楚軍大敗。只有令尹子玉收住中軍，獨得不敗。晉兵在楚營裏吃了三天的糧，到癸酉那天才班師回去。

城濮之戰是春秋前期的第一次大戰，這次戰爭實在關係中原的全局。這時楚國的勢力差不多已經蹂躪了整個的中原，黃河下游的大國，如齊如宋都被楚所侵略，魯、衞、鄭、陳、蔡等國都已投降了楚人。一面狄兵也曾攻入王畿，逼得周天子蒙塵。齊桓公的霸業至此已成陳跡。這個時代，真是所謂「南夷與北狄交侵，中國不絕如縷」的時代。要不是晉文公崛起北方，勉力支持大局，那麼不到戰國，周室和中原諸侯早已一掃而空了。城濮一戰，楚軍敗績，南夷的勢力即退出了中原，北狄的勢力也漸漸衰微下去，於是華夏國家和文化的生命才能維持，這不能不說是晉文公的大功！

踐土之會

晉文公從城濮凱旋，回到衡雍地方，就在踐土（衡雍、踐土都在今河南廣武縣附近）建了王宮，請周天子前來蒞會。鄭國先時曾做楚兵的引導，這時見楚兵大敗，非常害怕，急向晉國求和，晉、鄭兩國便在衡雍結了盟。周王到會，晉文公把從楚國得來的俘虜獻給周王，就由鄭伯傅相周王，用從前平王待晉文侯的禮接待了文公。跟着周王又宴饗文公，命卿士尹氏、王子虎和內

史叔興父策命晉侯為侯伯（諸侯之長），賜給他大輅（祭祀所乘的車）之服、戎輅（兵車）之服和彤弓彤矢、盧弓盧矢、秬鬯等物，另外又賜給他虎賁（勇士）三百人。天使降詔道：「天王對叔父說：『你應該恭恭敬敬服從王的命令，安定四方的國家，並糾正天子的過失！』」文公三次辭謝，才從命答道：「重耳敢再拜稽首奉揚天子的光大休美的命令！」他受了賜策，出入接連三次覲見天子。

這時衞侯聽到楚兵大敗的消息，大懼出奔楚國，又到陳國去，命大夫元咺奉弟弟叔武去受諸侯的盟。五月癸亥（《春秋經》作癸丑）那天，周室大臣王子虎邀會諸侯在王庭結盟。盟辭道：「大家協力輔佐王室，不得互相侵害！有誰背了這盟，天神降下罰來，使他兵敗國亡，子孫老幼統統受到災禍！」這次盟會是葵丘之會以後的第一次大會，晉、齊、魯、宋、衞、鄭、蔡、莒諸國一起與盟，陳侯也來赴會。晉文公在這次盟會裏便正式成了盟主了。

晉衞的交涉

楚令尹子玉兵敗回國，在半路上，楚王派人對他說道：「你若回國，怎樣對得住申、息二地的父老？」（申、息二地的子弟多從子玉戰死）子玉便在連穀地方自己吊死。晉文公聽到這一消息，大喜道：「我從此沒有後患了！」過了些時，晉國允許衞國復國。先是在衞侯出亡的時候，曾有人對他說：「元咺已立叔武

為君了！」那時元咺的兒子角跟着衞侯，衞侯誤信人言，把他殺了。等到衞侯回國，又殺了叔武，元咺逃奔晉國。晉文公又召集齊、秦、魯、宋、鄭、陳、蔡、莒、邾等在溫地結會，召了周天子來，叫諸侯去朝見；並請周王狩獵，掩過召王的事。一面宣佈衞侯的罪狀，把他拘了，叫他與元咺去對訟。結果，衞侯失敗，晉人殺了衞臣士榮，又砍了衞臣鍼莊子的腳，着他們替代衞侯受了刑罰。又把衞侯送到王都囚禁起來；由元咺回國，另立公子瑕為衞君。隔了兩年，魯僖公向晉國替衞侯説了好話，又送賄賂給周、晉兩國，晉文公才釋放了衞侯。衞侯先結了內應，殺死元咺與公子瑕等，然後回國復位。

鄭國的叛服

當諸侯在溫地結會時，許國不服晉國，晉文公指揮諸侯的兵圍困許國。文公在路上得了病，聽了筮史的話，才把曹伯釋放回國，但仍把曹國的土地的一部份分給諸侯，以懲罰曹國的罪。次年（魯僖公二十九年），文公又因鄭國不服，派狐偃會合王臣和諸侯的大夫，再在翟泉地方結盟（這次只有魯國是國君親到的），計劃伐鄭。次年的春天，晉兵侵鄭，試他有無抵抗的力量。這年九月，晉文公正式邀合秦國的兵圍困鄭國，晉國駐在函陵地方，秦軍駐在泛邑的南面，鄭國很是危急。鄭伯聽了大夫佚之狐的話，派老臣燭之武乘夜縋城到秦軍去，見秦伯説道：「鄭國與秦國的當中隔着晉國，秦國是不能越過晉國取得鄭地的。鄭

國滅亡，無非白便宜了晉國。晉國越發強大，秦國就要吃虧了！您若赦了鄭國，將來秦國行旅往來，鄭國可以做東道主人，與您只有好處。而且您從前曾幫過晉君的忙，晉君答應送給您焦、瑕等地方，但他早上渡過河來，晚上就在那裏築了城池來抵拒您了！他若在東面併吞了鄭國，必定又要向西方擴張領土，這除了侵奪秦國的地，還去侵奪哪國呢？」秦伯一聽燭之武的話不錯，便私與鄭國結盟，派大夫杞子、逢孫、楊孫三人帶兵替鄭國守禦，自己帶了大兵回國。晉文公見秦兵已去，便也只得班師回國。鄭人迎了奔晉的公子蘭為鄭君的太子，以與晉國講和，晉、鄭間的糾紛才算解決。但圍鄭之役卻成了文公復國以後晉、秦兩國決裂的先聲。

狄族的漸衰

晉文公既在南面打敗楚人，做了盟主，一面又想剪滅鄰近的狄族，就先在三軍之外建立三行的步軍，後來又改作五軍（三軍之外再作上下二新軍），用來對付狄人。狄人曾乘晉伐鄭的機會侵晉。同盟的齊國後來又曾圍困衛國，逼衛國遷都到帝丘（在今河北濮陽縣）地方。但楚國見晉國日漸強盛，卻忍氣請和，派大夫鬥章聘問晉國，晉國也派陽處父去報聘，晉、楚兩國開始通好。不久狄國有亂，衛國起兵侵狄，報復上年狄圍衛的仇恨；狄人請和，衛和狄也結了盟。自從城濮一戰之後，蠻族的勢力一落千丈，中原反危為安，轉弱為強。晉文公「攘夷」的功績確是遠

在齊桓公之上！

晉秦新衝突的開始

晉、秦兩國的國交，從魯僖公三十年合兵圍鄭一役發生了裂痕之後，晉文公始終不願與秦起釁。到了魯僖公三十二年的冬天，文公去世，太子歡即位，是為襄公。秦國卻在這時乘機起兵侵襲鄭國。原來秦國所派駐守鄭國的領兵將官杞子很得鄭君的信任，鄭君派他掌管北門的鎖鑰；他就起了野心，暗地派人去請秦穆公起兵前來，自己願做內應。穆公得到這個機會，先向大臣蹇叔詢問意見，蹇叔勸穆公不要動這無名之師。穆公不聽，派大夫孟明視（百里奚子）、西乞術、白乙丙三人帶兵前往。秦軍經過周國，到了滑國（在今河南偃師縣附近）的境界，恰巧有兩個鄭國商人名叫弦高和奚施的，到周國去做買賣，在路上遇見秦兵，他們知道來意不善，為保護祖國起見，弦高便派奚施趕快回國，把消息報告鄭君；一面把自己的貨物當做犒軍的禮物，假託鄭君的命，前去犒勞秦軍道：「敝國君主知道你們前來，特派我來犒勞貴國的軍隊。」鄭穆公（即公子蘭，文公子，嗣文公位）得到奚施的報告，派人去偵探秦國駐軍的客館，看見他們確有陰謀的準備，便向他們說道：「你們久住在敝國，我們供應不起了。現在我知道你們將要回國，沒有別的禮物相送，只有原圃裏所養的麋鹿，請你們取些去罷。」杞子們知道陰謀已經泄漏，只得起身逃走。孟明探得鄭國已有準備，感覺前進必沒有好處，順便滅了

滑國，班師回去了。

　　晉國聽得秦兵暗襲鄭國的消息，元帥先軫竭力主張邀擊秦軍，便發出命令，一面召起姜戎的兵，一面襄公穿了墨染的麻衣（因為這時晉文公未葬，所以襄公穿了凶服從戎），興師禦敵。秦兵回國，在殽山險地（在今河南陝縣附近）碰到晉兵與姜戎的夾攻，殺得全軍覆沒。晉軍捉了秦軍的主帥孟明、西乞、白乙等三人回國。襄公的嫡母——文公的夫人——文嬴是秦國的女兒，向襄公替秦國的三帥求情道：「他們（指三帥）敗壞了我們兩國的國交，我們的國君恨不得生嚼他們的肉哩。你不如做個人情，放他們回去領罪罷！」襄公答應了，便釋放三帥回國。先軫上朝，聽得這事氣得直抖，也不顧襄公在面前，便唾罵道：「武人們費盡氣力在戰場上把敵人擒住，卻因婦人家一句話，便把他們放了！毀壞軍實，興長寇仇，我怕我們的國家離滅亡不遠了！」襄公一聽他的話不錯，便派陽處父前去追趕；趕到河邊，孟明等已經下船了。陽處父解了自己駕車的左馬，假託襄公的命，贈給孟明，想引誘他登岸拜謝，乘機把他拿獲。孟明看透陽處父的計策，就在舟中稽首拜謝道：「承蒙貴國君主的恩惠，不把我們殺了用血去塗戰鼓，而叫我們回本國去領罪。敝國的君主如把我們治罪，我們死後也不會忘掉貴國的恩德；如果敝國君主看重貴國君主的面子，也把我們赦免了，三年之後當來貴國拜謝君賜！」孟明等回國，秦穆公穿了素服到郊外，對着軍營痛哭道：「我違背了蹇叔的話，害你們受了辱，這都是我的罪過，你們是沒有罪的！」就把孟明等統統赦免，仍命孟明當國為政。

狄人的膺懲

晉襄公也是個有雄才的君主，所以文公雖死，晉國的霸業依舊不衰，他即位以後，西邊既打敗了秦人，北邊又重創了狄寇。先是，狄人乘晉國有國喪，起兵侵齊。那時中原少了一個霸主，諸侯便受到夷狄的侵略，這可見霸主在春秋時的重要。狄人侵齊之後，見晉國無甚舉動，就順便去打晉國，一直攻到箕的地方（在今山西太谷縣，一說在蒲縣）。晉襄公親征，把狄兵在箕地打敗，下軍大夫郤缺（郤芮子。郤芮有罪奪爵，文公因胥臣的保薦仍用郤缺為下軍大夫）斬獲了白狄的君主。

在這次戰爭之中，晉元帥先軫因為他前次在襄公面前失了臣禮，自己感覺有罪，就除去頭盔，衝入狄陣戰死。襄公聞訊，很是震悼，回國以後，就命他的兒子先且居繼任為中軍元帥；並命郤缺為卿，還給他父親郤芮的封土冀邑。這次戰事，晉君親征，狄人方面喪了君主，晉國方面也喪了元帥，乃是晉狄間僅有的一次大戰。

晉襄的南略

晉襄公既連敗秦、狄的兵，國勢大振。因那時許國歸附楚國，於是晉、鄭、陳三國便合兵伐許。楚國起兵救許，先侵陳、蔡兩國以牽制晉兵。陳、蔡兩國被侵，向楚國求和；楚兵又順便打到鄭國，攻打鄭國的桔柣之門。晉兵救鄭，也先攻蔡國以

牽制楚兵。楚兵回救蔡國，與晉兵夾着泜水（在今河南葉縣一帶）結營，兩不相下。晉軍統帥陽處父是個膽小鬼，不敢輕易與楚兵交戰，便設下一計，派人對楚軍統帥令尹子上說道：「你們若要開戰，我們可以退兵三十里，讓你們渡過河來，排陣交鋒；否則你們退兵，讓我軍渡河接戰也好。」楚人恐怕晉兵在半渡的時候邀擊，就自動退兵三十里讓晉兵渡河。陽處父一見楚人中計，就宣言道：「楚兵逃走了！」一面徑自領兵回去。楚兵見晉兵走了，便也只得回國。楚王卻聽信了太子商臣的讒言，認為令尹子上受賂辱國，把他殺死（子上曾勸楚王勿立商臣為太子，所以商臣與他結下仇恨）。所以這次晉楚相爭，結果又被晉國佔得了便宜。

晉襄的東征

晉襄公對西（秦），對北（狄），對南（楚）都得到了相當的勝利之後，就開始經營東方諸侯了。先是，衛國自從與狄相和之後，國勢好轉，在晉文公的末年，衛成公因恨晉國前次拘辱他的仇恨，就不肯去朝晉，反派大夫孔達領兵侵鄭，攻打緜訾和匡的地方，表示不聽霸主的命令。晉襄公候父喪過了週年，派使遍告諸侯，起兵伐衛。晉兵到了南陽地方，元帥先且居勸襄公道：「衛國不朝我國，和我國不朝周天子是一樣的罪狀。我們不可學他人的壞樣。請您去朝王，由我領兵去伐衛。」於是襄公便在溫地朝見周王（這可見春秋時霸主「尊王」的作用），先且居和胥

臣領兵直攻衞國，拔取了戚邑，擒獲守將孫昭子。衞國派使去向陳國告急，陳君對衞使說道：「你們可再去伐晉，我自來替你們解說。」衞國聽了陳國的話，就派孔達領兵伐晉。後來晉國又邀合魯、宋、鄭、陳等國在垂隴的地方（在今河南滎澤縣附近）結盟，預備討衞。陳侯替衞國求和，拘了孔達向晉國解說。

晉秦的互攻

這時秦穆公想洗雪前次被晉打敗的恥辱，在魯文公（僖公子興，嗣僖公位）二年的春天，命孟明領兵伐晉。晉襄公親征，在彭衙（在今陝西白水縣）地方與秦兵開戰。晉將狼瞫帶領所部直衝秦陣，力戰而死；晉國大兵隨殺過去，又把秦兵打得大敗。晉人嘲笑秦國這次所興的兵是「拜賜之師」。孟明再次喪師回國，秦穆公依舊重用他。孟明增修國政，預備再舉伐晉報仇。這年的冬天，晉、宋、鄭、陳諸國又合兵伐秦，奪取了汪和彭衙二邑，用來報復前次彭衙之役秦伐晉的仇恨。

魯文公三年的夏天，秦穆公親自領兵伐晉，渡過黃河，便把渡船燒了，以表示不勝不回的意思。晉國知道這次秦兵來勢厲害，便採取守而不戰的政策。秦兵奪取了晉國王官和郊兩處地方，從茅津渡河，封埋了死在殽地的秦國戰士的屍首，才回國去。秦國這次伐晉得了勝利，西戎各國都來歸服，秦穆公「益國十二，開地千里」，就做了西戎的霸主了。但是晉國並不肯甘服，隔了一年，又起兵伐秦，圍困邧和新城兩邑，報復了

王官之役的仇恨。可見在春秋時，晉、秦的國際交涉，總是晉佔上風的。

晉楚的東方爭競

這時楚成王已被他的太子商臣所弒，商臣即位，是為穆王。魯文公三年的春天，晉國聯合諸侯的兵向楚國示威，把服楚的沈國（在今安徽阜陽縣附近）打潰。楚國也起兵圍困已服晉的江國（在今河南息縣），晉將先僕領兵伐楚以救江。晉國又把江國被楚侵擾的事報告周王，周王派了王叔桓公會合晉將陽處父再伐楚國。晉兵在方城地方攻城，遇到楚將息公子朱的兵，陽處父仍不敢輕易與楚開戰，就班師回國，江國終究被楚滅掉。不久，楚兵又滅了六（在今安徽六安縣）與蓼（在今河南固始縣）兩國。這可見楚國的聲勢在晉的全盛時代也並不衰息。

晉國人才的雕落與趙氏的得政

魯文公六年，晉國因舊臣趙衰、欒枝、先且居、胥臣等統統去世，感覺人才缺乏，在夷的地方校閱軍隊，舍去新立的二軍，命狐射姑（狐偃子）為中軍元帥，趙盾（趙衰子）為佐。命令已經發表，不料陽處父從溫地回來，一力主張改換中軍元帥。他是晉國的太傅，說話很有效力，晉襄公便又在董的地方重閱軍隊，改命趙盾為中軍元帥，狐射姑為佐。這是因為陽處父本是趙衰的

屬吏，所以黨於趙氏，並且趙盾也確比狐射姑賢能，所以襄公會
聽從陽處父的話。趙盾既掌國政，便創制常典，規定刑法，治理
罪獄，追捕逃亡，信用券契，削除舊污，整理禮秩，修復廢官，
選拔才能，把國政整理完成，交給太傅陽處父和太師賈佗去行，
作為常法。這樣一來，晉國的國基便更穩定，而政權也就落在趙
氏的手裏去了。

第十章

楚的強盛與狄的衰亡

晉霸中衰的由來－晉趙狐二氏的爭權－晉靈繼立之亂－楚穆
王的北略－晉秦河曲之戰－長狄的消滅－新城之盟－齊國的強
橫－宋國第三度的內亂－鄭國的叛晉－晉趙氏的弒逆－楚莊初立
時楚國的內亂－楚莊初立時楚國的外患－楚莊的觀兵周疆－楚國
鬥椒之亂－楚莊北略的失敗與平定南方－楚莊的爭霸－邲之戰－
清丘之盟－楚莊的成霸－赤狄的衰亡

晉霸中衰的由來

晉國自文公創霸，襄公繼業，終春秋之世，盟主的位子差不
多始終在他們的手裏。但是襄公和悼公後面的兩個時期聲勢略為
消減。尤其是在靈公到景公的時期，楚國強盛，晉國的實力比不

上楚,在中原的地位常常受到傾軋,這可以說是晉霸中衰的時期。至於晉霸中衰的原因,是由於卿族的驕橫,開晉國卿族專權之始的便是趙氏。趙氏雖本是晉的大族,但在趙衰時地位還不甚高,自從趙盾得陽處父的援引執掌了晉國的國政以後,趙氏的勢力便頓時大強起來,終造成了國衰君弒之禍。

晉趙狐二氏的爭權

那時晉國足以與趙氏爭衡的有狐氏。狐、趙兩家的地位本不甚相上下(起初是狐氏地位較高),在晉襄公的末年兩家同時得勢,結果,狐氏被趙氏壓了下去,狐氏當然不肯甘服,於是兩家就起了衝突。魯文公六年的秋天,晉襄公去世,晉國首先發生了置立嗣君的爭亂。原因是 . 那時襄公的太子夷皋年紀太小,晉國內部發生不安寧的現狀,大家想立長君來維持,趙盾主張向秦國迎立公子雍(襄公的庶弟),狐射姑卻主張向陳國迎立公子樂(也是襄公的庶弟)。趙盾那肯容狐氏張狂,就竭立反對狐射姑的主張,徑派大夫先蔑和士會到秦國去迎接公子雍;狐射姑也徑派人到陳國去召公子樂。趙盾一時心狠,派人在郫的地方把公子樂刺殺了。狐射姑和趙盾爭立嗣君,結果又是狐射姑失敗,因此他遷怨到陽處父不該換他元帥的位子,就派他的同族續鞫居去把陽處父刺殺。晉人問起罪來,殺死續鞫居;狐射姑逃奔狄國,於是狐氏的勢力終被趙氏鏟除了。

晉靈繼立之亂

那時秦穆公已死，子康公罃即位，接受了晉國的請求，多派護衛送公子雍回國。但是襄公的夫人穆嬴每天抱着太子夷皋在朝堂上痛哭，訴說道：「先君作了什麼孽，他的兒子又作了什麼孽，你們丟掉先君的嫡子不立，反向國外去尋找國君，將置太子於何地？」出朝以後，又抱着太子到趙家去，向趙盾頓首說道：「先君曾把這個孩子交給你，對你說：『這個孩子將來要是成才，我在地下感激你的恩惠；若是不成才，我也只有怨你。』現在先君雖然去世，但他的言詞還在耳邊，你把這孩子丟開了，究竟是什麼意思？」趙盾和諸大夫都怕穆嬴的麻煩，就不管對秦國失信，徑自立了太子夷皋為君，是為靈公。一面起兵抵抗秦國送公子雍的人馬。晉兵來到堇陰地方，趙盾怕秦兵深入，就連夜催動人馬趕去，把秦兵在令狐（在今山西猗氏縣）打敗，一直把他們趕回國去。先蔑一見趙盾背約，自己覺得對不住秦國，又怕晉國不能容他，就帶領所部逃奔秦國；士會也跟着去了。

晉靈公即位以後，因年紀幼小，由趙盾攝政，趙氏的勢力越發強大。趙盾在扈地（在今河南原武縣附近）邀會齊、魯、宋、衞、鄭、陳、許、曹等國結盟，藉以維持盟主的地位，是為晉大夫主盟之始。趙盾假晉侯之命，把前次侵奪衞國的匡和戚兩邑還給衞國，外加他從申到虎牢的境地（這本來是襄公的女婿公婿池的封地，也是從衞國侵奪來的），以向衞國討好。外面剛剛敷衍

好，不料內部又發生了變亂：原來當晉襄公在夷地閱兵的時候，本想重用大夫箕鄭父和先都，並派大夫士穀、梁益耳帶領中軍。大夫先克不贊成，說：「狐、趙兩家的功績是不可埋沒的。」襄公聽了他的話，才改用狐射姑和趙盾將中軍。先克又曾強奪大夫蒯得在堇陰的封地。所以箕鄭父、先都、士穀、梁益耳、蒯得等都怨恨先克，合謀作亂，殺死了先克。晉人討亂，又把先都、梁益耳、士穀、箕鄭父、蒯得等先後都殺了。

楚穆王的北略

晉國國君既年幼，內部又屢生變亂，楚人看了這種情形，便躍躍欲試了。楚大夫范山對楚穆王說道：「晉君年輕，其意不在諸侯，北方很有可圖的機會。」穆工聽了他的話，就起兵伐鄭，俘虜了鄭將公子堅、公子尨和樂耳；鄭國只得與楚講和。晉趙盾帶領魯、宋、衛、許諸國的兵救鄭，沒有趕上楚兵，就作罷了。不久，楚國又起兵侵陳，攻克了壺丘地方。楚將公子朱又從東夷伐陳，被陳兵殺敗，楚將公子茷被俘。陳國有此戰功，反而害怕起來，與楚講和。那時蔡國也歸附了楚國。於是楚王在息地邀請鄭伯、陳侯；又與蔡侯在厥貉（約在今河南項城縣附近）相會，想去伐宋。宋國趕快去迎接楚王，表示聽從楚國的命令，更引導楚王到本國孟諸地方（在今河南商丘縣附近）去打獵。在獵時，宋公親為楚王右陣的領隊，鄭伯為左陣的領隊。楚司馬下令清早就駕車載着取火的器物，宋公沒有照辦，楚左司馬

文之無畏便把宋公的僕人責打了去號令軍中，這就結下了宋國對無畏的仇恨。厥貉之會，麋國（在今湖北鄖縣一帶）的君也在會中，私自逃回。楚王帶兵伐麋，打敗麋兵，一直攻到麋都錫穴。不久楚兵又拘了舒國（約在今安徽廬江縣）和宗國（亦在今廬江縣）的君，圍困了巢國（在今安徽巢縣）。這可見那時楚國的威焰之盛。

晉秦河曲之戰

當楚兵正耀武中原的時候，晉、秦兩國卻在起着衝突。先是，魯文公八年，秦人伐晉，奪取武城（約在今陝西華縣），以報復令狐之役的仇恨。文公十年，晉人回伐秦國，奪取少梁（即梁國地，在今陝西韓城縣）。不久秦又伐晉，佔領北徵（在今陝西澄城縣）。文公十二年，秦伯再起兵伐晉，佔領羈馬（在今山西永濟縣）。晉人起兵抵抗，在河曲（亦在今永濟縣一帶）遇着秦兵。晉上軍佐將臾駢道：「秦兵是不能夠久住的；我們最好深溝高壘，固守起來，候他自退，再追殺上去，必可獲勝。」趙盾聽了他的話。秦兵想戰不能，秦伯便問晉國的逃臣士會：「如何方得一戰？」士會答說：「趙家新拔用了一個屬吏叫做臾駢，很有才能，這個計策定是他出的。他們是想使我兵久住疲乏。我知道趙家又有一個庶族叫做趙穿，乃是晉君（文公？）的女婿，很為晉君和趙盾所寵。他的年紀很輕，不知道軍事，又好勇而狂，他又很妒忌臾駢的佐領上軍。倘若我們派輕兵去挑戰，他一

定會出來應戰的。」秦伯聽了他的話，就派遣軍隊去犯晉國的上軍。趙穿果然出來，他追趕不上秦兵，回去發怒道：「我們吃着千辛萬苦，裹了糧，坐着甲，為的是和敵人打仗。現在敵人來了，卻不去斯殺，究竟是等待什麼呀？」軍吏對他說道：「這是我們用的計策。」趙穿說：「我不知道有什麼計策！我等不及，只得獨自自由行動了！」說罷，他就帶領所部出營應戰。趙盾聽得這個消息，吃了一驚，說道：「趙穿是我國的卿，如果被秦兵虜去，我國就算吃了虧了！」於是發動大兵，出營與秦兵交戰，兩軍稍一接觸，不分勝負，各自回營。夜裏，秦國派行人來到晉營遞戰書，說道：「兩國的戰士都未傷損，明天再請相見吧！」臾駢等使者去了，向大眾說道：「秦使的眼睛時刻轉動，說話的聲氣很是嘶放，這是畏懼我們的表示，他們將要逃走了。我們如在河上掩殺過去，必定能使秦軍覆沒。」大家正在計議的時候，趙穿卻和下軍佐將胥甲當着軍門呼叫道：「死傷的人還未收埋，就把他們丟了，這是沒有恩惠；不候開戰的日期，就去薄人於險，這是沒有勇氣！」晉軍見計謀已泄，只得作罷。秦軍聞訊，連夜逃走，出境以後，重新入侵晉國，攻進了瑕邑（在今河南陝縣）。

這次河曲之戰，晉兵本能戰勝秦人的，只緣趙穿們的驕肆，敗壞了軍紀，以致失利。這可見卿族的強橫對於國勢的影響了（後來晉人討罪，只放逐了胥甲，趙穿並不曾治罪，這些地方都足證趙氏在靈公時的勢力）。

晉秦河曲之戰結束後，晉國怕秦人再來侵犯，派大夫詹嘉駐

在瑕地，防守桃林之塞（在今河南閿鄉縣，西接陝西潼關縣界，就是後來秦國的函谷關），塞住了秦人的出路，這是春秋時秦人所以始終不能東征得志的重要原因。那時晉人感覺國難日重，賢才缺乏，又怕士會和狐射姑為秦、狄兩方所利用。魯文公十三年夏天，晉六卿在諸浮地方會見，商議怎樣召回投奔異國的賢才。荀林父主張召回狐射姑；郤缺反對這個意見，主張召士會回國。趙盾大約恐怕狐射姑回來與己不利，便從了郤缺的話，暗派魏地（在今山西省芮城縣一帶）的守將魏壽餘假意據了魏地叛晉降秦，去引士會回國。趙盾先把壽餘的家屬下獄，叫壽餘連夜逃走。壽餘到了秦國，向秦伯請求以魏地歸降，秦伯答應了。壽餘便在朝廷上暗踏士會的腳，向他表示意思；士會是個聰明人，早已領會。秦伯領兵駐在河西，想去接收魏邑。魏邑在河的東面。壽餘對秦伯說：「請派個本國人為有司們所信服的，與我一同先去。」秦伯就派了士會。士會假意推辭道：「晉人是虎狼成性的，如果反悔起來，我固然被害，我家屬在秦國的也要受戮，對於你也沒有好處，到了那時懊悔也來不及了。」秦伯指河為誓說：「晉人如果反悔，一定把你的家屬送回。」士會才動身前往。

在臨行的當兒，秦大夫繞朝送一條馬鞭給士會，對他說道：「你不要以為秦國沒有人才，不懂得你的意思，只是我的計策沒有被採用呵！」士會們渡過河，魏人歡呼擁着回去。秦伯知道果然上了當，沒奈何，只得把士會的家屬送回晉國。

長狄的消滅

這時除楚、秦兩國都對晉國加壓迫外，還有狄人也乘機蠢動起來。魯文公四年，狄人侵齊。七年，侵魯。九年，再侵齊。十年，侵宋。十一年，又侵齊，順便去伐魯。魯文公派大夫叔孫得臣領兵追趕狄人，把狄兵在鹹的地方（在今山東巨野縣）打敗，斬獲了長狄（鄋瞞）的酋長僑如。據說，在宋武公的時候（春秋前），長狄伐宋，宋司徒皇父領兵把狄兵在長丘地方打敗，斬獲了長狄的酋長緣斯。後來晉國滅潞（赤狄的一族，見後），又殺死僑如的弟弟焚如。此前，齊襄公二年，長狄曾伐齊國，齊將王子成父斬獲焚如的弟弟榮如。衛人又殺了他們的小弟弟簡如。長狄的種族就此滅亡了。

以上是根據《左傳》的記載，據它所說，僑如兄弟的壽竟在一百幾十歲以上，這定是神話，其實際因材料缺乏，已不甚可知了。案：狄兵伐魯以前，曾侵齊、侵宋，伐魯以後又曾侵衛，或許僑如兄弟都死在這幾次戰役內，也未可知。

新城之盟

那時東方諸侯雖多歸附於楚，但仍畏懼晉國，不敢完全和他脫離。當魯文公十三年，文公到晉國去朝見，衛侯乘機與文公在沓地結會，請文公代向晉國納款。文公朝晉回來，鄭伯也學了衛侯的樣，與文公在棐地結會，也請他代向晉國通好。文

公都替他們轉達了。衞、鄭兩國既都回向晉國，於是晉趙盾就邀集魯、宋、衞、鄭、陳、許、曹諸國同盟於新城（在今河南商丘縣附近）。在這次盟會裏，蔡國不曾與盟，晉國命大將郤缺帶領上下兩軍伐蔡，攻入了蔡都，與蔡人結了城下之盟方才回去。

齊國的強橫

就在這時，齊國發生內亂。先是，齊昭公（魯僖公二十七年齊孝公去世，弟昭公潘即位）娶了魯國的女兒子叔姬為妻，生個兒子叫舍；子叔姬不為昭公所寵，因之太子舍在齊國也無威勢。昭公的弟弟公子商人向國人厚施恩惠，買動人心，一面傾家借貸蓄養死士，想待機而動。魯文公十四年，齊昭公去世，舍即位，公子商人把舍殺死，將君位讓給公子元（商人兄）；元不肯接受，商人就自立為君，是為懿公。那時太子舍的母親子叔姬在齊國的地位很危險，魯國請周王轉令齊國送回子叔姬。周王派單伯到齊國去勸說，齊侯不聽，反把單伯和子叔姬統統拘下。魯國又派執政大臣季孫行父到晉國去，請晉國命令齊國釋放單伯和子叔姬；齊人畏懼晉國，只得把單伯釋放，並答應他的請求，叫他先回魯國去報命。但是齊國怨恨魯國請求周室和晉國出來壓制他，便起兵侵魯西鄙。季孫行父又到晉國去報告，於是晉、宋、衞、鄭、陳、蔡、許、曹諸國同盟於扈，計劃伐齊。齊國一看情勢不對，只得向晉侯進納賄賂，弄得這事沒有下場。後來齊國究竟看

了周王的面子，把子叔姬送還魯國。但不久齊國又起兵侵魯，順道伐曹，攻入曹都的外城，責問他朝貢魯國的罪。從齊國的強橫上，我們可以看出晉霸確已中衰。魯國連次受到齊國的侵略，無處去訴冤，只得向齊國請和。那時魯文公有病，先派季孫行父與齊侯在陽穀地方相會，齊侯不肯結盟，一定要魯君親來。魯國不得已，又派大夫公子遂向齊侯納賄，齊、魯才得結盟。不久齊再起兵伐魯，畢竟逼得魯侯親自出來結盟，才算暫時完結。這又可見霸令不行的時候，小國就要吃大國的虧了。

　　直到齊懿公為了暴虐被臣下所弒，惠公元即位；魯文公也同時去世，公子遂殺死太子惡和他的弟弟視，擁立宣公接；齊、魯兩國因互相利用，方才恢復了交好。自此以後，魯國常服於齊，朝聘不絕，幾乎成了齊國的屬國了。

宋國第三度的內亂

　　當齊國內亂之前，宋國也有弒君的事情發生。原來宋昭公（成公子杵臼，嗣成公位）本是個很厲害的君主，當他父親成公去世（在魯文公七年），他尚未正式即位的時候，就想除去羣公子，引得穆、襄二公的後裔帶領國人進攻公室；六卿替公室解和，方把大亂暫時弭平。後來昭公又不禮待他的祖母襄夫人，襄夫人帶領了戴氏之族殺死昭公的黨徒孔叔、公孫鍾離和大司馬公子卬（事在魯文公八年），大變的禍根已經種下。那時昭公的庶弟公子鮑懷抱異志，向國人厚施恩禮，宋國荒年，他傾家接濟災

民；國中的賢士和宗室貴族，他無不卑躬屈節去聯絡。他又長着一副漂亮的面孔，引得他的祖母襄夫人想和他通姦；他不肯亂倫，襄夫人只得幫助他向國人施惠，預備奪據君位。恰巧宋昭公為國人所不滿，國人就想奉了襄夫人擁立公子鮑為君。先由襄夫人定下一計，叫昭公到孟諸地方去打獵，想乘機把他殺死。昭公知道她們的計策，無法逃免，就把宮中的寶物盡數載了出去，賜給左右，叫他們離開。昭公的黨羽既散，還未到孟諸，便被襄夫人派去的人攻殺了，他的死黨司城盪意諸也同時殉難。昭公既死，公子鮑即位，是為文公。

晉國聽得宋國內亂的消息，派大將荀林父大張旗鼓的邀合衛、鄭、陳等國的兵伐宋討亂，大會於扈地，但仍讓公子鮑做了宋君。這件討逆的事也就做得虎頭蛇尾而罷。

鄭國的叛晉

當諸侯在扈地結會平定宋國內亂的時候，晉國因鄭國心向楚國，就不肯接見鄭伯。鄭大夫子家寫了一封國書派人送給趙盾，敘說鄭國服事晉國的誠心。這封信寫得又委婉，又強硬，弄得晉國沒有辦法，只得派大夫鞏朔到鄭國去修好，又與鄭國交換了要人做押當。這次晉國擺出盟主架子的結果，反弄得向鄭國賠小心，大國與小國交換押當的人，也算站在平等的地位了。

晉、鄭雖然暫時結合，但鄭國的心確已變了。原因是晉國的

兩次用了大題目勞動諸侯伐宋、討齊，結果都受了賄賂而罷手，鄭國覺得晉國不足有為，便與楚國結盟，合兵侵擾服晉的陳、宋兩國。晉趙盾領兵救陳、宋，在棐林地方會合宋、衛、陳、曹四國的兵伐鄭。楚將賈領兵救鄭，與晉兵在北林（在今河南鄭縣）相遇；楚兵俘獲了晉將解揚，晉人就退兵回去了。不久，晉、宋兩國又聯兵伐鄭，也得不到什麼勝利。這可以知道這時晉國的國力已經敵不過楚國了。

魯宣公二年，鄭國因宋國兩次聯合晉兵來犯，便受命於楚，派大將公子歸生（子家）領兵伐宋。在大棘地方（在今河南柘城縣）開戰，宋兵大敗；鄭國捉了宋軍的主將華元，殺了副將樂呂，又俘獲甲車四百六十乘，生擒二百五十人，斬馘百人。這可見宋國終究不是鄭國的對手。宋國用了一百乘兵車和四百匹文馬向鄭國請求贖回華元，禮物的一半已經送進鄭國，華元卻乘機逃回了。

在此以前，晉國因敵人太多，想與秦國講和，趙穿又出來主張出兵去侵擾秦的與國崇國，等秦國來救援，因而與他講和。晉人依了他的話，就由他領兵去侵崇。那知秦國雖來救援，卻並不肯因此罷手。隔了些時，秦反起兵伐晉，圍困了焦邑（在今河南陝縣）。這可見那時趙氏倒行逆施的政策是失敗了。晉趙盾領兵救焦，就從陰地（從今陝西商縣至河南陝縣、嵩縣一帶地）聯合諸侯的兵侵鄭。楚將鬥椒領兵救鄭，駐在鄭地等候晉兵。趙盾不敢和楚兵開戰，就班師回去了。

晉趙氏的弒逆

　　晉國外面既對付不下秦、楚，內部卻又發生大變。據《左傳》說：晉靈公為君很是淫暴，他向人民征了很重的賦稅，拿來作雕畫宮牆的費用。他又常常站在高臺上用彈丸去彈射路上的行人，看他們躲來躲去，作為娛樂。他有一次因廚夫煮熊掌不熟，把他殺死，將尸首放在畚箕裏，叫女人載了過朝。趙盾和士會在朝上看見露在畚箕外的死人的手，問知緣故，大家非常憂慮。兩人商議了一會，由士會先去進諫。靈公一見士會進來，知道他要麻煩，便先說道：「我自己知道過失了，就會改正的。」士會見話說不下去，只得安慰他幾句，退了出來。那知靈公依舊不肯改過，趙盾屢次進諫，靈公感覺他麻煩不過，竟派了一個刺客名叫鉏麑的去暗殺趙盾，不曾成功，鉏麑反自殺了。這件事《左傳》的記載很偏袒趙氏，實在是很不可信的。趙氏在靈公時專橫太甚了，靈公既長，或想收回政權，所以有鏟除趙氏的計劃。至於靈公的惡德，恐出趙氏的宣傳，也是不可盡信的。

　　據《左傳》說，靈公一計不成，又生二計：他請趙盾喝酒，暗地埋伏下甲士想殺死他，又被趙盾逃脫。趙盾奔向外國，他的同族趙穿看不下去，就起兵在桃園裏把靈公攻殺了。趙盾還未出境，聽得消息，馬上回國。晉國的太史在史策上寫道：「趙盾弒其君。」拿來宣示朝廷。趙盾連忙分辯道：「君並不是我弒的！」太史答說：「你是一國的正卿，國內出了弒君的大變，你出亡不

過境，回來又不討賊，君不是你弒的又是誰弒的呢！」趙盾聽了沒話再辯，只得歎道：「是我自己弄錯了！」靈公既死，趙盾就派弒君的賊──趙穿到王朝去迎文公的庶子公子黑臀回國即位，是為成公。先是，晉國當驪姬亂時，立盟不許羣公子住在國裏，從此晉國沒有「公族」。到成公即位，才下令以國卿的兒子作為「公族」（嫡子）和「餘子」（嫡子的母弟）、「公行」（庶子）。趙盾的後裔本有做「公族」的份，他卻把公族大夫的位子讓給弟弟趙括。這是因為從前趙括的母親趙姬（晉文公的女兒）勸趙盾的父親趙衰從狄國接回趙盾母子，又把嫡位讓給趙盾的母親，所以趙盾報答她的恩惠。趙括做了公族大夫，趙盾自己一支做了旄車（公行）之族。自此以後，晉國國卿的勢力越發增強，公室愈顯無力，這已經埋下了「三家分晉」的根基了。

楚莊初立時楚國的內亂

當晉霸中衰的當兒，南方的楚國正漸漸崛強起來。楚國因國勢強盛主盟中夏的緣故，也漸漸自認為華夏，於是自稱「我蠻夷也」的楚，便變成了「撫有蠻夷以屬諸夏」的楚了。原來楚國在穆王時已很強橫。到魯文公十三年，穆王去世，子侶立，是為莊王，這便是後世所稱「五霸」（照最普通說法）中的末了一個。莊王即位時很是幼弱，楚國內部也發生不寧的現象。那時令尹子孔和太師潘崇領兵去伐羣舒中的舒、蓼等國，由大夫公子燮和子儀駐守國都。公子燮等作亂，派刺客去刺子孔，不能得手。公子

變等便劫持了莊王出都，將到商密地方去，大夫廬戢梨等設計把他們引誘來殺死，一場亂事方歸平定。

楚莊初立時楚國的外患

　　魯文公十六年，楚國又起了大饑荒。戎族起來攻擊他的西南方，打到阜山（在今湖北房縣），進駐大林（在今湖北荊門縣）；又攻擊他的東南方，到了陽丘（在今湖北鍾祥縣），進攻訾枝（亦在今鍾祥縣）。庸（在今湖北竹山縣）人也帶領羣蠻叛楚。麇人帶了百濮之族在選地（在今湖北枝江縣？）聚會，預備去伐楚。楚國申、息兩地的北門都戒了嚴，時局非常嚴重。楚人商議遷都到阪高險地。大夫蔿賈反對道：「我們能去，敵人豈不能去？我們愈退讓，敵人就愈進攻。不如盡力抵抗，敵人見我們雖遭荒年，仍能出兵，野心或許會消滅的。」莊王聽了他的話。出兵剛十五天，百濮果然退去。楚兵從廬地（在今湖北南漳縣？）前進，取出倉庫裏屯積的糧食，上下同心，匀食熬苦。他們駐兵在句澨（在今湖北均縣）地方，派廬戢梨帶兵侵庸，打到庸國的方城（在今湖北竹山縣）。庸人出來追趕，楚將子揚窗被俘。過了三天，他逃回，對楚兵道：「庸兵很多，羣蠻都聚在一起，不如回去興起大兵，合併王室的軍隊一同前進。」大夫師叔道：「我們不如再用誘敵計去引誘他們，這就是先君蚡冒克服陘隰的方略。」楚人用了他的計策，與庸兵連戰七次，都假意敗退。庸人

只派了裨、鯈、魚三邑的人追趕楚兵，他們大言道：「楚國已不足與一戰了！」於是他們就疏了防備。楚莊王乘驛車與大兵在臨品（在今湖北均縣）相會，分軍為兩隊：大將子越領一隊從石溪（約在今湖北均縣）出發，子貝領一隊從仞地（當亦在均縣一帶）出發，夾攻庸國。秦、巴兩國也發兵幫助楚人（秦國自從殽地戰敗後就與楚國聯結）。羣蠻一看情勢不對，就與楚國結盟。庸國勢孤，立即被楚兵滅掉了。

楚莊的觀兵周疆

「多難可以興邦」，這句話確是不錯的！楚國連平內亂和外患，國勢正如旭日初升，他們既把晉兵在北林打敗，收服了鄭國；在魯宣公二年，莊王又起兵伐陸渾之戎（在今河南陸渾縣），直逼洛水，在周國的疆界上耀武揚威。周定王（襄王死後，子頃王壬臣嗣位。頃王去世，子匡王班嗣位。匡王去世，弟定王瑜嗣位）派大夫王孫滿去慰勞莊王，莊王竟向王孫滿詢問周室鎮國之寶九鼎的大小輕重。王孫滿見莊王的來意不善，便用話折服他道：「一國的興亡在於德不在於鼎，道德修好了，鼎雖小還是重的；道德如不好，鼎雖大也就變得輕了。現在周德雖衰，天命還沒有完，鼎的輕重未可問哩。」莊王聽王孫滿的話強硬，知道周室尚未可輕視，就班師回去了。

楚國鬥椒之亂

那時鄭國因連被晉兵侵伐，已與晉講和；楚莊王又起兵侵鄭，未得勝利。不料國內又起大亂：令尹鬥越椒（即子越）作亂，殺死司馬蒍賈，駐兵烝野，想進攻莊王。莊王用了文、成、穆三王的後裔做押當去與越椒講和，越椒不受，進兵漳澨。莊王下令討伐，與鬥越椒的兵在皋滸（在今湖北枝江縣？）開戰。越椒善於射箭，他一箭穿過莊王的車轅，射到鼓架，着在鉦上。再射一箭，又穿過車轅，着在車笠上。王軍大懼，向後倒退。莊王派人巡諭軍中道：「我們先君文王打勝息國的時候，得到了三枝利箭，兩枝被鬥越椒偷去，現在已放完了。」宣示畢，軍心安定。莊王擂鼓進兵，一戰就把若敖氏（即鬥氏）滅了。

楚莊北略的失敗與平定南方

這時，鄭國有內亂，國君靈公（穆公子夷，嗣穆公位）被大臣公子歸生所弒，弟堅嗣位，是為襄公。襄公仍不肯服楚，楚莊王既平大亂，又兩次起兵伐鄭。陳國見鄭國被侵，與楚聯和。晉大將荀林父和趙盾連次領兵救鄭伐陳。楚人也第三次出兵伐鄭，逼服了鄭國。不久鄭國又背楚向晉；晉、魯、宋、衞、鄭、曹諸國同盟於黑壤（在今山西沁水縣附近），周王也派了王叔桓公來監盟，晉霸頗有中興的氣象。

楚人北征不利，知道要圖中原，必須先平定南方。恰巧那時

羣舒背叛楚國，莊王起兵伐滅舒和蓼兩國，劃正疆界。一直到了滑汭（在今安徽合肥縣一帶）地方，與吳、越兩國結了盟，方才回去。從此楚國在江淮流域的勢力漸趨鞏固，他們便再回頭來經營北方。

楚莊的爭霸

那時陳國已降了晉，莊王起兵伐陳，陳又附楚。晉國邀合宋、衞、鄭、曹諸國在扈地結會，陳侯不來與會，晉荀林父帶了諸侯的兵伐陳。不幸晉成公在扈地去世（子景公獳繼位），諸侯的兵無功而回。楚國因鄭國始終服晉，又起兵伐鄭。晉將郤缺救鄭，鄭伯把楚兵在柳棼地方打敗。鄭兵雖然有功，大臣子良害怕楚國報仇，不久反與楚講和，諸侯的兵伐鄭，又取了和回去。隔了些時，楚莊王再伐鄭；晉將士會救鄭，在潁水的北面趕走楚兵，派諸侯的軍隊駐守鄭地。楚國哪裏肯息，魯宣公十一年，莊王又伐鄭，攻到櫟地。鄭大臣子良說道：「晉、楚兩國不務修德，專用武力相爭，我們只得做個隨風船了！」於是楚、鄭、陳三國盟於辰陵（在今河南淮陽縣附近）。

鄭、陳既服，楚兵順便侵宋。莊王親自駐在郔地等待消息，命令尹艾獵（即孫叔敖）修築沂城（在今河南正陽縣），進逼北方。不久又因陳大夫夏徵舒弒了國君，莊王伐陳討亂，下令陳人不必驚慌，只討伐夏氏一家。他就把夏徵舒殺死，攻進陳都。那時陳新君成公正在晉國，莊王下令把陳國改為楚國的縣。大夫申

叔時從齊國奉使回來，勸諫莊王道：「夏徵舒弒君固然有罪，你討伐他是很對的。但是有句俗話道：『牽着牛去踏人家的田，田主把牛奪了；牽牛踏田的人固然有罪，然而就因此奪了他的牛，罰也太重了。』你現在取了陳國，正和奪人的牛一樣，恐怕諸侯要不服的。」莊王聽了他的話，就重封了陳國，只在陳國每鄉帶走一個人，安置在一處，就把那塊地稱為「夏州」，以表示討亂的功績。

辰陵盟後，鄭又附晉，莊王大怒，起兵把鄭國圍困了十七天。城將攻破，鄭人聚在祖廟裏痛哭，預備出來死鬥。莊王下令退兵，想招降鄭人。那知鄭人修好城池，仍舊抵抗楚兵。楚兵重圍鄭都，攻了三個月，才把鄭都攻破。楚兵從皇門進到大街。鄭襄公祖着衣服，牽了羊去迎接楚軍，向莊王哀求講和。莊王答應了他，退兵三十里，派大夫潘尫進城與鄭伯結盟；鄭臣子良也到楚國去做押當。從此鄭國就服了楚了。

邲之戰

晉國發動大兵救鄭，到了河上，聽見鄭已服楚，元帥荀林父就想回去。上軍將領士會也說楚國方強，不可與爭，主張退兵。中軍佐將先縠反對退兵的主張，說道：「在我們的手裏失了霸業，不如死！」他竟帶領所部渡過河去。司馬韓厥勸荀林父道：「先縠帶了偏師去陷敵，你是元帥，部下不聽命令，你的罪大了。不如一同進兵，就是打敗，三軍將佐同分其罪，總比你一人

得罪好些。」於是晉軍全部渡河。楚莊王統兵北進，駐在郔地，想使戰馬在黃河裏喝了水就回去。聽見晉兵已渡河，莊王便想班師。嬖人伍參主張開戰；令尹孫叔敖反對，撥轉了車馬。莊王聽了伍參的話，下令改轅北向，駐兵在管地（在今河南鄭縣）等候晉兵。晉軍駐在敖、鄗二山（均在今河南河陰縣）之間。鄭國派人去到晉營說道：「我們的從楚，只是想保全社稷，並非真心與楚要好。楚國驟勝已經驕傲，他們的軍隊也已疲乏了，又不設防備，你們若加以攻擊，我們做個幫手，楚兵一定大敗。」晉軍諸將聽了鄭使的話，紛紛爭論，仍不得結果。楚王連派使者兩次到晉軍去議和，晉人已經答應和議，定下了結盟的日期。那知楚人和議並非真心，他們又派了人來向晉軍挑戰；晉人出營追趕，他們又逃跑了。晉將魏錡、趙旃因求高官不得，心裏懷恨，想使晉軍失敗，力請也去挑戰；荀林父等不許。他們又請奉使去講和，荀林父等答應了。不料他們去到楚營，反向楚軍要求開戰。當兩人到楚營去後，晉上軍將領士會、郤克請準備戰事，先縠大意得很，又不讚成。士會獨自行動，派部下鞏朔、韓穿帶領七支伏兵埋伏在敖山的前面。中軍大夫趙嬰齊也派手下人先在河裏預備了船隻。趙旃夜裏到楚營前，在軍門外席地坐了，派部下衝進楚營去激戰。楚王親自出來追趕趙旃，趙旃把車丟了，逃入林中，衣甲都被楚兵搶去。晉人派屯守的兵車來迎接魏錡和趙旃；楚將潘黨望見車塵，派人趕去報告大營說：「晉兵來了！」楚人也怕莊王輕入晉軍，就全軍出營結陣，孫叔敖下令急速進兵。楚兵雷擊電馳般直衝向晉營，荀林父出於意外，不知所為，在軍中擂鼓

下令道：「先渡過河去的有賞！」中軍和下軍爭起船來，各自用手攀住船隻，兩軍的軍士自相殘殺，砍下的手指在船裏可以成捧了。晉兵向右移動，獨上軍因士會的準備未敗；中軍因趙嬰齊的準備，雖敗而得先渡河。楚軍方面工尹齊帶領右拒追趕晉國的下軍；潘黨帶領游車四十乘跟從唐侯（唐國那時從楚）的兵為左拒，去進迫晉國的上軍。士會自為後殿，督領軍隊緩緩退去，沒有什麼損失。楚軍俘獲了晉將知罃，知罃的父親下軍大夫知莊子帶領所部回攻楚軍，射殺楚將連尹襄老，搶了他的屍首；又俘獲楚王的兒子公子穀臣，方才退去。到了夜裏，楚軍駐在邲地（在今河南鄭縣），晉的餘兵不能成軍，乘渡河逃去，一夜裏聲音不斷。楚王進駐衡雍，祭了黃河的神，又建築一所祖廟，告了成功，才班師回國。

這次晉軍的失敗，並不是他們的實力敵不過楚人，乃是因軍將不睦，從內裏分崩開來，以致大敗，這又可見卿族驕橫的弊害了。晉兵回國，荀林父自請治罪；晉侯將要答應他，大夫士貞子用楚殺令尹子玉的事去進諫，晉侯聽了他的話，命林父復位，這就成就了他後來滅狄的功績。

清丘之盟

楚國既大敗晉兵，鄭、許諸國都歸附了，莊王又起兵攻破宋的屬國蕭（在今江蘇蕭縣）。晉、宋、衛、曹諸國同盟於清丘（在今河北濮陽縣附近），立約共救災患，討伐不服的國（鄭與宋、

衞終春秋之世是兩黨，鄭服了楚，所以宋、衞便與晉聯結）。清丘盟後，宋國因陳服楚，起兵伐陳，衞國卻反去救陳（因陳、衞又本是一黨）。楚王親征伐宋，討他前次救蕭和伐陳的罪。晉國也責問衞國救陳的罪。衞執政孔達自殺，由着國人拿他向晉國解説。

楚莊的成霸

　　晉勢稍振，又起兵伐鄭，頒告諸侯，在鄭地校閱車馬而回。鄭伯畏懼晉人，親自到楚國去，商議對付晉國的政策。這時齊國曾乘晉的敗去伐服晉的莒國（魯國此時也為齊黨，所以不與清丘之盟）。楚國便想聯結齊國以抗晉，派大夫申舟（即文之無畏）到齊國去行聘，經過宋國，被宋人殺死（宋國報復前次無畏責打宋公僕人的仇恨，又因無畏不向宋國假道，所以把他殺死），莊王大怒，立即起兵圍困宋都。魯國也派人來與楚國在宋地結會。宋公派使向晉國告急，晉國因邲戰之敗不敢去惹楚人，只派了一個使臣叫解揚的去安慰宋人道：「我們的軍隊已傾國前來，快要到了，請你們不要就降楚！」解揚經過鄭境，被鄭人捉住，獻給楚兵，楚王向他厚納了賄賂，叫他去反説宋人歸降。他被逼不得已，假意答應。楚人把他放在樓車上面，命他招降宋人，他卻仍依晉君的話吩咐了宋國。楚兵圍宋過了九個月，在宋城外築了房屋，又分兵回去耕田，以表示不勝不回的意思。宋人大怕，派大將華元乘夜偷進楚營，直登楚元帥

子反的衶,劫他講和道:「敝國的人民互相掉換了兒子殺來當飯吃,拿人的骨頭當柴燒,已經危險極了。但是要我們結城下之盟,我們雖到國亡也不肯做的。你們若能退兵三十里,我國當唯命是聽。」子反被華元所劫,沒有辦法,只得與他立盟,把他的話轉達楚王,退兵三十里。宋國就與楚結盟,命華元到楚國去做押當。這時,魯、宋、鄭、陳諸中原的國家都歸附了楚國,楚莊王的霸業就成功了。

赤狄的衰亡

當楚國經營中原的時候,晉國也正在經營北方的狄族。狄人自從鹹地敗後,聲勢本已稍減;長狄滅亡,白狄也獨自成了部落(白狄、長狄似本都是赤狄的屬部)。但赤狄仍自稱強,乘晉霸中衰,兩次侵齊並伐晉,圍困了晉邑懷和邢丘,又割取了晉地向陰的禾子。晉國用驕兵之計,暫不與他計較;並用離間政策,聯絡眾狄;白狄曾與晉伐秦,晉侯又曾與眾狄會於欑函,羣狄服晉,赤狄勢成孤立。他們仍不知道進退,聽了晉臣先縠的話,乘晉兵在邲地打了敗仗,起兵伐晉,打到清地(在今山西稷山縣附近?)。晉人殺了先縠,把內患除去,然後專心對付狄人。

魯宣公十五年,赤狄部長潞氏(在今山西潞城縣一帶)的執政大臣酆舒專權,殺死他的國君的夫人姬氏(晉景公姊),又弄傷潞君的眼睛,潞氏內亂,晉景公想發兵去討伐,諸大夫畏懼酆

舒的多才，都不讚成出兵。大夫伯宗獨竭力主張討狄，以為恃才
與眾，是商紂滅亡的根由，酆舒不足畏懼。晉侯聽了他的話，命
荀林父領兵伐潞，把赤狄的兵在曲梁（在今河北永年縣？）打
敗，順勢滅了潞氏，俘獲潞君嬰兒。酆舒逃奔衛國，衛國把他拘
住送給晉國，晉國立將他殺了。

　　潞氏滅亡以後，秦桓公（康公死，子共公稻嗣位。共公死，
子桓公嗣位）曾起兵伐晉。晉侯在稷地（在今山西稷山縣）校閱
軍隊，經略狄土，重封了被狄人所滅的黎國。回兵到洛，晉將魏
顆把秦兵在輔氏地方打敗，俘獲秦國勇將杜回。次年（魯宣公
十六年），晉國又命士會領兵伐滅赤狄的餘種甲氏（在今河北雞
澤縣一帶）和留吁（在今山西屯留縣一帶）、鐸辰（約在今山西
潞城縣附近）等部落。後來魯成公（宣公子黑肱，嗣宣公位）三
年，晉衛又聯兵攻破了廧咎如國（約在今山西陽曲縣附近？），
赤狄的餘種就盡數被滅了。晉國既兼併了赤狄的土地，勢力頓
強，就又南向與楚爭中原的霸權了。

第十一章

晉國的復霸

緒論－晉景的東略－晉楚的爭霸－晉國聯吳政策的開始－第
一次弭兵之盟－晉厲的西伐－第一次晉楚弭兵之約的破裂－鄢陵
之戰－沙隨之會與晉厲的南略－晉厲中央集權政策的失敗－晉悼
的東征南略－晉人的和戎政策－楚吳的爭衡－晉悼霸業的全盛－
晉悼霸業的不終－晉悼霸業結論

緒論

晉、楚兩國的歷史是一部《春秋》的中堅。晉、楚爭霸的歷
史可以分為五個階段：第一階段是晉文襄主霸的時代，在這時
期內，晉國差不多是中原實際的共主，楚國的勢力不能出方城
以外。第二階段從晉靈公即位到景公滅狄止，在這時期內，晉勢
衰而楚勢強，造成「蠻夷猾夏」的情勢。第三階段從晉景公伐齊

到厲公敗楚止，在這時期內，晉、楚兩方勢均力敵，實行爭霸。第四階段從晉厲公伐鄭到欒氏作亂止，在這時期內，晉勢強而楚勢衰，造成晉霸復興的局面。第五階段從晉欒氏出奔到晉、楚第二次盟於宋止，在這時期內，晉國因內部分化，楚國也因受吳國的牽制，兩方都不能努力於爭霸事業，於是醞釀成國際和平的局面。盟宋之後，晉、楚共霸，中原消息趨於沈寂，而晉國所扶持起來的吳國和楚國所扶持起來的越國又突然強盛起來，南方鬧成相斫的形勢，北方政局的內部也在急劇變化；等到句踐稱霸，三家滅知，陳氏專齊，春秋的時代已告了結束。統看春秋史的全部，晉厲、悼復霸實是一個重要關鍵，因為晉國內部分崩是春秋時代的結束，而晉國內部的分崩實由於向外發展過度；厲、悼二公時，晉的國力發揮得最為盡致，強弩之末勢不能穿魯縞，晉的衰亂也就肇基於此時了。

晉景的東略

晉景公滅狄以後，西邊曾打敗秦兵，東邊又向齊國發展勢力。魯宣公十七年，晉國派大臣郤克到齊國去徵會，齊頃公（惠公子無野，嗣惠公位）怠慢了他。郤克回國，就向晉侯請求伐齊；晉侯再三不肯。齊國聽得這個消息，趕快派大臣高固、晏弱等去赴會；到了半路，高固先行逃回。晉、魯、衛、曹、邾諸國在斷道（在今山西沁縣附近）同盟，因齊君沒有親來與盟，又因高固擅自逃回，晉國便辭去齊人，把齊使晏弱等拘了。那時

荀林父大概已死，晉國由士會執政，士會特地告老，把政權讓給郤克，由他去達到伐齊的目的。郤克既執了政權，第二年就聳動晉侯邀合衞兵伐齊，打到陽穀地方（在今山東陽穀縣附近）。齊頃公無奈，親自出來與晉侯結盟，又向晉國納了質子，晉兵才回去。

　　那時魯、衞等國都受齊國的侵略。魯國見晉、齊已講和，報不成仇，便派使臣到楚國去請兵伐齊。恰巧楚莊王去世（子共王審嗣位），楚兵不能出國，魯國又轉回頭來與晉聯結。齊國懷恨魯國，反與楚國相聯，想用楚兵伐魯抗晉。這事的反響便是晉、魯兩國在赤棘結盟。魯成公二年，齊兵伐魯北鄙，奪取龍邑（在今山東泰安縣附近），南侵到了巢丘。衞國派大臣孫良夫等領兵侵齊救魯，半路上與齊軍相遇，在新築（在今河北大名縣附近）地方開戰，衞兵大敗。齊兵侵入衞境，駐在鞫居。孫良夫從新築敗走，不進國都，就到晉國去；同時魯國也派使臣到晉。大家都向晉國請兵。晉執政郤克竭力主張開戰，晉侯答應給他七百乘人馬，郤克堅請加至八百乘，立刻興兵伐齊。那時魯、衞、曹三國也各派軍隊參戰。由魯國做嚮導，追趕侵衞的齊兵，來到靡笄山（在今山東歷城縣附近）的下面。晉、齊兩國正式宣戰，在鞍地（亦在今歷城縣）交鋒。齊侯奮勇說：「我們先剪滅了敵人然後吃早飯罷！」說完這話，連戰馬也沒有披甲，就帶兵直衝晉陣。齊兵來勢洶湧，郤克被箭射傷，血一直流到屨上，但他仍盡力搖鼓，只對兩旁的人道了一聲苦。御者張侯道：「在兩軍開始接觸的時候，我的手和肘早被箭射穿了，我把箭折斷，仍舊御我

的車，可是兵車的左輪都被血染成了朱黑色，我還不敢道苦呢，請您忍耐些罷！」郤克受了張侯的鼓勵，便左手並執了馬韁，右手舉起鼓槌，把戰鼓擂得震天響，戰馬直向前衝。大兵跟隨他的車衝過去，齊兵抵擋不住，大敗而走。晉兵追趕齊兵，把華不注山（亦在今歷城縣）繞轉了三次。晉將韓厥緊追着齊侯，齊侯把韓厥的車左射下車去，又把車右射死；但韓厥仍不放鬆，齊侯危急萬分，便與他的車右逢丑父掉換了位子。韓厥追上來，逢丑父假派齊侯去取飲，乘機逃脫。韓厥把逢丑父擒了去。齊侯逃脫以後，又想去救丑父，三次衝進晉軍，不曾得手。晉兵深入齊境，從丘輿（在今山東益都縣）進攻馬陘（亦在今益都縣）。齊侯認輸，派人向晉軍納賂割地求和。晉人想不答應，魯、衛兩國出來調停，晉人方才允許和議，與齊臣國佐結盟，叫齊國把侵奪來的魯、衛等國的地方還給原主，就班師回去了。

晉楚的爭霸

晉國大敗齊兵以後，國勢更見振興，又收容了楚國逃來的申公巫臣，用為謀主，來對付楚人。那時楚、齊結成一党，楚人見齊兵大敗，便起傾國之師聯合了鄭、蔡、許等國的兵侵伐衛、魯，替齊報仇。魯、衛敵不過他們，只得與楚講和。楚國就邀合了齊、秦、魯、宋、衛、鄭、陳、蔡、許、曹、邾、薛、鄫諸國同盟於蜀（在今山東泰安縣附近）。這是自春秋開始以來參加國數最多的一次大盟會。楚國聲勢大到如此，連晉國也畏避他，不

敢惹他的事。

但是晉國究竟也不甘心示弱,在楚國盟蜀的次年(魯成公三年),也邀合了魯、宋、衞、曹等國伐鄭。晉偏師深入鄭境,鄭國起兵抵抗,鄭將公子偃設下埋伏,把晉兵在丘輿打敗,派人到楚國去獻捷。晉、楚兩國在這時差不多勢均力敵,於是互相歸還邲戰的俘虜。晉國放了楚公子穀臣,並還了連尹襄老的尸首,楚人釋放晉將知罃回國,兩國的和平有了轉機。

不久,晉國討滅赤狄餘種廧咎如,又增作六軍,國力越發充實。齊侯也到晉國去朝見。那時鄭國相當強盛,一再伐許,奪取許地。晉兵救許伐鄭,楚兵便去救鄭;鄭伯與許男都向楚國請求判斷曲直。許國先向楚國報告了鄭國的侵略,鄭伯爭訟不勝,楚人拘了鄭臣;鄭伯回過頭來,就派使向晉國請和,兩國在垂棘地方結了盟。晉國因鄭國已服,就邀合了齊、魯、宋、衞、鄭、曹、邾、杞等國同盟於蟲牢(在今河南封丘縣附近)。這時中原諸侯既怕晉,又怕楚,差不多都是兩面納款的。

魯成公六年,晉國遷都新田(在今山西曲沃縣),繼續經營諸侯。蟲牢之盟,宋國因事辭了晉國再會的命令,晉國就連次發動諸侯的兵去侵宋。楚國也在這時伐鄭。晉兵救鄭,楚兵回國。晉兵順便侵蔡,楚國忙派申、息兩邑的兵救蔡,晉兵也回去了。晉兵一回,楚國又起兵伐鄭。晉國聽得這消息,再發諸侯的兵救鄭。鄭兵攻擊楚軍,俘獲楚將鄖公鍾儀,獻給晉國。晉國因那時莒國也來歸服,就邀集諸侯同盟於馬陵(在今河北大名縣附近)。

晉國聯吳政策的開始

　　楚國令尹子重、司馬子反等和亡臣申公巫臣有仇，巫臣奔晉，他們就殺了巫臣的族人，分了他的家。巫臣大怒，替晉國出主意，去與剛在興起的吳國聯合抗楚。巫臣親身到吳國去，教他們射御乘車和戰陣，聳動他們叛楚（吳本是楚的屬國）；又叫他的兒子狐庸駐在吳國，做吳國的行人。於是吳國開始出兵伐楚，伐巢（楚屬國，在今安徽巢縣），伐徐（亦楚屬國，在今安徽泗縣）；又攻入了楚邑州來（在今安徽鳳台縣），鬧得子重、子反在一年之中奔了七次命。蠻夷本來屬楚的到這時都被吳國奪去，吳國大強，楚國就受牽制了。

　　楚國國勢稍弱，晉國又起兵侵蔡，順道侵楚，擊敗楚軍，俘獲楚將申驪；又侵服楚的沈（約在今河南汝南縣附近），俘獲沈君；不久又合諸侯的兵伐郯（在今山東郯城縣），似是想開闢通吳的道路。但那時晉國因想討好齊國，命魯國把前次齊國所還的侵地重新獻給齊國，於是諸侯不服。晉國怕起來，又邀合諸侯同盟於蒲，並想順便邀會吳國，吳人因路遠未來。

第一次弭兵之盟

　　楚國在國力上鬥不過晉，卻用了賄賂去收買鄭人，鄭、楚在鄧地結合。但鄭國並不就想斷了晉國的路，鄭成公（襄公傳子悼公，悼公傳弟成公同）又到晉國去朝見，卻被晉人拘住。晉將欒

書領兵伐鄭，鄭人派使議和，晉人又把這使者殺死。楚國知道，派將子重領兵侵陳以救鄭（這時陳已服晉）。

晉國因連年用兵不息，頗想與楚講和，休養國力，就先用厚禮釋放前次鄭國獻來的楚將鍾儀回國，叫他去說合晉、楚的和議。楚人這時正在伐莒，大約是想截斷晉、吳交通的路（前次晉侯派申公巫臣到吳國去，假道於莒）。秦人和白狄也聯兵伐晉（大約也是楚人的指使）。鄭國又起兵圍許，向晉國表示不因國君被拘而害怕的態度。這時，晉國頗有些躊躇了。但楚王聽了鍾儀的話，也想與晉講和，派使聘問晉國，晉又派使去回聘，晉、楚的國際關係稍微好轉。然晉國仍接連發動諸侯的兵討伐鄭國，鄭國只得屈服，晉、鄭同盟於修澤，晉人就把鄭成公釋放回國了。

晉景公去世，太子州蒲在景公有病時已即位，是為厲公。宋國開始發動了弭兵運動，原因是那時宋國的執政大臣華元與晉、楚兩國的當局都很交好，聽說晉、楚已自動議和，他想從此免去國際戰爭，就起來竭力拉攏，隨後兩國都答應了他的提議。

這時秦、晉也在講和，打算在令狐結會。晉侯先到，秦伯懷疑晉人，不肯渡河，派臣下到河東來與晉侯結盟；晉國也派大臣郤犨到河西去與秦伯結盟。兩國這樣互相猜忌，盟好哪能長久，所以秦伯回國就背了晉盟，與楚、狄（白狄）聯結。

魯成公十二年，宋華元的弭兵運動成熟。這年夏天，晉、楚兩國在宋國西門外結盟，盟辭道：「從此以後，晉、楚兩國不要互相侵害，必須同心一德，互恤災患。若有害楚的國家，晉國應起兵討伐；楚國對晉也是如此。兩國應聘使往來，使道路間永不

壅塞。並協謀同討不庭的國家。誰背了這次盟，明神就降下罰來，着他喪師亡國！」兩國結盟既成，鄭伯到晉國去聽命。晉、魯、衞諸國會於瑣澤，申明了和議。

晉厲的西伐

晉、楚和局既定，兩國又互派使臣往還結盟。晉國解除了南顧的憂慮，便把精力移轉到西方。這時秦國聳動楚、狄兩方，想引導他們去伐晉，晉人先把狄兵在交剛地方打敗，然後派使臣呂相去絕了秦好，把罪狀都推在秦國身上，邀合齊、魯、宋、衞、鄭、曹、邾、滕等諸侯朝見周王，請周王派大臣監兵，大張旗鼓去伐秦。兩方在麻隧（在今陝西涇陽縣）開戰，秦兵大敗，諸侯的兵渡過涇水，一直打到侯麗（也在今涇陽縣附近），方才回去。

第一次晉楚弭兵之約的破裂

隔了三年（魯成公十五年），楚國想違背盟約，出兵北略。大夫子囊道：「我們剛和晉國結盟，就違背了盟約，似乎說不過去。」司馬子反道：「只要於本國有利就可以幹，管什麼盟約！」楚共王聽了子反的話就興兵侵擾鄭、衞兩國。這次因楚國先輸了理，所以鄭國也發兵侵楚，奪取新石地方。晉國見楚背約，就邀合諸侯的大夫與吳人會於鍾離（在今安徽鳳陽縣），預備對付楚人。這是吳與中原上國會盟的開始。楚國見勢不利，又割了汝陰

的田買服鄭國。鄭伯叛晉，與楚結盟，又起兵替楚伐宋。衛國也起兵替晉伐鄭。到這時，中原的和平便破裂了。

鄢陵之戰

晉厲公發動大兵討鄭，鄭國向楚告急，楚共王親征救鄭。晉兵渡河，與楚兵在鄢陵（在今河南鄢陵縣）相遇。晉中軍佐將士燮不願開戰，中軍元帥欒書和新軍佐將郤至卻都主張接戰。楚兵又抄了邲戰的老樣，乘天氣陰暗，一早起來全軍壓迫晉營結陣。晉軍很是畏懼。小將范匄（士燮子）獻策道：「我們把井塞了，灶平了，在軍中結陣，打開營壘作為戰道就是，何必怕楚？」元帥欒書也道：「楚兵很是輕佻，我們固守着營壘候他，三天之內他們必退。等他們退了順勢攻擊過去，定能獲勝的。」郤至也竭力說明楚有可乘之機。楚亡臣苗賁皇報告晉侯道：「楚兵的精華都在中軍王族，如果分了精兵去攻擊他的左右軍，再合三軍之力去攻王卒，楚兵必然大敗。」兩方開戰，楚軍果然失利。晉將魏錡一箭射中楚王的眼睛，楚王叫神箭手養由基回射，把魏錡射死。楚兵敗退，臨了險地，養由基連射晉軍，箭無虛發；大力的叔山冉也搏了人去投擊晉車，把晉軍的車軾折斷，晉兵才止住不追，俘獲了楚將公子茷。楚兵與晉兵打了一天，到夜還未息手。楚司馬子反命令軍吏查恤傷兵，修補卒乘，整理軍器，預備明天再戰。晉軍方面，苗賁皇也替晉侯下令，命部下修補車卒，秣馬厲兵，固陣等待；一面把捉來的楚國俘虜縱放回營，讓他們去報

信。楚王派人召子反商議，哪知子反喝醉了酒，不能出見。楚王
歎道：「這是天敗楚了！」不能久待，連忙乘夜帶兵逃走。晉軍
抄了城濮之戰的老文章，佔領楚營，把營中糧餉吃了三天。楚兵
回國，司馬子反自己覺得有罪，就自殺了。這次戰爭，又是晉國
方面獲得大勝利。

沙隨之會與晉厲的南略

晉厲公大敗楚兵於鄢陵以後，就邀合齊、魯、宋、衛、邾諸
國會於沙隨（在今河南寧陵縣附近），預備伐鄭。在提起這回伐
鄭的事之前，有一件魯國的故事應當補敘一下。當鄢陵之戰時，
齊、魯、衛三國的當局和國君都出來做晉國的援應。就在這時，
魯國內部發生變亂，只為大夫叔孫僑如與成公的母親穆姜通姦，
想去掉與他並立的季孫、孟孫兩家，所以在成公將要出國去的時
候，穆姜就要求他趕走季孫和孟孫。成公說這事回來再談吧，穆
姜聽了很不高興。成公一看情勢不對，先在宮中置了守備，設了
留守的人，然後出國。為了這一耽擱，他到鄢陵時已過了晉、
楚戰期了。到這一次沙隨之會，叔孫僑如公報私仇，便派人向晉
臣郤犨說了成公壞話。郤犨是晉國的公族大夫、新軍的將領，主
管東方諸侯的事，權力很大的，他向僑如要了賄賂，就在晉侯面
前進讒言，訴說成公已有二心於楚。於是晉侯不給魯侯面子，不
去見他。不久，晉國集合諸侯的兵伐鄭，成公又去赴會，穆姜重
向成公提起舊話，成公始終不肯答應，依舊安置好了戒備然後動

身。諸侯的兵駐在鄭西，魯兵又來晚了，駐在鄭東，不敢越過鄭境，只得向晉國請了接應，方才得與諸侯的兵一同會集。晉下軍佐將知罃帶領諸侯的兵先侵陳、蔡兩國，諸侯留守的軍隊遷駐潁上，鄭國乘夜出來攻擊，齊、宋、衛三軍都大受損失。於此可見鄭國到底不弱。這時魯叔孫僑如又派人去報告郤犨，說執政季孫行父等確有貳心於齊、楚，對晉國不忠實，於是晉人拘了季孫。魯侯派大臣子叔聲伯向晉國再三討饒，晉國才把季孫放回。叔孫僑如大失所望，立不住腳，奔齊而去。季孫行父與晉郤犨結盟於扈，晉、魯間的一場交涉才算完結。關於這事就可以看出晉國卿族的專橫和那時晉國勢焰之盛。

鄭國因前次幫助楚國與晉兵在鄢陵開戰，大得罪了晉國，又因楚共王為了援救他們竟被箭射壞了眼睛，感恩圖報，就一心向楚，對晉國的態度非常倔強，甚至派兵侵擾晉的邊境。衛兵救晉侵鄭。鄭伯叫太子到楚國去做押當，由楚國派兵替鄭國守禦。晉侯又邀合了諸侯的兵連次伐鄭，深入鄭境，圍困鄭都。楚國也連次發動大兵救鄭，晉國竟不能十分得志。這時中原諸侯，大約齊、魯、宋、衛等國是從晉的，鄭、陳、蔡等國是從楚的。晉、楚爭點在鄭；楚國拿鄭國做前線，用來抵擋北方勢力的南下。

晉厲中央集權政策的失敗

就在這時，晉國內亂開始發生了。內亂的原因，是為了晉厲公是個很能幹的君主，他對外戰敗楚兵，對內又想鏟除羣大夫的

勢力，改立親信，而造成中央集權的政治。原來自靈公以來，晉的卿族本以趙氏為最強，繼趙氏而起的是郤氏，其次又有欒氏和中行（荀）氏。當景公時，曾一度乘趙氏的內亂把他除去，但不久趙氏就又恢復。當厲公時，晉國貴族中以郤氏為最強橫，一家三卿，貴盛過了限度，在國內結下了很多的怨，執政欒書也怨恨他們，大家在厲公面前說了不少郤家的壞話。厲公聽了，便乘大夫自鬥之機先殺郤犨、郤錡、郤至，滅了郤氏之族。但他對於執大權的欒氏和中行氏兩家，大約恐事急生變，想暫時不加處置。他的死黨胥童等已劫了欒書和中行偃，勸厲公即時把他們除去。厲公不允，反派人去安慰這兩人，命他們復位。不料欒書、中行偃已看出厲公的陰謀，恐怕將來自己地位不穩，就先下手為強，拘了厲公，先殺死厲公的死黨胥童，不久又派刺客把厲公刺死了。厲公一死，晉國中央集權的運動就此失敗。

　　欒書、中行偃等殺死厲公以後，就派使向王朝迎立襄公的曾孫周為君，是為悼公。悼公年齡雖小，但生性很是聰明，知道經此大變，此後做晉國的君主很不容易，所以在他回國的時候，就對迎接他的羣大夫說道：「人們需要君主，是要他發號施令的。如果立了君而不肯聽他的話，那又何必要有君主呢？你們要用我，請在今天決定了態度；否則，就在今天作罷好了。」羣大夫一聽悼公的話厲害，便敬謙對答道：「我們沒有一個人不願意聽你的命令的。」悼公先與羣臣結了盟誓，然後入都即位，趕走不守臣禮的七個人，立下了威勢。但他對於欒氏、中行氏諸大族，仍是沒有辦法。

晉悼的東征南略

晉悼公即位以後，先整頓內政：安定民生，薄賦寬刑，省用節財，任用賢才，修復舊典，教導貴族，訓練軍隊，把國基弄穩定了，然後向外發展。就在晉國除舊布新的當兒，楚國早起兵滅了舒庸（在今安徽舒城、廬江二縣境）。楚、鄭兩國又合兵伐宋，深入宋境，攻破了要邑彭城（在今江蘇銅山縣），把宋國亡臣魚石等安置在那裏（宋國桓公的後裔魚、蕩等氏圖謀專政，被戴公的後裔華氏所驅逐，魚氏等現在借了楚國的力量侵入宋國），派了三百乘的軍士替他們守禦，藉以壓迫宋國，並圖截斷晉、吳的聯絡。宋國派兵圍攻彭城，楚、鄭兩國又起兵救彭城伐宋。宋人向晉告急，晉侯親征救宋，楚兵才回國去。晉悼公邀合諸侯在虛杅結盟，商議宋事。宋人向諸侯請兵圍困彭城，彭城降晉，晉人捉了魚石等回去。

魯襄公（成公子午，嗣成公位）元年，晉國又邀合諸侯伐鄭，攻入鄭都的外城，把他的徒兵打敗。諸侯的兵順道侵楚焦夷（在今安徽亳縣一帶），打到陳國。楚兵救鄭侵宋；鄭兵也出來幫楚攻宋，奪取犬丘。此後晉悼公又接連興兵討鄭，用了魯國的計策，在虎牢（在今河南汜水縣）地方築城以逼迫鄭國。這與楚國奪宋的彭城是差不多的策略；不過楚離宋遠，晉離鄭近，所以結果晉的策略成功。鄭國與晉講了和，算屈服了。晉國又想向東結合吳國，邀合諸侯在雞澤（在今河北雞澤縣？）同盟，派使到淮上去迎接吳君；不知為了何故，吳君未來赴會。這時陳國因為

受不了楚人的誅求，也來與諸侯結盟。楚兵屢次伐陳，陳國起初不服。後來楚兵侵伐不斷。諸侯雖也屢次合兵救陳，陳國到底畏懼楚國，背晉降楚。這是因為陳國離楚太近了的緣故。

晉人的和戎政策

在陳國降晉時，北方的戎族無終等國見晉國強盛，也派使向晉納貢求和。晉侯想不答應，大臣魏絳勸諫晉侯不要因對付戎族而失掉諸侯，並陳述和戎有三利：「戎狄們貴重貨物而輕視土地，土地可用貨物去收買，這是一利。戎狄不來侵擾，邊鄙安寧，農事無害，這是二利。戎狄服晉，足以震動四鄰，使諸侯傾心歸服，這是三利。」晉侯覺得他的話不錯，就派他去安撫諸戎，與戎人結盟。從此晉國免除了後顧之憂，勢力更向南發展了。

楚吳的爭衡

楚人北略不利，又東向伐吳，攻克鳩茲（在今安徽蕪湖縣？），打到衡山（在今安徽當塗縣附近？）地方，派勇將鄧廖帶領精兵深入吳境。吳兵截擊，楚兵大敗，鄧廖被獲，殘眾逃回的很少。楚兵回國，吳人跟着起兵伐楚，奪取了駕邑（在今安徽無為縣？）。

吳國也頗想與晉聯合，共同抵抗楚國，派使聘晉，請與諸侯結好。晉國先派魯、衛兩國和他結會；不久，晉國又邀合了齊、

魯、宋、衛、鄭、陳、曹、莒、邾、滕、薛、鄫等國與吳人會盟於戚地（這時陳國尚未降楚。戚地當在今山東滕縣附近）。

晉悼霸業的全盛

鄭兵侵服楚的蔡，俘獲蔡司馬公子燮，以求媚於晉國。晉悼公見霸業大定，便在邢丘（在今河南溫縣附近），邀會各國，規定朝聘的次數。那時諸小國困於大國的誅求，在經濟上也是很受壓迫的。

楚兵伐鄭，討他侵蔡的罪。鄭國諸臣有的想從楚，有的仍想等待晉國；爭論的結果，到底降了楚。晉人大怒，發動諸侯的兵伐鄭，圍攻鄭都很急。鄭人大怕，趕快求和。晉將知罃道：「我們姑且答應了鄭國的和，班師回國，藉此勞疲楚國的兵。我們把四軍（這時晉國有中、上、下、新四軍）分為三起，再合諸侯的銳兵，更番與楚相爭。如此，我們不至疲乏，可是楚人已受不得了。」於是晉人許了鄭和，諸侯同盟於戲。但鄭國的心仍未真服，諸侯再聯兵伐鄭。楚國因鄭已與晉結盟，也起兵伐鄭。結果鄭國又降了楚。

晉悼公與楚爭鄭未能得手，回國先從休養民力下手。他聽了魏絳的話，打開倉庫，救濟民困。魯襄公十年，他又邀合諸侯與吳人會於柤地（在今河南永城縣附近），乘勢攻滅偪陽（在今山東嶧縣附近），把地送給宋國，以作與吳交通的驛站。楚、鄭合兵圍宋，衛兵救宋，鄭兵侵衛，衛兵追敗鄭軍，斬獲鄭將皇耳。楚、鄭又合兵侵魯，回兵破蕭（宋邑）侵宋，楚人在竭力向東方

諸侯示威。在晉國極強的當兒，楚、鄭竟敢這樣強橫，鄭國且變成了楚的死黨，這可見攘夷事業之難為了。

鄭國勞民過度，內部發生大變，亂黨蜂起，殺死了執政公子騑、公子發、公孫輒，劫持了鄭伯。大夫公孫僑（即子產）等平定亂事，由公子嘉當國為政。他們有意挑動晉國，連次伐宋；晉侯也數次發動諸侯的大兵討鄭，並築守鄭國的虎牢和梧、制三邑（梧、制二邑都在虎牢附近），把楚國勢力逼退，方才真正得到鄭國的歸服。諸侯在蕭魚結會，鄭人送了厚賂給晉侯。晉侯重賞魏絳，獎勵他勸諫和戎以得諸侯之功。

先是秦國又向晉挑釁，派人向楚國請兵伐晉，楚王答應了他，令尹子囊勸諫道：「現在晉君很能用人，君明臣忠，我們是爭不過他們的，還是不要動兵罷！」楚王不聽，出兵武城（約在今河南南陽縣），援應秦國。秦人侵晉，晉國因荒年不能報復。

晉悼霸業的不終

到晉人服鄭之後，稍一露了驕態，秦兵伐晉，晉兵又被打敗。楚、秦又合兵侵宋；兩國並聯了姻好，合力來對付晉國。吳國卻在東邊助晉侵楚，被楚兵打敗。諸侯的大夫會吳於向（在今河南尉氏縣附近），協力謀楚。他們先伐秦國，以斷楚的左臂。晉侯駐在境上等待，派六卿帶領了諸侯的兵進攻，直到棫林地方（在今陝西華縣？），秦人仍不肯請和。晉帥荀偃下令道：「大家看我的馬頭所向進退！」下軍將領欒黶不服道：「晉國從來沒有

這樣的命令，我的馬頭偏想朝東了。」說罷，他就徑自帶了下軍回去，大兵也只好全隊而回。這次伐秦之役不得結果，仍是壞在內部的不和睦上。

這時衛大夫孫林父等把衛君獻公（成公傳子穆公邀，穆公傳子定公臧，定公傳子獻公衎）逐奔齊國，擁立殤公剽為君。諸侯的大夫會於戚地，承認了衛國的既成事實。晉國以霸主的地位而公開獎勵逐君（這實在是晉臣的意思），從此，「政逮於大夫」的局面便造成了。

晉國伐秦不利，楚國卻起兵伐吳；吳兵不出。楚兵回國時疏了防範，吳兵從險地出來邀擊，楚兵大敗，公子宜穀被獲。那時齊國已滅了萊國（在魯襄公六年），實力較前更強，便一面與周通婚，假借了王命（周王曾派大臣劉定公賜齊侯命），一面聯合東方邾、莒諸小國想背叛晉國，先侵擾魯邊。魯國向晉國報告，晉人想結會先討邾、莒，不幸悼公得病，不久去世（魯襄公十五年），會就沒有結成功。

晉悼霸業結論

統看悼公的霸業，可以說他最大的目的是在征服鄭國。他所用的政策是和戎、聯吳、保宋。結果雖把鄭國征服，但他也吃了楚人聯秦的虧。然而晉國最大的癥結還在貴族的驕橫，以致內政多門，不能統一，郤氏雖除，欒氏方張，他們到底使晉國在霸業上受了大挫折。

第十二章

弭兵之約的完成與中原弭兵時期
各國內政的變遷

緒論－澶淵之會－湛阪之戰－平陰之役－鄭國卿族的內亂－晉國欒氏之亂－范氏的驕橫－楚國的中央集權政策－晉楚齊吳的爭衡－衛國的孫甯之亂－弭兵運動的完成－弭兵之約的批評－晉國內政的變遷－齊國內政的變遷－魯國內政的變遷－宋國內政的變遷－衛國內政的變遷－鄭國內政的變遷－各國內政變遷的結論

緒論

從春秋前期齊桓公創霸業起，直到春秋中期之末晉、楚再盟於宋止，諸大國為了爭霸大砍殺了百餘年，弄得「夫婦男女不遑

啟處」，民力凋敝已極，因之有國際和平運動起來。國際和平運
動總共起了兩次：第一次因事機未成熟失敗；到第二次和平盟約
將訂立之前，晉、楚兩國都因內爭外患而筋疲力盡，諸侯間也實
在受不了「犧牲玉帛候於兩境」的苦痛，於是再由宋國發起弭兵
運動，晉、楚兩國重新結盟。這次盟約居然發生了相當的效力。
從魯襄公二十七年晉、楚再盟於宋起，一直到定公四年晉為召陵
之會侵楚為止，約有四十年的時間，中原總算走入了和平階段。
在這中原和平的時期中，中原方面的國際大事無甚可記，只是各
國的內政頗有改革變遷，而社會組織和思想學術也較前大有動
展，應該特別敘述一下。關於社會組織和學術思想我們放在下章
去講，在本章內先略述各國內政的變遷。

溴梁之會

晉悼公去世，子彪繼位，是為平公。平公即位之後就邀合
諸侯會於溴梁（約在今河南溫縣附近），命各國互還侵地，拘了
邾、莒兩國的君，討他們侵魯又與齊、楚通氣的罪。晉侯在溫地
宴享諸侯，命各國的大夫作舞歌詩，想從詩詞裏看出諸侯對晉的
心理。齊國已知道晉國要對付他，所以齊大夫高厚在歌詩中便表
示出叛晉的意思。晉執政荀偃怒道：「諸侯有異心了！」就命諸
大夫與高厚結盟；高厚不肯，乘機逃回。於是諸侯的大夫同盟，
盟辭道：「大家協力共討不服的國家！」這次諸侯的大夫的同盟，
已可看出政權下逮的端倪了。

湛阪之戰

那時許國因逼近鄭和楚，不得安寧，請求晉國替他遷都。諸侯遷許，許大夫不肯；晉人大怒，預備動兵討許。鄭國聽見討許的消息，特別高興，鄭伯親自領兵從諸侯的大夫攻打許國。晉兵順道伐楚（這時楚共王已死，子康王昭嗣位），與楚兵在湛阪（約在今河南葉縣附近）地方開戰，楚兵又是一場大敗，晉兵進侵方城之外，再伐了許國回去。

平陰之役

溴梁會後，齊靈公（頃公子環，嗣頃公位）兩次起兵伐魯北鄙，圍困成邑。魯國派人報告晉國，晉人答應幫忙。齊侯又分兵兩路伐魯，圍困桃邑和防邑。邾人也起兵做齊國的援應，伐魯南鄙。次年（魯襄公十八年），齊兵再來伐魯，晉國就邀合了魯、宋、衞、鄭、曹、莒、邾、滕、薛、杞、小邾等國的兵伐齊，在濟水會師。齊侯也起兵在平陰（在今山東平陰縣）地方抵抗，在平陰南面的防門外築了深溝預備固守。諸侯的兵進攻防門，齊人死得很多。晉人又命司馬在各地險隘散佈了旌旗，令前驅的兵車只坐一位車左，車右用衣服假作人形，把軍隊分配開以表示人多。車前載旌表示戰意，眾車的後面拖柴起塵以表示車多，用虛勢去恫嚇齊人。齊侯果然大怕，全軍乘夜逃走。諸侯的兵攻入平陰，追擊齊軍，俘獲齊將殖綽、郭最。魯和衞引導晉兵打破京茲

和郜邑（都在今平陰縣附近），圍困盧邑（在今山東長清縣），進攻齊都，燒了齊都的雍門和四郭，圍城甚急。齊侯將起身避難，太子再三勸阻，方才止住。諸侯的兵東侵到濰水，南侵到沂水；班師回去，在督揚結盟。盟辭道：「大國不要侵略小國！」晉人又拘了邾君，奪了邾國訿水以北的田送給魯國，以懲戒邾人幫齊侵魯的罪。不久，晉、衞兩國又連次伐齊。齊靈公去世，齊國內亂，只得與晉人講了和。

鄭國卿族的內亂

在諸侯伐齊時，楚國曾起兵伐鄭，原因是鄭執政子孔（公子嘉）專權，想借楚國的兵力來除去異己的羣大夫，他向楚國請求這事，楚令尹子庚不肯答應，楚王硬逼子庚帶兵前往。鄭留守大臣子展、子西等知道子孔的陰謀，設下了守備，子孔不敢出來與楚兵相會。楚兵深入鄭境，圍攻鄭都，打到蟲牢（在今河南封丘縣），方才回去。這次戰事正在冬天，大雨下來，天氣非常寒冷，南人不服北方的水土，楚兵凍死的很多。隔了些時，鄭人討子孔的罪，把他殺了。

晉國欒氏之亂

晉、齊結和以後，到魯襄公二十年，晉國又邀合齊、魯、宋、衞、鄭、曹、莒、邾、滕、薛、杞、小邾等諸侯同盟於澶

淵（在今河北濮陽縣附近），這是悼公復霸以後晉國勢力發達的頂點。不久，內亂就發生了：原來這時晉臣欒黶已死，子欒盈嗣位。欒盈初與范鞅同為公族大夫，兩人情意不和。欒黶死後，欒盈的家臣州賓與欒黶的妻欒盈的母欒祈（范氏之女）通姦，他們怕欒盈加討，就向外通氣，報告執政范匄，說欒盈將要作亂，作亂的目標就是打倒范氏。范鞅也為他們作證，欒盈這人喜歡布施，很得人心，多有死士。范匄正怕他的勢力太大，壓滅了自己，不由得信了欒祈們的說話，就設計把欒盈趕走，欒盈奔楚。范匄拘殺了他的黨徒多人，又邀合諸侯會於商任，宣示各國不准容納欒氏。但那時欒氏的黨知起、中行喜、州綽、邢蒯等都奔往齊國，所以不久欒盈也就從楚到齊（這大約是楚國派他聯結齊國抗晉的，他們的作用與晉派巫臣聯吳正同）。晉國又召諸侯會於沙隨，重申禁令，然而欒盈仍安住在齊國，齊國絲毫不理這類具文。

晉侯與吳通姻，嫁女給吳國。齊侯向晉國贈送媵妾，乘機暗用篷車載了欒盈和他的部下，把他們送入欒氏的私邑曲沃，想借了他們去擾亂晉國。曲沃人很擁戴欒盈，欒盈就帶了曲沃的軍隊結合晉大夫魏舒為內應，在白天攻入絳都（即晉新都新田）。那時趙、韓、中行、知諸大族都與范氏相好，從欒氏的只有魏氏等少數人家。晉侯嬖臣樂王鮒教范匄設計奉了晉君到固宮（襄公的廟，有台觀守備的）去，范鞅劫了魏舒也到固宮，由范匄安慰魏舒，答應他平了欒氏之後，就把曲沃給他做私邑。欒氏進攻公宮，范匄派力士斐豹擊殺欒氏的勇臣督戎。范鞅親自督軍前進，欒軍敗退，范軍乘勢追擊，斬了欒樂，殺傷欒魴。欒盈逃奔曲沃，

晉兵趕去把曲沃攻破，殺死欒盈，盡除欒氏的族黨，欒魴奔宋。

晉國內部發生大變，齊莊公（靈公子光，嗣靈公位）高興極了，他乘機起來伐衞，順道伐晉報仇。大臣晏嬰、崔杼等諫勸不聽。齊軍奪取朝歌（在今河南淇縣），分兵為兩隊，攻入孟門隘（約在今河南輝縣），直登太行山，進駐熒庭（在今山西翼城縣附近），又派兵據守郫邵（在今河南濟源縣附近），在少水上封埋了晉兵的屍首，作為「京觀」，然後回去。晉將趙勝帶領東陽（地在太行山東）的駐軍追趕，斬獲齊將晏氂。齊侯回去，不進國門，就帶兵攻襲莒都，被莒人射傷腿股，勇將杞梁戰死。莒國怕齊報仇，與齊講和，齊侯方才回國。

范氏的驕橫

晉國范氏滅了欒氏以後，自以為功高望重，就驕傲起來。那時魯國派大臣叔孫豹到晉國去賀平亂，范匄向他問道：「古人有句話道：『死而不朽』，這該怎樣講呢？」叔孫豹還未對答，范匄又道：「我的祖宗世世都很貴盛，直到現在我們范家仍執掌了晉國大權，『死而不朽』這句話，就是這樣講罷？」叔孫豹答道：「這只是世祿，談不到不朽；像敝國的先大夫臧文仲死了之後，他的說話仍被人所尊重，這才是真不朽呢！」於是范匄的自誇門第，結果只討了一場沒趣。又晉國在范匄執政時，規定諸侯的貢獻品很重，鄭人受不下去。魯襄公二十四年，鄭簡公（成公傳子僖公髠頑，僖公傳子簡公嘉）朝晉，鄭國有名的大夫子產寫了一

封信，託人轉交給范匄道：「你做了晉國的執政，四鄰諸侯聽不見你有什麼德政，只聽見叫我們加重貢獻，鄙人很是疑惑。你這樣幹下去，恐怕諸侯都要離叛了！」范匄被他說怕，方才減輕了諸侯的貢獻。

楚國的中央集權政策

在此以前楚國也曾發生一次內變：令尹子南專權，寵待親信，楚王把他殺死，改派蘧子馮為令尹。蘧子馮也很寵待親信，仍是招得楚王不安，後來子馮聽了大夫申叔豫的話，辭去門客，方才得安於位。晉、楚同是內變，所不同的，只是晉的內變發生自下，楚的內變發生自上。內變發生自下，證明了政權已經下移；內變發生自上，證明了政權仍在君主。在楚國，中央集權政策向來是很穩固的；在晉國，則這種政策老是失敗。這政權的在下和在上，就是晉、楚強弱的關鍵。

晉楚齊吳的爭衡

楚王作了舟師伐吳，因軍政不整，無功而回。齊侯因為曾伐晉國，害怕晉國的報復，又想與楚聯結，兩國互派使臣來往；齊國向楚乞兵抗晉。晉侯邀合諸侯會於夷儀，預備討齊；只因起了水災，暫時作罷。楚王也邀合了陳、蔡、許諸國伐鄭以救齊。諸侯回兵救鄭，楚兵遁回。齊國非常怕晉，又向王朝獻媚，替周室

修築都城，想借周天子的威靈來抵抗晉國。同時因魯國前次救晉侵齊，就興師伐魯。晉國再合諸侯於夷儀，即時起兵討齊。恰巧齊國又發生內變，大臣崔杼弒了齊侯，拿他向晉國解說，又向晉國上上下下都納了厚賂，晉侯答應齊國講和，頒告諸侯，同盟於重丘（在今山東聊城縣附近）。

吳人因楚前次來伐，就召合羣舒中的舒鳩國（在今安徽舒城縣一帶），教他叛楚。楚國起兵責問舒鳩。舒鳩人不承認有這件事，楚兵回國。不久，舒鳩人終究叛楚。楚人又起兵討伐。吳人來救，兩軍開戰，吳兵大敗，楚兵就把舒鳩滅掉。後來吳王諸樊（壽夢子，嗣壽夢位），又起兵伐楚，圍攻巢邑（在今安徽巢縣，即巢國地）。楚人用了誘敵計，竟把吳王射死（諸樊死，弟餘祭嗣位）。在楚吳交爭史上，這次戰爭是楚國的大勝利。這時楚勢似稍強盛，但鄭兵兩次伐陳，攻入陳都，向晉獻捷，陳是楚的與國，楚兵竟不能救；同時晉、秦議和，秦也是楚的與國，楚國也不甚在意。可見楚人對北方已不如從前的積極經營了。

隔了些時，楚、秦合兵侵吳，打到雩婁（在今安徽霍丘縣附近），聽見吳國已設守備，回兵順便侵鄭，攻打城麇，俘獲守將皇頡和印堇父，把印堇父歸給秦國。這時楚、秦又協和起來，似在竭力對付晉、吳的聯結。不久，許國因受不了鄭國的侵略，許靈公朝楚請兵伐鄭，死在楚國。楚王又邀合陳、蔡的兵伐鄭，鄭人將起兵抵禦，子產說：「晉、楚就要講和，楚王不過想乘未和之前儘量地幹一下罷了，不如使他逞意而回，和平反容易成就些。」楚兵攻毀南里的城，進攻了鄭都，渡過汜水就回去了。

衞國的孫寧之亂

先是，衞臣甯殖與孫林父趕走國君獻公，擁立殤公剽。甯殖去世，遺命兒子甯喜設法迎接舊君復國，獻公也派人許了甯喜的好處，說：「政由甯氏，祭則寡人。」甯喜就起兵攻掉孫氏，殺死殤公，迎獻公復位。孫林父據了私邑戚（在今河北濮陽縣附近）投晉。衞兵攻戚，孫林父向晉報告，晉人派兵替他駐守。衞兵殺死晉戍兵三百人，孫氏出兵追擊，竟把衞軍打敗，仍派人向晉報告。晉國邀合魯、宋、鄭、曹四國會於澶淵，討伐衞國的罪，割取衞國西鄙的地送給孫氏。那時衞侯也來赴會，晉人拘了甯喜等。衞侯又親自到晉國去訴冤，晉人也把他拘下了。齊、鄭兩國的君朝晉，代衞侯討饒，衞侯又送了女兒給晉侯，晉侯才放衞侯回國。這次事情晉國助臣抑君，又受了女色的賄賂而罷手，可謂倒行逆施；但是推溯它的原因，只為了孫林父與晉大夫交好。後來甯喜又專起政來，仍被衞侯所鏟除。在這大夫專政的局面漸趨造成的時代，衞獻公獨能削平內患，也可算是一位有能耐的君主了。

弭兵運動的完成

齊臣烏餘據了廩丘（在今山東范縣）奔晉，順道又奪取了衞、魯、宋的邊邑。那時晉國范匄去世，無人處理這件事。等到趙武繼位執政，才拘了烏餘，把侵地還給各國，以向諸侯表示好

意。這是中原和平的先聲。

在這時，晉楚和諸侯間早又起了弭兵運動，各國派使往來。宋國執政向戌看准了時機，想抄華元的老文章，一手造成弭兵局面，藉此以求得大名譽。他也與當時晉、楚兩國的當局交好，便向兩國請求弭兵結好，兩國都答應了。齊、秦與諸小國也都讚成和議。魯襄公二十七年的夏天，各國在宋地開弭兵大會，從晉、楚、齊、秦諸大國以下都來預會。楚令尹子木叫向戌轉向晉國請求晉、楚兩國的從國互相朝見。趙武說：「晉、楚、齊、秦是匹敵的國家，晉國不能隨意使喚齊國，正和楚國不能使喚秦國一樣；楚君若能叫秦君到敝國來，我們也當竭力請齊君到楚國去。」令尹子木得到回報，轉報楚王。楚王道：「只捨去齊、秦兩國，其他各國請合在一起，共屬晉、楚。」兩國先照這個提議結了盟誓。諸國的代表都到了會，七月辛巳那天，將要在宋國西門外結大盟，可是楚人在禮服裏穿了戰甲，預備威脅晉人，晉人果然害怕起來。結盟時，晉、楚兩國的代表互爭先歃血。晉人道：「晉國本是諸侯的盟主，沒有一國能佔晉國的先的！」楚人道：「你們自己說晉、楚是匹敵的國家，若常給你們佔先，那就表示出楚國的低弱了。況且晉、楚互主諸侯的盟已久，豈能說盟主的地位專在晉國！」晉臣叔向怕事，力勸趙武退讓，竟給楚人佔了先去。宋公宴享晉、楚的大夫，卻推趙武為最尊的客；又與諸侯的大夫盟於蒙門之外。大會結成以後，晉、楚又互派使臣到對方去莅盟，國際弭兵運動總算暫時告成了。

弭兵之約的批評

這次和平盟約的訂立，是春秋中期史的一個大結束。自此以後，晉、楚的爭霸才暫告一段落。在這次盟約中，吃虧的卻是晉國，結盟時讓楚佔了先去固不必談，就是「晉、楚之從交相見」一個條件也是晉國的大失着。我們知道：晉、楚以外，盟宋的八國（魯、宋、衞、鄭、陳、蔡、許、曹）中，只有陳、蔡、許三小國是從楚的；餘外魯、宋、衞、鄭諸中等國家都是晉屬；魯屬了楚，邾、莒等國都跟了去，宋屬了楚，滕、薛等國也都跟了去，再添上曹國，晉國要吃一大半的虧，晉國甘心這樣大犧牲來換得和平，自然是因為內部的隱患將要爆發；但楚國既得從此專心對付吳人，又得中原諸侯都來朝貢的利益，真是太佔便宜，所以此後他們也就不想再對晉國生事了。

中原弭兵運動告成後，各國的內政變遷大略如下：

晉國內政的變遷

晉國是個貴族專政的國家。自從獻公盡滅桓、莊之族，其後驪姬之亂，又立誓不叫羣公子住在國裏，從此晉國沒有了「公族」，一切政權漸漸都歸異支和異姓的貴族去支配。後來又把卿族代為「公族」，諸卿憑藉了假宗室的勢力，把私邑作為爭政的根據，互相兼併；兼併愈甚，政權和土地愈集中。到了春秋晚期，大族只剩了韓、魏、趙、范、知、中行六家，就是所謂「六

卿」。他們擁有了盛大的政權和豐廣的領土，漸漸把國君不瞧在眼裏。那時晉國國內，公室因墮落的緣故，拚命向奢侈方面走：國君們是「宮室滋侈」，「女富溢尤」；諸大族因要各自造成特殊的勢力，也是「多貪」。國君和大族兩方面的交迫，弄得人民們「道殣相望」，「怨讟並作」，於是造成了「寇盜公行」的結果。他們只得模仿了鄭國的辦法，把規定的刑法刻在鐵鼎上，用來鎮壓奸民；晉國的成文法從此公佈。這與鄭國的鑄刑書都是春秋史上最重要的事跡，應該大書特書的。

齊國內政的變遷

　　齊國同晉國的國情相似，也是個貴族專政的國家。晉國強族多，所以互相兼併的結果，分裂成幾個集團；齊國的強族較少，所以兼併的結果，政權歸到新興的最強的世族陳氏（陳亡臣公子完之後）手裏。先是，齊國世卿高、國二氏衰微後，執政的大族有崔、慶二氏，弒君專權，很是強橫。後來慶氏乘崔氏內亂，吞滅了崔氏；慶氏獨自當國，又被自己部下盧蒲癸、王何等聯合諸貴族攻掉。新興的強族陳氏就乘機起來厚施於民，取得了人民的信仰。同時公族欒、高二氏（都是惠公之後）專政，擅殺大臣，逐出羣公子。陳氏又聯合起鮑氏把欒、高氏除滅。他召回羣公子，向各公族討好，得到高唐的賞邑，於是勢力大強，政權漸被他所統一，就立定了代齊的根基了。

魯國內政的變遷

魯國因「秉周禮」的緣故，由公族執掌大政。魯公族中以季、孟、叔三家為最強，他們都是桓公之後，所以稱做「三桓」。季氏尤世秉國政，強於二家。他們也模仿齊、晉貴族的榜樣，把公田漸漸收為私有。先是當魯文公去世，大夫東門遂殺嫡立庶，魯君從此失了國政。後來東門氏因與三桓爭政，被三桓除去，從此政權更集中於三家。魯宣公十五年，初立「稅畝」的制度。成公元年又作「丘甲」，大致都是想加重人民的貢賦，其事實之詳已不甚可知，但無疑地是由於三家的擴充自己勢力（作丘甲的原因，據《左傳》說是備齊；但此時正當魯君失政之始，這種舉動恐也有利於三家的）。到襄公十一年，魯作三軍，三家三分公室，各佔其一：季氏盡取了一軍的實力和賦稅；孟氏也使軍的子弟一半屬於自己（就是取了一軍的四分之一的所有權）；叔氏則使一軍的子弟盡屬於自己（就是取了一軍的一半的所有權）。但孟、叔兩家都還把所屬軍隊的父兄的所有權歸給公家，總算比季氏客氣些。從此以後，三家的勢力格外強盛。到襄公二十九年，襄公朝楚，季氏乘機又取了卞地作為私邑，襄公嚇得幾乎不敢回國。襄公去世，子昭公裯即位，三家更乘機起來廢了舊作的三軍，仍復為二軍，把它分成四股：季氏獨揀取了兩股，叔、孟兩氏各取了一股，大家把公家的軍賦搶個乾淨。魯國人民只向三家納征，再由三家轉向公家進貢。這樣一來，魯國實際已分成三國，魯君不過保存了一個宗主的虛名和一部份的民賦而

已。到昭公二十五年，昭公因受不下季氏的凌逼，不能再相忍為國，就起兵攻襲季氏。季氏得到叔、孟兩家的援助，竟把昭公趕逐出國都去，終身不能回來，大夫專橫到這步田地，也就無以復加了。這時不但大夫專政，連大夫家裏的家臣也專起家政和國政來，如季孫氏的陽虎、南蒯，叔孫氏的豎牛、侯犯，孟孫氏的公斂處父、公孫宿等，都是極強橫的家臣。

宋國內政的變遷

宋國君權較強（楚太宰犯曾說：「諸侯惟宋事其君。」），但在元公（文公傳子共公瑕，共公傳子平公成，平公傳子元公佐）時也曾發生一次卿族叛變的大亂。原因是華、向二大族在國內勢力太大，怕宋公加討，他們就先動手作亂，大殺公族，劫了宋公，與宋公交換質子後才把他釋放。宋公心裏懷恨，不久就起兵攻走二氏。隔了些時，二氏又乘機結了內應回國據邑叛變，召了吳師來伐宋。齊、晉、衛、曹諸國救宋，與宋兵擊破華氏，把他們圍住。華氏又向楚國乞援，楚人向宋國請求放出二氏，宋人答應，二氏逃奔楚國，一場內亂才得平息。

衛國內政的變遷

衛國從獻公除去孫、寧兩氏，君權也還強盛。但在靈公（獻公傳子襄公惡，襄公傳子靈公元）時也曾發生一次內變：司

寇齊豹和大夫北宮喜、褚師圃、公子朝等作亂，殺死靈公的哥哥公孟縶，靈公出奔邊邑。不久北宮氏與齊氏又發生衝突，北宮氏滅了齊氏，迎靈公復國，公子朝、褚師圃等奔晉，衛國暫告平定。

鄭國內政的變遷

　　鄭國因近於周室，保守周制，也是個公族執政的國家。當春秋後半期，鄭國因連受晉、楚兩國軍事和經濟上的壓迫，弄得民窮財盡，盜賊蜂起，甚至戕殺執政，威劫國君。同時卿族專橫，互相嫉視，內亂迭起。所以鄭國的內政比較他國格外難治。幸而「時勢造英雄」，出來了一位很能幹的政治家叫做子產，由他來勉強維持危局。子產也是公族出身，是司馬子國的兒子。子國殉了國難，他嗣位為大夫。因為他特別能幹，被執政子皮看中了，把大權交給了他，委託他治理艱難的國政。他細心觀察當時的國勢，任用賢才，善修辭令，以應對諸侯。寬待貴族而以猛治民，嚴禁寇盜。同時開放輿論，以集思廣益。他先後曾定出了三種重要的制度：第一是劃定都鄙的制度，制定田疆，開浚溝洫，設立五家為伍的保甲制度。第二是創立丘賦的制度（據說一百四十四家為一丘，每丘出兵賦若干，這與魯國的改制相同），以增加國賦。第三是鑄造刑書，以鎮壓奸民。這第一點可以說是整理鄉制，開發農村；第二點可以說是充實軍備；第三點是成文法的公佈。這三點都是針對當時鄭國情

勢而建立的，是一種近於後世法家的政治計劃。這種政策在封建社會動搖的時候，自然比較容易成功。所以當他掌政的第一年，人民都痛罵他道：「拿我們的衣冠沒收了（這是禁奢侈）！拿我們的田地分割了（這似是禁兼併）！誰去殺子產，我們一定願意幫他忙。」過了三年，大家又歌頌他道：「我們有子弟，子產替我們教訓了（這是振興教育）。我們有田地，子產替我們開發了（這是開發農村）。如果一天他死了，有誰來繼續他的工作呢？」後來子產死時，全國人民又都痛哭他道：「子產死了，還有誰來撫恤我們呢？」

推原一般人民所以先前罵子產的緣故，是因為子產破壞了封建制度所造成的惡因而使人民感到了一種暫時的痛苦（當子產「作丘賦」的時候，國人也謗毀他，子產說：「苟利社稷，死生以之；……民不可逞，度不可改。」可見改制之難與子產的決心）；後來人民所以又歌頌和痛哭子產的緣故，是因為他建立了開明的新制度而使人民得到了相當的利益，這一罵一歌一哭，就把當時鄭國政治和社會改革的經過表示出來了（子產當政時鄭國仍有內亂，子產也力不能盡情討治；這又可見時勢艱難，雖有英雄，也無法頓時致之太平的）。

各國內政變遷的結論

以上敘述晉、齊、魯、宋、衞、鄭六國在中原和平時期中內政的變遷。其他如周室、秦國等，他們的內政變遷，因史料的缺

乏，已不可確知了。至於楚國在這時期中的大事，外事比內事多而重要，我們將放在下面幾章裏去敘述。就上六國的內政變遷看來，最重要的是貴族政治的集中和成文法的公佈 —— 這兩點都是與後來的歷史有重大關係的！

第十三章

社會制度的變遷

農業的進步與土地私有制的出現－商業的發展－封建社會的
動搖－世族制度的沒落－賦稅的橫暴與盜賊的公行－成文法的
公佈

春秋戰國之間，是中國社會組織變遷得最厲害的時代。此後除
了現代以外，沒有一個時代能與它相提並論的。要明瞭這古代的
社會大變動的經過，便先得明瞭春秋中期以後產業發達的情形：

農業的進步與土地私有制的出現

據近人的研究，商代的農具似乎大多還只是木製或石制的，
到周代才通用銅製的耕器。直到春秋時，鐵器應用漸廣（鐵的出
現時代現尚不能考定）。至遲在春秋中期以後，當已有鐵製的農

具了。又古代的「耦耕」，是兩人合作：用腳壓踏耕器入土，又用手推發着，方法很是拙笨，大致也到春秋中年以後，才有牛耕的發明（古代的牛是專作拉車用的）。孔子的弟子有名「耕」而字「牛」的，可以為證。

因着耕器和耕種方法的改良，工作的效率增加，農業便趨於發達，封建制下的農奴制漸漸動搖，土地私有制就興起了。土地私有制究竟是什麼時候開始起來的，我們不敢確實回答。據我們的考察，至少在春秋時代，人民已有私有田地的了。春秋中年以後，這種情形更顯著。因為春秋初年以來，各國努力開疆闢土，新開發的農地必定很多，舊有的田疇也日加封殖，下層的農民乘此機會漸漸隨意佔有田土也是可能的。又貴族階級傳世過多，自有降為庶民的，他們或者尚有着食田（當時的大貴族竟有「棄其室而耕」的，足以為證），這也足使農奴們看樣，取得解放的機會。我們再看春秋時各國增加田賦，這或許也因人民私有土田地多，公家的田稅漸漸不夠起來，所以不得不有這樣的舉動，也未可知。又鄭子產制定田界的辦法，恐也有些禁兼併的意思，這更足使我們猜疑到當時人民私有田地的事已盛行了。土地私有制的發展，農奴制的崩潰，這就使封建社會的組織受了致命傷。

商業的發展

春秋下半期，商業更為興盛，大國的大貴族儘管「憂貧」，而大都邑裏已有「能金玉其車，文錯其服，能行諸侯之賄」的富

商出現，他們能得到貴族所不能得的珍寶，他們確能輸納小諸侯所能輸的賄賂。甚至孔子的門徒子貢也以「貨殖」著名，而陶朱公的「三致千金」，更是後世艷傳的故事。《論語》裏所記孔子等的說話也常常把「富」和「貴」並稱，可見那時在貴族的階級以外，已有新興的富的階級起來了。

　　春秋時商業頂興盛的國家有鄭國。鄭國因為處在當時「天下」的中心，西到周，北到晉，東到齊，南到楚，都有鄭國商人的足跡。他們在開國的時候，已與鄭君訂有維護商業的條約，所以事業更容易發展。關於鄭國商人的故事，如魯僖公時，秦穆公起兵襲鄭之役，由商人弦高們解救了鄭國的危機（事詳第九章）。又當魯宣公的時候，晉國大將知罃被楚人在戰場俘虜去，有一位鄭國的商人，在楚國做買賣，要想把他藏在衣囊裏偷偷地運走；計策已定好，還沒有實行，楚人已把知罃放回。後來那商人到晉國去，知罃待他很好，同已經救了自己一樣；那商人謙謝不遑，就到齊國去了。從這上一件故事，可見商人的地位已稍抬高，他們竟能擔任救國的事；從這下一件故事，可見當時的商人頗能有道德的觀念，他們已感染貴族的禮教了。鄭國以外，齊國地區富庶，商業當也很盛，晏子曾說：「山木如市，弗加於山；魚鹽蜃蛤，弗加於海。」又晏子之宅近市，足見當時齊國市區相當的廣大。再魯定公時，晉人逼迫衞國，衞人要使工商為質於晉，說：「苟衞國有難，工商未嘗不（以）為患，使皆行而後可！」也足見春秋末年工商者的被重視。所以那時會屢有「匠氏」作亂的事情。

封建社會的動搖

當公曆紀元前七世紀以後（魯文、宣二公時起），封建社會已漸漸發生動搖。動搖的原因，可分外在的和內在的兩點，現在分敘如下：

封建社會動搖的內在原因是封建制度本身發展過久，貴族階級的人數一天天的增加，互相衝突排擠，它的結果使得貴族階級的人許多急劇地降入下層社會。這使下層社會的民眾慢慢有了知識，增加力量，能夠對貴族階級起反抗運動（這種情形在西周晚年似乎已經萌芽。不過到春秋中期以後才漸漸顯著起來）。他們敢於斥責那時「君子」的「不稼不穡」和「不狩不獵」而「素餐」。敢於說：「逝將去女，適彼樂土。」後來貴族也就公開把「庶人工商遂（進仕）人臣隸圉免」作為賞格。同時，貴族階級的政權也下移到少數的擁有實力的中下層人物；所謂「政在大夫」、「倍臣執國命」和「縣鄙之人入從其政」等等，便是這種病況的斷案。那時各階層的人物互相攻擊得格外厲害，於是土地漸漸集中，竟有沒有封土的大夫和無祿的公子公孫出現了。晉國欒盈「好施，士多歸之」；這已現出戰國時代的景象。又《詩經》中已有「王事適我，政事一埤益我」的「終窶且貧」者，可見貴族階級早已有沒落的趨勢。那時士階層失業而貧困的人非常之多，「隱士」之流也已出現。下層階級的反抗和土地分配制度的改變等便使封建社會急劇地動搖起來！

封建社會動搖的外在原因——也可以說是摧毀封建社會的

原動力，便是產業的發達。鐵制耕器與牛耕的發明和農業一般技術的改進，使農村日加開發。同時鐵器又使手工業進步。農業的進步又促進了商業的發達。進步的農工商業便提高了人民的地位，使上層階級格外容易倒塌。到了大夫取得諸侯的地位，武士成了文士，吸收下層階級的優秀分子，另組成一個社會中最有勢力的階層時，封建社會的命運已大半告終了！

歐洲的封建社會受了工商業發達的打擊而崩潰，中國封建社會崩潰的真原因和歐洲也差不多。但中國因受了地理環境的限制，發達到佃農制的社會就暫時的終止了；歐洲卻因地理環境的適宜而很早就發達成資本制的社會。這東西文明進化史的不同，又證明了公式化的唯物史觀者的錯誤！

世族制度的沒落

根深蒂固的世族制，到春秋中年以後也隨着封建制而漸漸動搖。世族制衰微的原因也和封建制大致相像，約略說來，共有四項：

第一是土地制度的轉變。春秋中年以後，土地漸次集中於各大族，失土的世族較前大增；一面人民私有土地制似也萌芽。上下內外兩面的夾攻，使得世族的階級開始崩潰。

第二是世族內部的傾軋。春秋中年以後，大世族的勢力發展到了極度，因之互相兼併，被傾軋的大小世族中人許多喪失職守而降為平民。世族的人數一少，階級便更維持不住。何況為世族

制度基礎的封建制度也正在同時崩潰着！

第三是尚賢主義的興起。春秋初年以來，各國競爭漸烈，任用賢才的觀念也發達起來，士以下的階層因此漸次抬起頭來；又因教育較前普及，平民的勢力格外容易發展，這使世族的地位急劇地倒塌。

第四是宗族觀念的中衰。春秋中年以後，封建組織漸漸向統一國家轉移，因之宗族觀念的一部便被國家觀念所取代；到了戰國，「治國平天下」的學說大張，於是世族制度便不由得不完全崩潰了。

世官制度是世族制度的寄生物，世族制度一倒，自然世官制度也就跟着毀壞。

賦稅的橫暴與盜賊的公行

封建社會既已開始崩潰，貴族們日暮途窮，格外倒行逆施，對於人民的壓迫實較前更甚。在《左傳》和《國語》等書裏記着當時國君貴族們對於人民的暴斂橫徵，和大國對於小國的經濟掠奪很是詳盡（當時已以「薄賦斂」和「輕幣」為善政）。如當時齊國的百姓竟三分其力，「二入於公，而衣食其一」，這與後儒夢想的什一之制相差到怎樣的程度？《論語》裏記着魯哀公問孔子的弟子有若道：「年成不好，國用不足，怎麼辦呢？」有若答道：「你何不行徹制？」哀公歎道：「我的二成的稅尚且不夠，如何談得到徹制？」哀公所說的二成的稅，或許就是「二入於公」

的「二」。那時公家向人民的榨取，確實不少了。又春秋以前的戰爭，兵數不甚多，規模也不大，所以人民還不十分感到痛苦。春秋時盛行兼併，爭戰頻繁，兵的數目漸漸擴大，原有的軍賦便不夠用了，據記載：魯僖公十五年，晉作「爰田」和「州兵」；成公元年，魯作「丘甲」；昭公四年，鄭作「丘賦」；哀公十二年，魯用「田賦」；其事雖都不可詳考，大抵都是一種增加軍賦的制度，這使人民的負擔格外加重了。

因為賦稅的橫暴，人民幾乎不能生活，所以春秋時盜賊是很多的。所謂「盜」，有的指作亂的下級貴族和人民，有的指竊掠財物的亂人。這類亂人似乎成羣結黨，很為國家之患。所謂「小人懷璧，不可以越鄉」，盜賊的公行可以想見。國君和執政竟至賄命盜賊去殺所惡的人。到了春秋晚期，更有盜賊戕殺國君和執政等大臣的事發生了。

成文法的公佈

古時的刑律雖據說有三千條之多，但在春秋晚期以前，似乎沒有公佈的成文法。魯昭公六年，鄭子產鑄造刑書，公佈國中，這是成文法典的初次公佈。當鄭國鑄造公佈刑書的時候，晉國有名的大夫叔向曾給子產一封信，責備他道：「從前先王臨事制刑，不預造刑典，為的是怕人民有爭競的心思；那樣謹慎，尚且禁壓不住人民。如果把刑書公佈了，百姓知道有一定的刑法，他

們便不怕在上位的人了。人民存了爭心，用了文書做依據，以冀僥倖成事，國家還可治理嗎？」子產回他信道：「你的話固然不錯，但我是為的救世啊！」這證明了古代的刑法是藏在貴族們的匣子裏的，他們不願把刑法公佈，怕的是喪失了貴族們固有的生殺予奪的權柄。叔向的話正是代表頑固的貴族階級。但是時勢已逼迫得開明的政治家子產為了救世而甘冒不韙，竟把刑典公佈。這刑典的公佈與封建社會的崩潰也很有關係的。

　　魯昭公二十九年，叔向的祖國晉國也用鐵鑄成刑鼎，把前執政范宣子所作的刑書刻在上面，拿來公佈。那時的聖人孔丘也給他批評道：「晉國應該遵守唐叔從周室受來的法度，用以治民，卿大夫依次遵守，這樣才可使人民尊重貴族，貴族也有世業可守。貴賤不亂，才是法度。現在造了刑鼎，使百姓的眼光都集中在鼎上，還用什麼來尊重貴族呢？貴族還有什麼世業可守呢！貴賤失了次序，還用什麼來治國呢？」孔子的話和叔向的話一模一樣，那時的貴族階級是何等的反對成文法典的公佈呀！春秋晚期，因為賦稅繁重，盜賊橫行，刑罰很是嚴厲，如晏子批評當時齊國的政治，說：「國之諸市，屨賤踊貴。」（「踊」是受刖刑的人所著的屨）可見受刑的人的眾多了。

　　春秋末年似乎又有私家制造刑律的事，如魯定公九年，鄭執政駟歂殺了法律家鄧析，卻施用了他所作的竹刑。「竹刑」大約也是一種刑書，把條文寫在竹簡上的。據傳說：鄧析是一個擅長顛倒黑白、混亂是非的惡訟師，同時他又是一位大哲學家。

第十四章

孔子的出現

人本主義的興起－孔子的時代背景－孔子的略史－孔子的倫理哲學－孔子的教育哲學－孔子的政治哲學－孔子的宗教觀念－孔子學術的批評－士夫階層的造成

人本主義的興起

春秋以前是神權的時代，宗教宰製了學術。到西周晚年，因社會的紛擾，已有一部分人對天道發生了懷疑。到春秋時，人本主義漸漸起來，宗教便失掉了權威。春秋中年以來，貴族階級中已經產生出些學者。如魯國的大夫臧文仲能夠立言垂世，他的孫子武仲又因多智而被稱為「聖人」（當時所謂「聖人」只是多智博學的意思）。此外，如晉國的大夫叔向，齊國的大夫晏嬰，吳

國的大夫公子季札，都是當時的大學者，他們往往能夠發揮人本的思想。最有名的是鄭國的大夫子產。他既博學多能，又能破除迷信，他曾經說過「天道遠，人道邇」的話。他首先打破了一部分封建制度下的舊習慣，思想比出世稍後的大聖人孔子還要開明。

孔子的時代背景

人本主義既經興起，到春秋晚期，大聖人的孔子便出現了。孔子的時代是封建制度開始總崩潰的時代，已詳上章。其時中原各國不但政權落在大夫手裏，而且大夫的家臣也有很多看了大夫的榜樣，起來代行大夫的職權的。孔子的祖國——魯國，表現這種趨勢最是明顯。季、孟、叔三大家的家臣都曾專政和據邑作亂。當魯昭公伐季氏的時候，事情已經快要成功，只因叔孫氏的家臣竭力主張援助季氏，結果竟把昭公趕出國去。後來季氏的家臣陽虎格外來得專橫，甚至拘囚家主，威劫國君，結果偷盜了國寶，據邑叛變。又當孔子得勢的時候，曾想毀壞三家的大邑，藉此鞏固公室，但終因家臣起來據邑反抗，竟使這強公室的運動完全失敗。當時家臣跋扈的情形於此可見。同時王室大亂，天子蒙塵，而三家分晉，田氏代齊的局面也已成立。這個時代，真是所謂「冠履倒置」的時代了！

孔子的略史

　　孔子名丘，字仲尼。魯國昌平鄉陬邑（即今山東曲阜縣鄹城）人。生於魯襄公二十一年（公曆紀元前五五二年）。他是宋國宗室孔父嘉的後裔。孔父嘉殉華督之難（事見第五章），子孫避禍奔魯數傳之後，到了陬叔紇，是魯國一位著名的勇士，他也曾做到相當的官職。孔子早年喪父，因為家中貧窮，曾做過委吏（管會計的）和乘田（管畜牧的）等小官。他生性很好學，學無常師，所以能博學多能。壯年曾游過齊國，頗受齊人的敬重。回魯以後，聲望漸高，就有許多從他求學的人。隔了幾時，他做了魯國的中都宰治理人民頗著成績；不久升任為司空，又被任為司寇。在司寇的任裏，他曾輔相魯定公與齊侯在夾谷地方相會，很替魯國爭回些面子。他因為有才幹，被執政季氏所信任，他便想乘機幫着魯君收回政權；不幸三桓的家臣反抗這個運動，他失敗了，只得離開魯國。從此他周遊衞、宋、鄭、陳、蔡、楚諸國，始終不曾得志。到他又回到衞國再由衞返魯時，年已衰老，他也不想做官了，就專心從事於學術事業；弟子愈來愈多，聲望也越發的增高，被目為聖人，常為國君、執政、大夫等所諮詢。他「述而不作，信而好古」，用《詩》《書》禮樂教導學生，弟子中有成就的頗不少。

　　他死在魯哀公十六年（公元前四七九年），享壽七十四歲。在他去世的時候，魯君哀公曾親自制首誄辭追悼他道：「上天太不幫助我們，不肯留一個老成人給我做輔佐，叫我心裏很難受。

唉！我從此以後沒有取法的榜樣了！」可見那時他已成了魯國最有榮譽的「國老」了。

孔子的倫理哲學

正式的哲學系統是到孔子時才開始建立的。孔子所建立的是一種近於人情的哲學。那種哲學是以倫理為根本，推衍到各方面。他最提倡「孝」和「禮」，

以「孝」和「禮」統貫做人和治國，這還是封建時代的見解。他所新創的是「仁」的觀念，這是他的倫理哲學的中心。「仁」這一個字，在較古的文籍裏，大概只是禮儀周備或多才多藝的意思。孔子把它的意義變更了。孔子的所謂「仁」，有廣狹兩種定義：狹義的「仁」就是愛人的同情心；廣義的｜仁」則包括一切的道德，就是指完善的人格。所以孔子的倫理觀念是以愛人的同情心為基礎而推倒一切的道德上的。但是單說一個「仁」，不大容易使人領會；孔子所提出的較具體的道德名詞是「忠恕」。忠就是把心放在當中，誠懇待人的意思。恕就是推己之心以及人，寬容待人的意思。據他自己的解釋：自己要想立身聞世，同時也要使他人能夠立身聞世，這便是所謂「仁」；其實這也就是「忠恕」。忠恕合起來，便是仁的根本。他又曾對他的學生說：「我的道理是以一件原則貫通一切的。」據他學生曾參的解說，這一件原則便是忠恕，可見孔子是以忠恕貫穿一切的道德的。

孔子又在許多道德條目中發現出一個抽象的原理，那便是所謂「中庸」。中就是無過無不及的意思，庸就是平常的意思。「過猶不及」，只要事事合乎中庸，便是事事合乎道德；所以中庸也就是仁的異名。

孔子所懸想的最完全的人格，是仁、智、勇、藝四德合一的人格。以健全的知識和不怕的勇氣去推行那同情心的道德，再加上精博的藝術（指禮樂文章技術等），這就是完人了。

孔子的教育哲學

孔子的倫理思想雖然影響於後世很深，但統是平常的道理，沒有什麼很深刻的見解。他本是一位教育家，所以他貢獻最大的倒是教育學說。他首先研究人性，以為人性本來是相近的，只因習慣的不同而分歧了；惟有上智和下愚的人是不為環境所改變的。因此，他以為大多數的人都可用教育薰陶成好人。他把人類分成上、中、下三等，以為中人以上可以同他說高深的道理，中人以下便不能這樣了。他有了這種觀念，所以主張因人施教，補偏救弊。他又以為研究學問應該從粗淺的起，然後循序進入高深（他主張學問以品行為本，文章技藝等等只應用餘力去從事）。先要博學多識，然後加以貫通，並且要「毋意（不臆測），毋必（不武斷），毋固（不固執），毋我（不持己見）」，才沒有流弊。他教人學習與思想並重，學而不思便無所得，思而不學便危險了。他因為教人思，所以他所主張的教育方式是領導

的、啟發的，而不是強制的和灌入的，這與現在的教育家主張大致相同。

孔子的政治哲學

他的政治思想，便比較是守舊的了。他看見當時社會政治的紛亂，認為這是封建制度失了常軌所致，所以他主張維持封建時代的制度，遵從周禮。他提出一個「正名」的口號，要叫君臣父子們都依着原來的身份去做應做的事。以為上下有序，貴賤有等，才是治世的正常狀態；如果上下貴賤失了次序，那便是末世的紊亂模樣了。政治的目的，便是要把失序的紊亂模樣改變成為有序的正常狀態。他曾說：「民可使由之，不可使知之。」可見他是不主張人民預聞政治的。所以他又說：「天下有道，則庶人不議。」

但是，他的政治觀點也有較新的地方，他反對當時的「道之（民）以政，齊之以刑」的政治，而主張「道之以德，齊之以禮」的辦法。這固然是一種封建化的政治理想，

但「德」和「禮」的下及庶民，便是他提倡成的。他又主張一種感化政治，以為「政」就是「正」，要在上位的人持躬以正，用正道去感化人民。他曾把風和草比擬統治階級的君子和被統治階級的小人，他說：「君子好比是風，小人好比是草，草是跟着風傾倒的！」這種主義似乎是把封建時代的家族政治「烏託邦」化了。

孔子的宗教觀念

孔子的宗教觀念更守舊了。他同商周人一樣尊信着上帝，以為老天爺會賞善罰惡。他曾說過：「上天已經把德付託在我的身上了，別人能把我怎樣？」這簡直是以教主自居了。他又信着命運，以為一切事情冥冥中都有預定的：事的成敗利鈍，人的生死窮達，都由於命而不由得人們自己安排。這「命」的觀念雖然以前已有，但似乎到他更理論化了。

然而孔子對於宗教並沒有什麼興趣，他高唱着「敬鬼神而遠之」的主義。至多不過「祭（祖）如（祖）在，祭神如神在」罷了。他又說過：「未能事人，焉能事鬼？未知生，焉知死？」他又不大說天命，更絕不談神怪。他的弟子子貢曾說：「夫子之文章，可得而聞也；夫子之言性與天道，不可得而聞也。」可見他不喜談高深的玄學。在這裏，他卻是代表了春秋晚期的人本主義的思潮！

孔子學術的批評

嚴格說起來，孔子只是個周禮的保存者和發揮者，他的思想並不見怎樣的了不得。但他把古代的制度理論化了，使得這種將要僵死的制度得到新生命而繼續維持下去。他的大貢獻在此，他所以為今人詬病也在乎此。但這究竟是中國的特殊社會背景所造成的事實，並不由於孔子一人的自由意志所決定！

士夫階層的造成

孔子是春秋晚年的禮學大師。原來古代有一種「儒者」，就是靠闌助典禮和傳授儀文為生活的人。孔子便是這類人中的特出人物，所以由他開創的學派，後來便稱為「儒家」。據傳說，孔子做小孩子的時候，平常遊戲已知道陳設俎豆，練習禮容。長大後又非常好學，各處向人去打聽儀制，所以他在很輕的年紀，便已有了「知禮」的名聲。因為「禮」是春秋時最需要的學問，他又能「為之不厭，誨人不倦」，所以四方來跟他求學的人多到不可勝數，一般人都期望着上天把他當作木鐸去警醒世人。二千年來的私家教育就確立在他的手裏。據傳說，孔子後來共有弟子三千多人，這雖然近於誇張，但他的門徒眾多確是事實。

孔子開始把學術正式傳到平民階級。他解放了教育的門閥，主張「有教無類」。他自己說過：「從具『束脩』（十塊乾肉）來做贄見禮的起，我沒有不加以訓誨的。」他真是個大教育家，他的門下各色各樣的人都有：既有恂恂文士，又有糾糾武夫；既有貴族，又有平民，又有商人；甚至有盜賊、乞丐之流的人物。他集合了各色各樣的人才而以舊日的低等貴族為中心，造成一個新的「謀道不謀食」的士夫集團。從此便有專靠私家教書講學為生的人，而教書和做官也就成了二千年來讀書人的兩種職業（在孔子同時，據後世的傳說，還有幾位大學者，如所謂道家始祖的老聃，名家始祖的鄧析，和那「言偽而辨，記醜而博」的少正卯；但這些人物的傳說多半是不可信的）。

第十五章

北方政局的終結

緒論－宋盟後的和平局面－衰晉的攘夷與勤王－召陵之會－
齊國的復霸運動－晉范中行氏之亂－齊陳氏的專政－齊吳的爭
衡－黃池之會－衞國的歷次內亂－晉齊的最後爭衡－春秋末年的
中原各國內政

緒論

春秋晚期的北方政局：國際形勢方面，是晉國因卿族的大擾
亂而失掉盟主的地位，齊國企圖復霸未能成功，同時吳、越的勢
力向北發展，代為中原的盟主。列國內政方面，是世卿專橫，互
相兼併；結果成立了三家分晉和陳氏代齊的局面。

宋盟後的和平局面

且說盟宋以後，中原各國共屬晉、楚，朝聘往來，一變往日的惡氛為景氣。吳國也派有名的大夫公子季札歷聘上國，中原的文化從此漸漸開化了東南方的蠻區。魯昭公元年，晉、楚再邀諸侯相會於虢地（古東虢國地，在今河南滎澤縣附近），重修宋盟之好。在結盟的時候，楚令尹子圍向晉人請求誦讀舊盟書，不必重排新次序，晉人答應了，於是仍讓楚國做了老大哥。就在這時，魯執政季武子帶兵伐莒，奪取鄆邑，莒人向國聯大會報告。楚人徵求晉人同意，想把魯使叔孫豹戮了以示懲戒，晉人竭力替魯國求情，楚人方才答應赦免魯使。在這裏可以看出楚人的強橫和晉人的卑屈。

到楚靈王即位後，又派使向晉國要求諸侯來朝，晉人畏懼他，不敢不答應。楚人又請與晉結親，晉侯也答應了。這時若不是吳國在南方牽制楚人，楚莊王的把戲又將重現於中原了。

這時晉國確已漸趨衰弱，晉大夫叔向曾對齊大夫晏嬰批評晉國的內政說：「戎馬不駕，卿無軍行；公乘無人，卒列無長。庶民罷敝，而宮室滋侈；道殣相望，而女富溢尤；民聞公命，如逃寇仇。……政在家門，民無所依。」這可見晉國軍政和民政的不修，公室的卑下和卿族的專橫了。那時晉君因為失了政權，憤恨諸大夫到了極點：強卿荀盈去世，晉平公只顧喝酒作樂，裝着不知道。他又想廢去知（荀）氏，立親信為大夫，但終究敵不過世卿的勢力，只得命荀盈的兒子荀躒繼位為卿，蓋過了嫌隙。

　　魯昭公十一年，楚靈王誘殺蔡君，起兵圍蔡。晉國邀合諸侯的大夫於厥辮，圖謀救蔡，可是到底不敢與楚人開釁，只派了使臣向楚國請求罷兵。楚人哪肯答應，立即把蔡國滅掉，晉人也不敢對楚怎樣。

　　這時不但楚國對晉無禮，就是齊國也輕視起晉來。當晉平公去世，子昭公夷嗣位，諸侯往晉朝見新君（魯昭公十二年）。晉侯宴享齊景公（莊公弟杵臼，嗣莊公位），行投壺的禮節。晉侯先投，晉臣荀吳贊禮，説道：「有酒像淮水一般多，有肉像小山一般高，我們寡君投中了這壺，做諸侯的領袖！」晉侯一箭投去，中了。挨到齊侯，他舉起箭來，也自己贊着説道：「有酒像澠水一般多，有肉像山陵一般高，寡人投中了這壺，代替晉君做盟主！」一箭投去，也中了。晉人當下大不高興。齊臣公孫傁一看情形不好，急忙前進解説道：「天氣晚了，兩君也都勞苦了，我們可以出去了！」説罷，就奉齊侯辭出，晉人也不敢把齊侯怎樣。原來這時齊國正在向北方發展：北燕君因內亂奔齊，齊兵為他伐燕，征服燕國。後來齊侯派兵把燕君送入燕國的唐邑（在今河北唐縣附近）。齊景公確有志於復霸了。

　　晉國的國勢實際已衰，但表面上卻還要裝些威力出來以維持他的盟主地位。魯昭公十三年，晉人乘楚國的內亂，盡起國內的軍隊四千乘，邀合諸侯會於平丘（在今河北長垣縣附近），想重修舊盟。齊人不肯修盟，晉人用了威勢和辭令勉強把他逼服。一面再大閱軍隊，表示要開戰的意思，諸侯不由得都怕起來，願聽晉國的命。諸侯在平丘修盟，晉人重頒諸侯貢賦的數目，並討罰

魯國侵邾、莒小國的罪，不許魯國與盟，拘了魯執政季孫意如以示威。但鄭執政子產卻敢力爭減低鄭國的貢賦，他從中午和晉人爭持起直到天晚尚不肯歇手，晉人不得已，勉強答應了他。盟後，鄭大夫子大叔責備子產過於激烈，恐怕諸侯來討。子產道：「晉國的政權不統一，內部正在鬧着，哪有功夫來討我們！」可見晉國的紙老虎已被子產戳穿了。其後魯昭公十六年，齊景公伐徐、莒、郯等東方小國盟於蒲隧。十九年，齊兵伐莒，攻入莒國的紀邑。二十二年，又伐莒，被莒人所敗，齊景公親征，便征服了莒國。二十五年，昭公奔齊，齊景公奪取魯國的鄆邑，給昭公居住，齊、魯、莒、邾、杞五國盟於鄟陵。這些都是齊景公圖復霸的先聲。又宋國在魯昭公十九年也曾起兵伐邾，攻克蟲邑。邾、蒲（小邾）、徐三國會宋公同盟於蟲。宋國也居然成了東方的小盟主，晉國並不過問。這都可證晉霸的衰微。

衰晉的攘夷與勤王

晉國雖已成強弩之末，但也有兩件差強人意的事：第一件是剪除戎狄的餘種。自從赤狄和長狄衰亡，狄的大族僅剩了一個白狄。白狄本來大部在西方，因赤狄之亡，漸漸東遷，在東方分為鮮虞（在今河北正定縣一帶），肥（在今山西昔陽縣一帶），鼓（在今河北晉縣一帶）三大部落，對晉、魯等中原之國和親（魯襄公十八年，白狄始朝魯；廿八年，白狄與諸侯朝晉）。晉勢既衰，戎狄又起。魯昭公元年，晉人毀車為行（步軍），先把羣狄

和無終之戎在大原地方打敗，不久就起兵滅肥，又屢伐鮮虞，兩滅鼓國，白狄之族從此只剩了一個鮮虞孤獨存在着，仍時常與晉構兵（曾被晉人所圍）。同時晉又發兵滅了陸渾之戎，擴地直到汝濱。所以春秋時「攘夷」之功確要推晉國為最大。戎狄的衰亡，就是中國民族和文化的擴大，晉實在是中國民族和文化的恩人啊！

晉國在這時的第二件大功是安定王室。原來周景王（周定王傳子簡王夷，簡王傳子靈王泄心，靈王傳子景王貴）的太子壽早年夭折，景王先立了壽的母弟王子猛為太子，後來又寵愛庶長子朝，想改立朝為太子，大臣單氏和劉氏不讚成，景王想除去他們，以達到改立太子的志願，未成而死。單、劉二氏擁子猛即位，是為悼王。王子朝作亂，趕出了悼王，單、劉二氏向晉求救，晉頃公（昭公子去疾）派兵把悼王送回王都，子朝又把他殺死。悼王的母弟王子匄即位，是為敬王。晉兵和王師進攻子朝，子朝的兵漸敗，晉兵撤回。王子朝又借了大臣尹氏的力量把敬王趕出，自立為王。晉人邀合諸侯會於黃父，令諸侯輸送粟米和衛隊給敬王。那時王子朝已把敬王趕得無路可走，晉人急忙再起兵勤王，趕走子朝，奉敬王復位，派兵替王室守禦。諸侯又會於扈，晉國令諸侯都派兵戍周。周人討子朝的餘黨，叛黨作亂，敬王很是憂慮，派使向晉國請求替他修築都城，晉人答應，就徵集諸侯的人馬替周王修築好都城成周（這時晉國是頃公子定公午在位），各國都收回戍兵。後來周人乘吳兵入郢之變，到楚國把王子朝殺死。子朝的餘黨又聯合鄭國擾亂王室，周王再度出奔，晉人又起兵送王回都，王室從此就安定了。周室這場大亂，起於魯昭

公二十二年，到魯定公八年，方才完全平定，直鬧了十九年之久。

召陵之會

晉國在韓、魏、荀、范等氏當權之下滅了祁氏和羊舌氏的族。諸強族大分其贓，勢力從此更大，公室益加卑微（這時晉國因強族當權，與各國卿族結納，所以魯昭公被逐，晉人不討季氏）。楚國因連受吳人的侵擾，勢力也大減削，而執政子常又非常橫暴，欺凌諸小國。諸小國受不了楚人的侵略，都背楚向晉；蔡侯並且親自朝晉，請兵伐楚。晉國邀合齊、魯、宋、衛、鄭、陳、蔡、許、曹、莒、邾、滕、薛、杞、頓、胡、小邾等十七國會於召陵，打算討楚。一面周室因王子朝逃在楚國，也命大臣劉文公來督領伐楚的軍隊。不料晉臣荀寅向蔡侯需索賄賂未得，怨恨蔡侯，便在執政范獻子的面前說道：「晉國方在風雨飄搖的局面中，諸侯正想離叛，在這樣情形之下，那裏能夠打勝楚人，不如辭去蔡侯了罷！」范獻子聽了他的話，就把伐楚的事作罷。此次晉國這樣大張旗鼓地討伐楚人的罪，結果仍弄得虎頭蛇尾完事，諸侯因此都更看不起晉，晉國於是乎開始失掉諸侯了。

齊國的復霸運動

齊國久鬱思動，乘着晉國失掉諸侯的當兒，想實踐代晉為盟主的志願。魯定公（昭公弟宗，嗣昭公位）七年，齊景公先邀鄭

獻公（簡公傳子定公寧，定公傳子獻公薑。獻公後傳子聲公勝）
在鹽地結盟（這時鄭已背宋盟，叛周與晉，又曾乘楚國的敗滅掉
許國），向衞征會。衞大夫不願叛晉，齊人起兵侵衞，衞靈公也
與齊侯在沙地結了盟。只有魯人尚未肯即時加入齊黨，所以齊兵
兩次伐魯，魯兵也兩次侵齊。晉人救魯，順道邀衞結盟，因晉人
對衞侯無禮，衞人仍不肯從晉，晉兵就侵鄭和衞，魯人也幫着晉
攻衞。衞、鄭同盟於曲濮，合力抗晉。於是中原又重新走入戰亂
的局勢之中。

　　齊、衞聯軍伐晉，攻破晉邑夷儀，晉人戰敗齊軍。魯人又與
齊講和，齊、魯會盟於夾穀，孔子相魯定公赴會，以禮辭折服齊
人，齊人退還魯國汶陽的侵地，向魯討好，齊魯也聯成了一氣。
晉兵圍衞，齊、衞、鄭三國會於安甫，圖謀對付。魯國也來與鄭
通好，開始真正的叛晉。齊衞兩國又會於鄟氏（今山東鉅野縣附
近），派精兵伐晉河內地方（在今河南汲縣一帶）。這時東方四
大國 —— 齊、魯、衞、鄭，成為一黨，奉齊為主以抵抗晉國。
晉國已在四面楚歌的形勢中了。

晉范中行氏之亂

　　晉人在外既受了侵侮，內部又起大亂。當齊、衞聯軍伐晉河
內的那年（魯定公十三年），晉臣趙鞅命守邯鄲（在今河北邯鄲
縣附近）的大夫趙午把衞國進貢來的五百家人民從邯鄲遷到他
的私邑晉陽（在今山西太原縣），邯鄲人不肯馬上照辦，趙鞅大

怒，把趙午召來殺了。趙午的兒子趙稷等就據邯鄲叛變。趙午是荀寅的外甥，荀寅又是范吉射的親家，於是范、中行（荀、中行與知是一族的兩支）兩家作亂，響應邯鄲，起兵伐趙氏，趙鞅逃奔晉陽。范氏和中行氏當了政權，嗾國人把晉陽圍住。不料范氏的內部在這時候也起了分化，范氏族人范皋夷勾結知、韓、魏三家劫了晉侯，起兵攻伐范吉射和荀寅。范氏和中行氏就反攻晉侯。國人幫助公室和三家，范、中行氏戰敗，逃奔朝歌。韓、魏兩家借了君命召回趙鞅，結盟於公宮。趙鞅自己也殺了知氏所忌惡的家臣董安于，以向知氏討好，於是知、趙、韓、魏四家聯成一氣，趙氏始安。

　　晉兵圍困朝歌，齊、魯、衞等國想利用晉國的內亂，乘機搗亂，他們結會，預備援救范、中行氏。范、中行氏的黨也引動狄兵襲晉，不得勝利。宋景公（元公子頭曼，嗣元公位）此時也加入了齊黨，共同反晉。晉國很是危急，趕快起兵先打敗了范、中行氏的兵，又把鄭國和范氏的聯軍打敗。同時齊黨之中也起分裂，原因是宋國入了齊党，鄭、宋是世仇，鄭兵伐宋，擊敗宋軍。齊、衞便結會圖謀救宋。因齊黨內部的分裂，他們只得暫時鬆懈了對晉的壓迫。

　　那時邯鄲的趙氏尚未降晉，與朝歌的范、中行氏聯合；晉兵攻邯鄲。魯哀公（定公子蔣，嗣定公位）元年，齊、衞聯軍去援救，圍困晉邑五鹿。不久，齊、魯、衞、鮮虞四國聯軍再伐晉，奪取棘蒲地方（在今河北趙縣）。趙鞅帶兵伐朝歌。那時衞太子蒯聵因得罪於他的父親靈公和後母南子，逃在晉國，衞靈公去

世，衛人立蒯聵的兒子出公輒為君。趙鞅順便把蒯聵送入衛的戚
邑，藉以威脅衛國。這與齊、衛搗亂晉國的方略是如出一轍的。
齊人送糧餉給范氏，由鄭兵間接輸送。趙鞅帶兵攔路截劫，在鐵
地（在今河北濮陽縣附近）開戰，鄭兵大敗，趙鞅把齊國送給范
氏的一千車糧餉盡數搶下。齊、衛聯軍圍困衛太子蒯聵所在的戚
邑。趙鞅也加緊圍攻朝歌，荀寅等逃奔邯鄲。齊、衛聯軍救范
氏，重圍五鹿。趙鞅又急攻邯鄲，邯鄲降晉，荀寅等逃奔鮮虞。
齊兵伐晉，奪取八邑，會合鮮虞人把荀寅等送入范氏的私邑柏人
（在今河北堯山縣附近）。魯哀公五年，晉兵轉圍柏人，荀寅和
范吉射逃奔齊國。於是晉國范、中行氏之亂才告了結束。

晉亂定後，趙鞅帶兵先伐衛，次伐鮮虞，討他們助范、中行
氏亂晉的罪。宋人這時大約也叛齊向晉，齊人伐宋。宋人為晉侵
鄭，晉人自己也屢伐衛。同時宋人伐滅曹國，鄭人也曾救曹侵
宋。等到鄭人服了晉，宋人又叛晉攻鄭了。這可見鄭、宋的世仇
直到春秋的末年還沒有解除。

齊陳氏的專政

晉亂方定，齊亂又起。先是，齊世卿陳氏聯合鮑氏除滅公族
欒氏和高氏，陳、鮑兩家分掉欒、高氏的田，陳桓子聽了有名的
大夫晏嬰的話，把自己分得的欒高氏的田盡數還給公家；一面又
召回許多逃奔在外的公族，把祿田撥還他們；又分自己的私田去
賙濟那無祿的公子公孫，因此大得齊景公的獎賞，賜給他莒（陳

氏私邑）的旁邑，他辭謝不受。景公的母親穆孟姬替他轉請得大邑高唐（在今山東禹城縣附近）做賞邑，陳氏開始大強。那時齊君厚斂於民，陳氏卻厚施於民，所以百姓更歸向陳氏。到了春秋末年，陳氏的潛勢力愈大。齊景公去世，庶子荼繼位。這時齊政尚在世卿高、國二氏的手裏，齊國大勢未定。陳乞假意服事二氏，天天在他們面前報告諸大夫將要謀害他們，教他們先把諸大夫除去。等到遇見諸大夫的時候，又在諸大夫的面前報告高、國二氏將要不利於大眾，教諸大夫先動手除去高、國。諸大夫漸漸被他煽惑，就共奉陳、鮑兩家為主以攻擊高、國氏。高、國二氏戰敗出奔，於是大權盡入陳氏之手。不久陳乞就廢了國君荼，迎立公子陽生為君，是為悼公。悼公即位後，又把荼殺死了。

齊吳的爭衡

齊國正在內亂，吳國的勢力卻日漸北上，於是又形成齊、吳爭雄的局面。魯、宋、邾三國先與吳聯結。魯國因侵邾的事觸犯了吳國（這時中原無霸，魯國常攻邾國，宋國也屢侵曹國，邾人服屬於吳，故吳為邾討魯），吳人伐魯，攻破武城、東陽，進兵泗上；魯人與吳講和。同時齊人也來伐魯，奪取讙、闡二邑；又派使向吳請兵共伐魯國。魯人趕快與齊講和結盟。齊人歸還二邑，辭卻吳兵。吳人大不高興，就在邗江上築了城，開溝接通江淮的水，以為糧道（這就是運河建築的開始），邀合魯、邾、郯三國的兵伐齊南鄙。齊人弒了悼公向吳人解說（想來這也是陳氏

的主意），吳人仍不肯罷兵，派偏將帶領水軍從海上攻齊，被齊人打敗，吳兵方回。晉國這時也來湊熱鬧，由趙鞅帶兵侵齊，奪取犁邑和轅邑，毀了高唐城的外郭，內侵到賴地（在今山東歷城縣附近），以報齊人助范、中行氏之仇。

次年（魯哀公十一年），齊人伐魯報恨。吳、魯再聯軍伐齊，齊人起兵抵禦，在艾陵（在今山東泰安縣附近）開戰，齊兵大敗，主帥國書等被殺，將士和甲車喪失得很多。於是魯、衞、宋諸國都歸服了吳人。吳人征諸侯結會，拘了衞侯，因魯人的勸諫，方把衞侯釋放。

這時中原無霸，齊國既因吳、魯的聯攻而失墜東方的霸權，宋、鄭也因世仇的關係，互相攻伐得很厲害，幾乎恢復了春秋初年的形勢。齊、魯、吳相哄於東，宋、鄭又相哄於西，晉、楚皆自顧不暇，宋盟以後中原和平的局面至此完全破壞了。

黃池之會

吳國既打敗了齊兵，國勢的外表更強。魯哀公十三年，吳國又續開新溝，通過宋、魯的邊界，北連沂水，西連濟水，北上邀合晉、魯等國會於黃池（在今河南封丘縣附近），想借這次盟會來爭得中原盟主的地位。周室的大臣單平公也來監盟。當結盟的時候，吳、晉兩國爭起先來，吳王聽得國都被越人攻破，太子被殺，後路也被越人截斷的消息，頗覺躊躇，幸由大夫王孫洛獻計，陳列軍隊，向晉挑戰，晉人懼怕起來，只得讓吳人佔了先

（據《左傳》的記載，黃池之會是晉人佔先的，此說不甚可信，改從《國語》）。這是晉國勢力的再挫。吳人回國時，又順便燒了宋國都城的外郛，以向諸侯示威。可見吳人這時雖弄不過越，但他對於中原諸侯，卻仍是橫行無忌的。

衞國的歷次內亂

齊人被吳所重創，吳人在南方也受了越人的重創，楚國被吳侵擾，元氣也尚未完全恢復，晉國便想乘機起來恢復霸權。他先伐衞國，次伐鄭國。衞太子蒯聵勾結內應從戚邑回國即位，是為莊公，出公奔魯。莊公即位以後，想盡去舊臣，趕走執政孔悝和太叔遺，而且仍不肯服晉，晉人又起兵圍衞；齊人救衞，把晉兵逼回。隔了些時，晉再伐衞，攻入衞都外郛，衞人趕掉莊公，與晉講和；晉人改立襄公的後裔公孫般師為君。晉兵既去，莊公又重新回國為君，仍被國人趕出走死。齊人伐衞，把衞新君般師捉去，改立公子起為君，又被臣下趕掉，出公回國復位。不料出公仍不如國人的意願，被逐出奔。他勾了越兵來伐衞，但終不得復國，後來死在越國。衞人立莊公的弟公子黚為君，是為悼公。

晉齊的最後爭衡

魯哀公二十年，齊、魯會於廪丘，想替鄭國報仇去伐晉。鄭人懼怕晉國，辭去諸侯的兵。隔了三年，晉人起兵伐齊，在犁

丘（在今山東臨邑縣附近）開戰，大敗齊兵。次年，晉再邀魯伐齊，奪取廩丘地方。哀公二十七年，晉人曾伐鄭，齊兵來救，晉兵退回。悼公四年，晉人再伐鄭，圍困鄭都，終因內部將帥不和，無功而回。

春秋末年的中原各國內政

這時中原各國的政權都在大夫的手裏，列國間弒放君主和叛亂的事屢見不絕，如宋有司馬向魋和大尹專政之亂，衞國也迭次發生內亂。連周天子在國內的政權也已下移到王臣手中，這就開了戰國時周分東西的先路。魯國季氏的政權，曾下移到家臣手裏，季氏的家臣陽虎竟敢拘了季孫桓子，殺放季氏的親黨，強與魯君三家和國人結盟，專橫無忌到了極點。他又想去掉三家，就結合黨徒劫了魯君作亂，結果不容於國人，被孟氏所敗，偷了國寶據邑叛國，終被國人逐走。這時叔孫氏也有家亂，家臣侯犯據邑叛變，好容易才把他打平。於是季、叔二氏都把私屬大邑的城毀了，以免家臣據城作亂。只有孟孫氏不肯毀私邑成城。後來成邑也終於背叛孟氏，費了許多的力氣才收回來。季氏又曾創立新賦制，竭力增加人民的擔負，以擴充勢力。魯哀公想借越兵（這時越已滅吳）來去掉三桓，反被三桓逼逐出國。到哀公子悼公寧即位，三桓的勢力越發強盛，魯君更形同傀儡了。

齊國的陳恆也在這時殺死執政闞止，弒了國君簡公（悼公子壬，嗣悼公位），立簡公弟平公驁為君，陳恆自為國相，把大權

一手抓住，從此齊國在實際上就變成了陳氏的國家。

晉國自從范、中行氏滅後，知、韓、魏、趙四家共分二氏的地，領土愈廣，勢力愈大，竟把國君出公（定公子鑿，嗣定公位）趕掉。知氏在四家中尤為強盛，他貪蠻不講理，向三家要索土地；趙氏不肯，知氏就邀合韓、魏二氏圍攻趙氏；韓、魏恐怕「鳥盡弓藏」，反做了趙氏的內應，三家合力來把知氏攻滅。此後三家共分晉政，晉國在實際上也就變成三家了。

第十六章

南方的混戰與吳的衰亡

南方三大國鼎立的形勢－楚靈王的霸業－楚國的內亂與中衰－吳人的擾楚－柏舉之戰－楚國的復興與白公之亂－吳越鬥爭的開始－夫椒之戰－吳國的衰亡－越句踐的霸業－楚吳越鬥爭結論

當中原各國正在鬧着政局改變的當兒，南方也走入了混戰的局面，這一下就把從前晉、楚、吳三鼎足的形勢改成楚、吳、越三鼎足的形勢。

南方三大國鼎立的形勢

吳、越兩國所在的江蘇、浙江，在春秋時還是蠻荒之區，人口稀少，土地未闢；其人民文化程度雖低，但勇敢善戰，更處於

天賦極優的環境；當兩國尚未興起前，其國鄰近又無強敵；楚人的勢力也不能完全控制他們，所以他們就很容易的興起來了。吳、越興起之後，南方形成三國鼎立的局面：楚在吳、越之西，吳在越北楚東，越在楚、吳的東南，三國就地形論，以楚為優，據上游之勢。但吳、越是新興的國家，銳氣較盛，所以在春秋末期，楚國的勢力反而較遜。然吳、越的國基究欠穩固，不過一時達到極盛的情形，不久就衰微下去，真是所謂「其興也勃焉，其亡也忽焉」了。

楚靈王的霸業

楚康王去世，子麇即位，是為郟敖。那時楚國的令尹是王子圍（康王弟），他是個極有野心的人，他見郟敖懦弱無用，便漸漸樹立黨羽，把政權攏歸自己。他先殺死大司馬蒍掩，兼併了他的家，勢力越發雄厚，就僭用王禮起來。魯昭公元年，王子圍聘鄭，順便迎娶鄭國公孫氏的女兒，與諸侯在虢地相會修盟。各國大夫看見他所設的儀衛，都已知道他有篡位的野心。果然他回國以後，便調遣開郟敖的親信，自己假裝再聘鄭國，在國內先設下了陰謀。他還未出境，就聽得郟敖有病，趕快回去進宮問病，順便把郟敖縊死，他自己即位，是為靈王。

楚靈王的驕侈是有名的，諸侯都害怕他。他即位的第四年上（魯昭公四年），諸侯朝楚，靈王合諸侯於申，拘了服吳的徐子，起兵伐吳，攻破吳邑朱方（在今江蘇丹徒縣？），把齊國逃去的

亡臣慶封捉來殺死，算是執行霸主的權柄，代齊國討了亂賊。順
便用諸侯的兵攻滅賴國（約在今河南東部，與安徽接界處），把
賴民遷到鄢地。他又想把許國遷到賴地，先派人修築賴城。這
年冬天，吳人就伐楚報仇，攻入棘、櫟、麻三邑。楚將帶兵守禦
的守禦，築城的築城，忙得不亦樂乎。次年，楚靈王又合諸侯和
東夷的兵去伐吳，越人也來會兵，這是楚、越勾結的開始（楚、
越同姓，又曾為婚姻之國）。晉人用吳制楚的方略得到相當的便
宜之後，楚人也來模仿晉人的榜樣，引動越國去牽制吳人。吳人
出兵抵禦，把楚的偏師在鵲岸（約在今安徽無為縣附近）地方打
敗。靈王親統大兵渡過羅水，直到汝清地方，吳人處處設下防
備，楚兵無法進攻，靈王就在坻箕山校閱了一次軍隊，班師回
國。楚人為怕吳人再來報復，急派大將沈尹射駐在巢邑，蕿啟疆
駐在雩婁，以防吳寇。不久，楚人伐徐，吳人來救，楚令尹子蕩
帶領大兵直搗吳國，卻被吳人打敗了。

　這時陳國起了內亂，楚靈王乘機滅陳，就在陳國邀會魯、
宋、衛、鄭的大夫；把許國遷到陳邑城父（約在今安徽亳縣），
把城父的人遷到陳都，又把方城外面的人遷到原來的許國（魯成
公十五年，許遷於葉，這個許國就是葉邑）。不久他更誘殺了蔡
君，滅掉蔡國；在陳、蔡、不羹（約在今河南西南境）幾處地方
築了大城，以逼北方。魯昭公十二年，楚靈王在州來（在今安徽
鳳台縣）狩獵閱軍，派兵圍徐，藉以威脅吳國，靈王親自駐在乾
谿（在今安徽亳縣）以為援應。只因靈王得國不正，他又暴虐臣
下，窮兵黷武，所以弄得內外交怨，大亂立即起來。

楚國的內亂與中衰

明年，楚國薳、鬥二氏之族和在楚的許、蔡的人聯合徒黨引導越兵作亂（當申地會合時，靈王曾戮辱了越大夫，因此越人也恨靈王），召了靈王篡位時所趕走的公子比（子干）和公子黑肱（子晳），又聳動了陳、蔡、不羹、許、葉諸邑的軍隊，攻入楚都，殺死靈王的大子祿等，奉公子比為王，公子黑肱為令尹，公子棄疾（共王子蔡公）為司馬。靈王這時方在乾谿，聞警回國，在半路上手下軍隊一齊潰散，逼得靈王孤零零地自己吊死。但是靈王雖死，楚國內部仍未安定。司馬蔡公棄疾散佈謠言，說靈王未死，已來討罪，竟把無用的公子比和公子黑肱生生逼死；棄疾即位，是為平王（名熊居）。這時攻徐的楚軍聞耗班師，也被吳人在豫章截擊，殺得大敗，吳人獲了楚軍的五個將帥。平王即位以後，重封陳、蔡，遷復各地的人民，楚國方才稍稍平定。

楚國大亂之後，勢力更衰，吳人乘機滅掉州來（州來是吳、楚爭鋒的要塞）。隔了四年（魯昭公十七年），吳人又起兵伐楚，在長岸開戰，楚兵先勝，搶得吳國有名的大船餘皇。吳人用計乘夜擾亂楚營，又把楚兵打敗，搶回了餘皇。明年，楚人把許國又從葉邑遷到白羽（在今河南內鄉縣），次年又遷陰地之戎於下陰（在今湖北光化縣？），令尹子瑕修築郟城（在今河南郟縣），這是防備晉、鄭的侵逼。楚國這樣兢兢自守，當時人已知他無能為力了。

　　楚平王對外既不能振興國威，對內又不善治家。他替兒子太子建聘娶秦國的女兒，聽説秦女長得美麗，他就學了衞宣公的樣，搶來立為自己的夫人。不久，他又大城城父（在今河南寶豐縣，與陳邑城父為二地），派太子建駐守在那裏以通北方；派兵修復州來的城池，以禦東方。後來他終竟聽信了讒言，把太子建趕走，殺死他的師傅伍奢，奢的兒子伍員奔吳，這就惹下了潑天大禍。

　　魯昭公二十三年，吳人起兵攻州來；楚人興動了陳、蔡、許、頓、胡、沈諸國的兵去援救，令尹子瑕恰巧在這時去世，使得楚兵先受了一個挫折。兩方在雞父（在今河南固始縣）地方開戰，吳人用了公子光的計策，先派刑徒三千人去搗亂胡、沈、陳三國的軍隊，大兵跟隨過去，一陣廝殺，三國的兵大敗，吳人斬獲胡、沈兩國的君主和陳大夫夏齧。再釋放胡、沈兩軍的俘虜去擾亂蔡、許、頓三國的軍隊，大兵跟着呼噪，三國的兵驚潰，楚軍也止不住腳，大潰而走。同時楚太子建的母親住在郹邑（在今河南新蔡縣），怨恨平王廢逐她的兒子，也引導吳兵入郹，把她帶去，又把藏在郹邑的楚國寶器一齊擄了。楚司馬薳越追趕吳兵不及，自縊而死。楚人這時懼怕吳人到了極點，竟至修築國都郢城。次年，楚王造了舟師去侵略吳疆，越人又來會兵。楚兵進到圉陽（約在今安徽巢縣）回去，吳兵從後追來，攻破楚邑巢和鍾離。楚人又連連築城遷民，把全國鬧得雞犬不安。

吳人的擾楚

　　魯昭公二十六年，楚平王去世，秦女所生的兒子壬即位，是為昭王。吳人想乘楚國國喪去搗亂，派兵圍困潛邑（在今安徽霍山縣），楚兵救潛，前後夾攻，吳兵不能退回。吳公子光（諸樊子）乘此機會，起來弒了國君王僚（魯襄公二十九年吳王餘祭死，弟餘昧嗣位。昭公十五年，餘昧死，子王僚嗣位），自立為君，是為闔廬。楚國國內在這時也發生事故，奸臣費無極等在令尹子常面前竭力說大臣郤宛的壞話，子常攻殺郤宛，盡滅郤氏的族黨。國人大大不服，羣起謗毀令尹。子常又把費無極等殺死，以向國人解說。吳前王僚的母弟公子掩餘與公子燭庸從徐國和鍾吾國奔楚，楚人把他們安置在養邑（在今河南沈丘縣附近），替他們修築城池，用來對付吳人。吳王闔廬大怒，起兵先拘了鍾吾子，順道伐滅徐國，徐君奔楚。楚兵救徐不及，就修築了夷（城父）城，給徐君居住。

　　徐國既入吳人之手，楚國大震。逃亡在吳國的楚將伍員就教吳王分派三支軍隊，更番侵擾楚邊，聲東擊西，以疲乏楚人的兵力；然後以大軍合力進攻。吳王聽了他的話，於是楚國大受其害（這與晉人疲楚的方略一樣）。魯昭公三十一年，吳人兩次圍攻楚邑，楚兵一來，吳兵即回。定公二年，吳人又教舒鳩人引誘楚兵出來伐吳，設下計策，在豫章擊敗楚兵，再破巢邑。這就是運用了伍員的計謀。

柏舉之戰

楚國在「日蹙國百里」的情勢之下，執政子常仍是非常貪暴，向各小國要索無厭。甚至把蔡、唐兩國的君主拘了好幾年，硬逼取了賄賂，才把他們釋放。蔡侯回國就朝晉請兵伐楚，不料晉國的當權者也同楚國一樣，只知財帛，不顧信義，竟不肯實踐伐楚的約言，於是蔡侯轉向吳國請兵。這時楚國正因蔡國替晉滅了他的屬國沈，起兵圍蔡。吳、蔡、唐三國就聯軍伐楚，在淮汭（當在蔡國附近）捨舟登陸，從豫章一帶與楚兵夾漢水相持。楚左司馬戌向令尹子常獻分兵夾攻之計，兩人已經商議好了；不料左司馬去後，子常又聽了別人的話，獨自與吳開戰。渡過漢水列陣，從小別山到大別山（二山均在漢水附近）接仗三次，楚兵已是不利。等到兩軍正式在柏舉（約在今湖北麻城縣附近）交鋒，吳王的弟弟夫槩王統領屬軍五千先攻子常的兵，子常的兵敗退，楚全軍擾亂，吳軍乘勢掩擊，楚軍大敗。令尹子常奔鄭。左司馬戌後在雍澨（在今湖北京山縣附近？）戰死。吳兵接連追敗楚軍數次，一直打到郢都，楚昭王帶了妹妹季羋等逃出城去。吳人破了郢都，把楚國君臣上下的家室按着本國的班次都佔據了。楚亡臣伍員又把楚平王的墳掘開，取出尸首，鞭打了三百下，報復殺他的父親和哥哥的深仇。

楚王逃入江南的雲夢澤中，又被盜賊所攻而奔鄖邑，轉從鄖邑奔到隨國。吳兵追來，直迫隨都，向隨人要索楚王，願把漢陽的田送給隨人做報酬。隨人想把楚王獻出。只因問卜不

吉，就辭謝吳人道：「隨國褊小，與楚鄰近，靠着楚人的保護而立國，世世訂有盟誓；現在如乘難棄好，似乎說不過去。」吳人見隨人說話有理，便退了兵。楚王又與隨人結盟，就暫時託庇在隨國。

先是，楚臣申包胥與伍員交好，當伍員出亡的時候，曾對申包胥說道：「我必要報復楚王殺我父兄的仇恨！」申包胥也對伍員說道：「好！你如能破楚報仇，我便能興復楚國。」到了這時候，吳兵入郢，申包胥奉了楚王的命到秦國去討救兵（因為秦、楚是婚姻之國，楚王是秦國的外甥）。秦哀公起先不答應，申包胥靠在庭牆上痛哭，哭聲晝夜不絕。如此七天功夫，勺水不肯入口。哀公被他的真誠感動，立即發兵援楚。

這時越人乘吳王遠出，起兵攻入吳都，在楚的吳兵已大受震動（這可以說是楚人聯越政策的勝利）。申包胥引了秦兵前來，與楚殘軍夾攻吳兵，大敗吳夫槩王於沂（在今河南正陽縣附近）。楚將子西也把吳兵在軍祥（當在今湖北隨縣附近）打敗。楚、秦聯軍又滅了唐國，以絕吳人的援應。吳兵在雍澨地方又打敗楚軍，卻經不起秦國生力軍的攻擊，敗退麇邑。楚兵焚毀麇邑，吳兵再敗。又戰於公壻之谿，吳軍大敗。吳王方才回去。那時夫槩王已回國，自立為君；與吳王開戰，失敗奔楚。據說，吳人這次的失敗，也因夫槩王作亂之故。

楚王回到郢都，大賞功臣，申包胥卻辭賞賜不受。不久吳兵又把楚的舟師打敗，俘獲楚將甚多。楚子期所帶的陸軍又敗於繁揚（在今河南新蔡縣附近）。楚人生怕亡國，栗栗危懼。令尹

子西喜道:「能夠這樣就會好!」於是遷都於鄀(在今湖北宜城縣?),修整政治,楚國漸漸安定。

楚國的復興與白公之亂

隔了些時候,楚人的元氣恢復,就起兵滅頓,滅胡,圍蔡。吳人把蔡遷到州來,以避楚焰。不久楚人又攻克夷虎(蠻夷的一種。在魯昭公十六年,楚人已曾誘殺戎蠻子嘉,這是楚人開闢中原戎地的先聲),開始經營北方,襲破周畿的梁邑和霍邑,進圍蠻氏(約在今河南許昌縣一帶)。蠻君逃奔晉的陰地(在今河南盧氏縣一帶)。楚人興兵臨迫上洛,左軍駐在菟和,右軍駐在倉野,派人向晉陰地的大夫士蔑要索蠻君。那時晉國正在鬧着內亂,只得趕快拘了蠻君獻給楚軍;楚人把蠻民統統俘虜回去。

這時陳國服楚,吳兵屢伐陳國。楚人起兵救陳,昭王死在行間,子章即位,是為惠王。陳人叛楚降吳,楚兵伐陳,吳兵也來相救。楚、吳的爭陳,正與晉、楚的爭鄭差不多。先是,楚太子建被鄭人所殺(太子建從宋奔鄭,又與晉人勾結,圖謀襲鄭,遂被鄭人殺死),他的兒子勝逃在吳國,楚人把他召回,命他駐守邊境白邑(約在今安徽巢縣附近),是為白公。白公向執政子西請求伐鄭以報父仇,子西未允;晉人伐鄭,子西反去援救,與鄭結盟。白公大怒,就起來作亂,殺死執政子西和子期,劫了惠王。幸而葉公、沈諸梁起兵會合國人討亂,白公失敗奔山,自己吊死。當白公亂時,陳兵侵楚;楚亂定後,就派兵略取陳國的麥

子，打敗陳兵，順勢又把陳國攻滅。巴人也來伐楚，楚人又把他們打敗。隔了些時，楚人更征服了從越的東夷，從此國勢就復振了。

吳越鬥爭的開始

當魯襄公時，吳人開始伐越，俘獲一越人，砍了他的腳，派他看守船只。有一天吳王餘祭去看船，越俘一刀把他殺死——這是吳人最早吃到越人的虧。魯昭公三十二年，吳人又曾伐越。當吳人破楚郢都的時候，越王允常也乘機來搗亂。魯定公十四年，允常去世，子句踐嗣位。吳人乘機伐越報仇，句踐起兵抵禦，兩國在檇李（在今浙江嘉興縣？）開戰，越人派死士衝鋒，吳陣不受動搖。他們想出一條妙計：陳列罪人三行，教他們各自把劍勒在頸上，向着吳軍自刎。吳兵奇怪起來，一齊注目，越兵乘勢攻擊，吳軍大敗，吳王闔廬受了重傷去世。子夫差即位，派人每天站在庭中，叫他候自己進出的時候，向着自己提醒道：「夫差！你忘了越王殺你父親的仇恨嗎？」他自己敬謹地答道：「唉！我決不敢忘。」這樣過了三年，預備充足，動手報仇。

夫椒之戰

魯哀公元年，吳王夫差帶兵伐越，把越兵在夫椒（在今江蘇吳縣太湖中）地方打敗，順勢攻破越都。越王句踐帶了五千甲螳

之士退守會稽山，派有名的大夫文種勾通了吳太宰嚭向吳王委屈請和。吳王忘了父仇，將要答應，伍員趕快諫止道：「句踐這人很有才幹，萬萬不可輕易放縱！況且越國和我們鄰近，世為仇敵，不乘這次打勝的機會把它滅掉，將來你懊悔也來不及了！」吳王哪裏肯聽，竟答應了越人的和議，班師回國。

吳國的衰亡

吳王夫差打勝越人之後，北上經營中原，侵伐陳國，服屬魯、宋，破敗齊軍，又邀晉為黃池之會。越人乘機休養生聚，伺吳王在黃池的機會，起來伐吳，分兵兩路而進，大敗吳軍，斬獲吳太子友等，攻入了吳都。吳人向王告警，吳王生怕消息泄漏，自己殺死七個親信，勉強向晉爭得盟主的虛號；急忙回國，與越講和。

魯哀公十五年，楚人也乘吳衰伐吳報仇，打到桐汭（即今安徽廣德縣桐水？）。次年，吳兵伐楚，卻被楚將白公殺敗。魯哀公十七年，越人又乘吳國荒年伐吳，吳王起兵抵禦，在笠澤（即今江蘇吳江縣平望湖？）夾水列陣。越王創製「左右句卒」，在夜間或左或右，鼓譟着進擾吳營。吳人分兵抵敵，越王暗領大軍渡水，突犯吳的中軍，吳兵大亂，越兵乘勢又把他們打得大敗。魯哀公十九年，越人有意去侵楚，藉以安穩吳人的心，使他們不防備。次年，越王突然大舉攻吳，把吳都圍困了三年，終把吳國滅掉，吳王夫差自縊而死。這才結束了吳、越尋仇的公案。

越句踐的霸業

越王句踐滅吳以後，也學吳人的樣，開始經營北方，起兵渡過淮水，和齊、晉等諸侯會於徐州（在今山東滕縣）。據說他曾向周室進貢，周元王（敬王子仁，嗣敬王位）派人賜給句踐祭肉，命他為諸侯之伯。句踐把淮上的地送給楚國，把吳國所侵略的宋地還給宋國，又把泗東方百里的地送給魯國，威德並行。又據史書的記載，那時越兵橫行於江淮之間，東方的諸侯都向越王慶賀，上句踐的尊號為「霸王」。當句踐稱霸的時候，春秋時代早告終了。

楚吳越鬥爭結論

我們應該明白，春秋末年南方混戰的局面，對於整個的中國史是很有關係的。因為當時北方諸國的政局不定，倘若南方形勢稍為安穩，楚、吳必乘晉霸衰微，起來併吞中原。這樣一來，或許為中國文化基礎的戰國文化便會大變換個樣子。幸虧當中原各國政局變動的當兒，南方同時也在大觔大殺，這種局面就保存了中原文化的種子，使得它到數十年之後開花結果！

第十七章
春秋史結論

種族的混合和華族的成立－中國疆域的擴大－社會經濟和學
術思想的轉變－統一局面的醞釀

上面已把春秋時代的大事約略敘完，綜合起來說，春秋時代
所表現的特點共有四項：

種族的混合和華族的成立

第一點是種族的混合和華族的成立。我們所謂華夏民族，本
不是固有的。照傳統的觀念，夏、商、周三代是我們民族的核
心，然而這三代卻是三個不同的氏族。夏族，據近人的考證大約
是從西北方來的，有人說他與商周時代的鬼方、獫狁和秦漢時代
的匈奴等等有血統的關係。商族，起自東方沿海一帶，本是夷族

中的一種。周也起自西北的戎狄部落，與夏族或有相當的關係。商滅了夏，夏族分散四處，與戎狄等部落雜居，因為當時不曾建立嚴密的封建制度，更不曾做建設統一帝國的夢，所以商只是商，夏仍是夏，夷狄也仍是夷狄，他們至多有些政治上羈屬的關係；至於種族的同化，一時還談不到。等到周人滅了商，確立封建制度，把原來各族趕走的趕走了，征服的征服了，經過了幾百年的同化，我們的華夏民族才開始萌芽。

周人起於陝西，那地方大約本是夏族的根據地，他們又或者與夏族有些淵源，所以他們自稱為「夏」。因周人勢力的擴張，「夏」的一個名詞就漸漸成為中原民族的通稱。春秋時中原人常常自稱「諸夏」，而稱與他們異類的人民為「蠻、夷、戎、狄」。——於是「夷」、「夏」對立的觀念才確立了。

春秋時諸夏民族住在中原，四邊和較僻野的地方都是給所謂蠻、夷、戎、狄等部族住着。諸夏想同化蠻族，蠻族也想征服諸夏；兩方勢力一經接觸，諸夏在武力上就不免吃了大虧。於是中原各國互相聯結，共同禦外；在這樣情勢之下出現了伯主制度。一班伯主的中心事業便是「尊王」和「攘夷」。「尊王」是團結本族的手段，「攘夷」是抵禦外寇的口號。

那時蠻族中最強盛的，南方有楚，北方有狄，所以攘楚和禦狄就成了當時中原伯主最注意的事情。結果狄族由被抗而分散，楚人由被攘而同化。到了春秋末年，北方的狄族盡被晉國併吞，東方的夷、戎等族也被齊、魯等國所征服，西方和中原的戎族早已衰微，被晉、秦、楚等國所瓜分，而南蠻的楚在這時也已率領

南方諸族變成諸夏的一分子了。

　　東南方的蠻族吳和越從春秋中年起也漸漸加入諸夏的團體，經過了約百年間的相拒相迎，到了春秋之末，吳國和滅吳的越國竟變成了東夏的盟主了。楚、吳、越等國本來文化較高，他們很早就有文字，並不是真正的化外蠻民，所以受諸夏的同化也比較容易些。

　　上古的許多不同的種族，就是在春秋時代混合而成立了一個整個的「華夏民族」。

中國疆域的擴大

　　第二點是中國疆域的擴大。三代時候，種族眾多，各佔一區，當時的所謂「中國」，大致不出今山東、河南、河北、山西、陝西這黃河流域的幾省間；就是在這個區域之中，也還有很多的文化低落的部族雜居着。西周晚年，夏族的勢力開始發展到湖北的北部。直到春秋初年，所謂諸夏的疆域仍不出西周時的範圍。自從楚、吳、越諸國盡力併吞南方的蠻夷而同化於中國，齊、晉、秦等伯國又盡滅北方的夷狄部落，於是華夏的疆域才日漸擴大。到了春秋之末，北到燕代，東到海隅，西到甘隴，南到洞庭，都成了中原文化所籠罩的區域了。所以我們可以說中國疆域的凝固，是在春秋時代開始的。

社會經濟和學術思想的轉變

第三點是社會經濟和學術思想的轉變。商代晚年大致尚是畜牧社會的末期，農業、手工業和商業剛剛萌芽。社會組織方面還保存着「氏族社會」的痕跡。宗教思想也方由拜物教和多神教向一神獨尊的宗教進趨。周代確立農業社會與封建制度，為上帝崇拜全盛的時期。那時人開口「皇天」，閉口「上帝」，人同神可以直接談話和會面。農業收成好，國家太平，是上帝的賞賜；起了災荒，受了兵禍，就是上帝的責罰。那時人看事事物物都是上帝的表現，沒有人的成分在內。

自從西周滅亡，王綱解紐，封建制度開始搖動。諸侯互相聯合，互相兼併，列國間盟會朝聘和征伐的事天天不絕，交通大闢，因之商業日漸發達。到了春秋晚期，竟有穿着文繡織成的衣服，坐着金玉裝飾的車子，「結駟連騎」，「富比諸侯」的大商人出現。人民的經濟地位既經抬高，於是學術文化就也漸漸普及於全社會。一方面貴族階級的知識也比前提高，有很多人懷疑天道的不可知，人本主義一經起來，立刻使原有的宗教觀念失掉根據。

春秋時代很多有學問的人，如魯國的叔孫豹、齊國的晏嬰、晉國的叔向、楚國的左史倚相、吳國的公子季札等，都可以算是當時的大學者。這些人之中，尤推魯國的臧文仲和鄭國的子產是不世出的聖賢。臧文仲能夠立言垂世，子產能夠有很開明的新思想，施之於實際的政治。等到孔子出世，集古代思想學術的

大成，開始建立哲學的系統，真正的士夫階層就由他一手造成。孔子死後，他的門徒播遷各處，努力發揮本師的學說，就成立了「儒家」的學派。「儒家」就是後來「百家九流」中第一位老大哥。

統一局面的醞釀

第四點就是統一局面的醞釀。周代以前所謂國家還不脫氏族社會的組織，為那時政治中心的夏、商王國實在只是些氏族同盟的集團。周代開始確立封建制，國家規模漸漸形成。但是周天子仍只以王畿為其真正的勢力範圍，周室所封的各侯國的內政，尚且由各國自己去支配，何況其他羈縻的國家，王室的命令更哪裏談得到去支配他們。自從春秋時代王綱解紐，篡弒頻仍，兼併盛起，夷狄橫行，一般盟主用了「尊王」、「攘夷」的口號聯合諸夏成為一個集團，禁抑篡弒，裁制兼併，中國的雛形在那時方才出現。加以各大國努力開疆闢土，以前零零碎碎的小國和部落，到這時已漸漸合併成幾個大國。楚、晉、秦、齊、吳等大國開始創立郡縣制；大政治家如管仲、子產等又努力改造都鄙制度；原來的封建組織一天天破壞，秦漢的統一規模就醞釀於這時了。

附錄

童書業史論五篇

「疑古」「考古」與「釋古」

近人把研究古史的人分為四派：「信古」「疑古」「考古」與「釋古」，這四派之中，除信古者確自成一派外，其他三派其實並不能算做「派」，祇能代表研究古史的三個階段而已，説來話長，讓我來從頭談起。

任何一國的古史，開頭一段多為神話傳説，這是現代史家所公認的定例。我國的古史，在過去傳統觀念之下，是祇許信而不許疑的，所以明明有許多出乎常情的故事，一般人都不敢加以懷疑，認為古人多是神聖，不能以後世的人情去推測他們，因之弄得中國的歷史變成了退化的歷史，不能用科學去解釋。「五四運動」以後，思想解放，傳統觀念盡被批判，於是有「疑古」的史學出現，這是自然的趨勢，並不是少數人想出來的特別花樣。

所謂「疑古」，其真正的精神並不限於疑古，凡是不合常情、不合理性的事情，都可以用疑古的精神去懷疑，懷疑乃是治任何學問的初步方法，沒有懷疑便沒有發現，沒有進步。「疑古」不過是把懷疑精神運用到古史方面去，乃是治古史的初步方法。祇因古史，不可信的成分太大，可懷疑的問題太多，真相一經揭發，便震動了學術界，於是「疑古」就成為治古史的一大學派了。

但是「疑古」畢竟不能包辦古史的研究，我們除批判僞古史外，還需要建設真古史，這就非仰賴於「考古」不可。「考古」是發掘新史料，研究新史料，以準備真古史的建設工作，疑古的人需要考古，考古的人也需要疑古，破壞與建設實是一事的兩面；破壞僞古史，同時就是建設真古史；建設真古史，也同時就是破壞僞古史。所以「疑古」與「考古」是相需而成的兩種工作，從事這兩種工作的人，非但不應互相誹謗，還應當互相幫助才是。而且「疑古」的人不是不能同時「考古」的，「考古」的人也不是不能同時「疑古」的；「疑古」同時「考古」，則其所疑的愈見可疑；「考古」而同時「疑古」，則其所考的愈見可信。（本文所説的「考古」是廣意的考古，與考古學上的所謂「考古」意義是不同的。）

「疑古」與「考古」還都是建設真古史的初步工作，真正的建設真古史，還需要經過一個「釋古」的階段。「釋古」是根據「疑古」與「考古」的成績，對古史作一種近情理的解釋工作。有了解釋，再加以證明闡述，真古史便建設起來了。所以「釋古」也並不與「疑古」「考古」相衝突，也是相需而成的工作。「疑古」「考古」的人同時可以「釋古」，「釋古」的人同時也可以「疑古」「考古」。

根據上面的理由，所以我們敢斷言：「疑古」「考古」與「釋古」乃是研究古史的三個階段，是一件工作的三方面，並不是三個學派。説到這裏我們還得把「疑古」「考古」「釋古」三種人所應該共同遵守的原則和方法説一説：無論站在任何立場，抱何種態度去治史，都應該牢守一個原則，這個原則就是求真。原來我

們研究歷史的目的，本在探求各時代、各區域人類社會的真相，以供現代人類的參考。其他的收穫都是副產。如抱着別種的目的去研究歷史，則研究出來的歷史必非真正的歷史；如過去的史家或為宣揚道德去研究歷史，什麼褒善貶惡，把歷史弄成了倫理教科書；或為文學去研究歷史，把歷史弄成了修辭教科書；這些都在開歷史的玩笑，現代的史家是再不應當鬧這種把戲了。

　　無論站在任何立場，抱何種態度去治史，都應該牢守一個方法，那便是科學的治史方法。怎樣的治史方法才是科學的呢？第一是尊重客觀事實，每一件史事的史料必須蒐集完全，然後加以整理分析，按照其出處排列時代的先後，用最客觀的態度，去衡量它的可信的程度，史料的可信的程度衡定之後，其所表示的事實便顯露了出來，一個科學的史家對於史料所表示的事實，實當極端尊重，而不應加以曲解以遷就自己的意見。第二是重視證據，史家研究每一件史事，起初常不易得到結論，所以應根據史料的指示，作種種的假定，假定並不就是真理，須得廣集可靠的證據去證實它；同時須注意有沒有反證，如沒有反證而正面證據很多，假定便可改成結論；如有了反證，就須加以細密的研究，看這條反證有沒有推翻自己的假定的力量，反證如有力量，便須根據它來修改自己的假定；如反證有疑問，也須證明其可疑之點，而自己的假定並不能就算為結論，祇能把它存案，或發表出來供大眾的討論。總之，科學的史學沒有證據是不能下結論的，等於法庭上沒有證據便不能宣判一樣。第三是多用「歸納法」而少用「演繹法」，歸納和演繹本都是論理時常用的方法，歸納是

從許多事實當中求出一個結論，演繹是根據一個結論去推說許多事實，科學的研究雖然不能完全放棄演繹法，但歸納的方法更為重要。用歸納的方法得來的結論是最可靠的結論，而用演繹的方法得來的結論多有危險性，所以科學「疑古」「考古」與「釋古」的史家在應用演繹法時，是應當特別審慎的。以上三點，本是科學方法最普通的規律，是任何一個史家所應該遵守的，無如近來治史的人多不能遵守這種規律，以致所研究出來的結論多有問題，因此在這裏我要較詳細地申述一下。

　　無論「疑古」「考古」與「釋古」，凡能遵守上述原則和方法的，其研究出來的成績必定是正確而有價值的，否則無論「疑古」「考古」與「釋古」，其研究出來的一定不是真正的成績，而是欺人自欺的東西。例如《堯典》《禹貢》不是虞夏時的記載，是「疑古」家的結論，已為現在一般前進的史家所公認。當「疑古」家研究這兩篇書的著作時代時，曾蒐集所有的史料加以分析排比，分析排比的結果，發現愈古的記載愈與這兩篇書相衝突，愈後的記載愈與這兩篇書相符合，這個現象暗示我們一個這兩篇書的著作時代很晚的事實，而作出「《堯典》《禹貢》不是虞夏時的記載」的假定，再細密審查各種證據，結果是正面證據非常之多，而真正的反證簡直沒有，於是假定就變成了結論了。「疑古」家研究這個問題所用的方法完全是歸納的、求證的、尊重事實的，而其根本的態度是求真，所以其研究出來的結論會成為定案。

　　反之，如日本某史家所說的，湯至紂為二十八代，周武王至幽王為十二代，魯隱公至哀公亦為十二公，其代數恐出自二十八

宿十二次十二辰之數目。商湯之湯即暘穀日出之意；伊尹之尹即正，為天文上斗柄指方向、正四時之意；阿衡為北斗中之一星，巫咸即蒼龍星座中之東咸；傅說亦蒼龍星座中之星；箕子即箕宿；微子即尾宿；比干即十干；文王昌為日光昌明之意；周公旦代表朔旦；太公望代表望日；皆象徵殷室陰暗而衰滅、周室光明而勃興。立論雖然奇巧，但都出於附會，不是科學方法的作品，便經不起疑古者的反駁了。

　「疑古」如此，「考古」也是如此，例如王國維的考證殷人祖先王亥，先蒐集卜辭、《山海經》《竹書紀年》《楚辭》《呂氏春秋》《世本》等有關王亥的記載，貫通研究，然後提索出王亥服牛的故事來，這也是歸納的方法。他決不根據單文隻義，就武斷王亥為怎樣的人物。不像近人看見了甲骨文上幾個不可識的怪字，就隨便武斷說這是堯、這是禹，堯原是什麼圖騰、禹原是什麼圖騰，這不是「考古」，簡直是「誣古」。

　「疑古」「考古」如此，「釋古」亦何獨不然：「釋古」家研究古史的成績雖還不很顯著（這是因為「疑古」「考古」的工作還做得不夠的緣故），例如郭沫若的研究古代社會，張蔭麟、齊思和等的研究西周以及春秋時期的社會制度，也都很有貢獻，他們所用也多是科學方法，所以能有相當的成績。至於像近人所說：「少正卯是一位不多不少的民主派的領袖。」「陽貨勢力是由櫃檯上長出來的」，「春秋時期的弒君現象，是古代共和國的運動」，這豈但是「誣古」，簡直是在說笑話了。

　　（原載上海《東南日報》文史，一九四六年十一月二十八日）

中國地理與中國歷史

近來研究社會史的人往往說：社會的發展，是有一定的規程的，不論什麼地理壞境，什麼國家民族，社會演變的過程無有兩樣，所以它的歸宿也有一定，而改革社會，使達到一定的目標，其方策更不許有二致。

以上的説法，我們對它總不免有些懷疑。因為我們感覺中國社會演進的歷史，便和西洋的顯然有不同之處：中國的社會形式比較固定，而西洋的卻比較有變化。如果咬定説中國社會演變的過程和西洋的完全一致，那除非摹仿秦始皇的辦法，把所有的中國史籍一燒乾淨。否則歷史的事實會顯示出真相，終使一班「社會史家」感到失望的。

假使大家承認我們的話，必定有人要進一步質問：中國的歷史何以會和西洋的不同呢？這個問題太大，不是一篇短文所能完全解答的。我們現在姑且就中國的地理環境與中國歷史的關係一點，來解釋一下：

我們知道地理與歷史的關係是非常密切的。西洋科學家曾説：「任何一個種族，只有在真正的適存氣候之下才能繁榮的生存下去。某一地域的氣候形成了該地域的四周環境，也助成了

在該地生活的部落、種族及民族的生活方式與生活觀念。」（W. Hellpach《氣候與人》）四周的環境和氣候等因素，便是所謂的地理現象；地理現象的力量，對於每個民族，甚至於一切生物，都能給與一種偉大的影響。這是無論如何不能否認的事實。不過「人類之所以異於禽獸者，就在於他不但能吸收環境所造成的影響，他還使那種影響變成一種新的形式，尤其是環境所給予的印象」。所謂「一切人類都在不知不覺中，一方面受着壞境的影響，一方面也給予環境以影響；有些富於創造性的人，或者更帶有或多或少的自覺性在那裏如此做着」。照這樣説來，各個地理環境中的民族的歷史和社會怎會完全一致呢？所以我們要了解某個民族或國家的歷史和社會，非得先認識它的地理環境和地理環境所能對歷史社會發生的影響不可！

然則中國的地理環境是怎樣呢？一般人都知道：中國文化是發生於本部平原的。所謂中國本部平原，是指江河下游沿海一帶的沖積地帶，北到長城，南到長江以南，包括北部、中部地方的大部分。這一帶地方是一個肥沃而廣大的平原；東南附於大海，西北阻於高山大河，不容易與其他的文明區域發生接觸。又缺乏內海，航海書業易發展，只存行一種農業自給自足的經濟，才能維持生存。國人呂誠之先生（思勉）曾説：「歐洲文明之發展在海，而中國文明之發展在陸，中國浙東閩粵乃至山東半島，其人航海之力未嘗不強，然而文明中心終在大陸者，東南海非地中海緣岸之比也。此非徒中國如此，即印度亦然。印度之文明能裨益南洋羣島，南洋羣島之文明不能裨益印度也。歐洲必加入俄國部

分，方能與中國江河流域之平原相比擬，然歐俄之適於發達，非江河流域之比也。其發達在海則重商，而一地方易成為大的經濟重心。其發達在陸，則為運輸所限，經濟上只能行成若干區域，而各有其重心，不能有一真正之大中心」（以上引的話係摘自呂先生致作者討論中西史蹟異點的信函）。中國經濟所以始終不脫小農經濟的規模，工商業所以不能發展和社會始終不脫封建制的形式，其故盡在於此。

由地理壞境影響經濟，由經濟影響民族性和社會，由民族性和社會影響文化、政治等等，便構成了中國特殊的歷史，其重心全在地理和經濟兩點。地理好比是機器，經濟好比是發動力，民族好比是勞工，一切文化好比是產品。各個民族非適應他的地理環境，不能生存發展；地理環境非通過經濟制度不能影響一切文化，經濟制度非適合地理環境也不能成立。所以民族、地理、經濟是三位一體地融成一個力量，宰制着全部的歷史，而地理尤其是這個重心的基礎。說明了上面一個理論，我們便可以進一步再說明全部中國歷史和中國地理的關係了。

先就經濟史說，中國全部經濟史，只是小農農業演進史。中國從前稱農為本業，工商為末業，便是重視農業，輕視工商，認工商為分利的行業的意思。商朝以前的歷史，我們不是「信古派」的歷史模，不敢瞎說。而自商朝以來，農業已佔了生產界的主要地位，到了周朝，農業更逐漸進步；由石製或銅製的農具進步為鐵製的農具，由全用人力的耦耕進步到牛耕（牛耕盛於漢以後，但在春秋時已發明）。漢以後更由粗耕而進於精耕（漢代

有個農業家趙過,創立代田之法,把一畝田分為三個𤰕,播種其中,𤰕以外叫做壟。苗生葉以後,除去壟上的草,把壟上的土傾頹下來,使它附着苗根,到盛夏的時候,壟盡根深,便能夠耐風和旱。𤰕和壟是年年更換的,所以喚作「代田」。後來又有「區田」之法,把田分成一塊一塊的,喚作「區」,隔一區種一區,鋤草和頹土也和代田相同,這種方法不外乎所耕的面積少,而耕作則較精)。近代江南一帶的農耕,並不休息田畝,而地力不竭,足見施肥和更換作物的方法比從前更進步。不過中國歷代所行的多是「小農制」,中國農夫的技能,在小農制中可算首屈一指了;這便是數千年來中國農業自然進化的結果。

中國生產事業中最有成績的是農業,至於工商業,則可憐得很,近世的手工業並不比漢唐時代進步多少,或許反而退化,商業則漢唐時代也比較活躍,頗有能集中資本經營大商業的資本家。宋以後商業雖普及全社會,然資本漸漸分散,比例的說來,資本集中的情形,也反而不如古代了。

中國經濟史上農業獨盛,而工商業均有遜色的原因,全由於地理環境,已詳前說。所謂「機械惟商業資本為能利用之,則又不得不歸宿諸地理」。呂誠之先生的話,確是不錯!因為商業必須在交通便利的條件下才能發達,而內海是便利水上交通最主要的地理壞境。所謂「發達在海則重商」,歐洲工商業發達的基礎,便是那片代文化圈中心的地中海。

次就社會史說,中國全部社會史只是封建社會的演進史。中國開始有史時(商末周初),已由氏族制的社會漸次演進成封建

社會，西周一代，原是原始封建社會的全盛時期，春秋以後，原始封建制開始轉變，到了戰國秦漢，便形成一種奴隸經濟佔優勢的半封建社會，在這時候，封建勢力最為消沉。但一經漢末的大亂，封建勢力便重新抬頭，構成門閥制的准封建社會。五代以後，門閥制消滅，又造成以士大夫身份為中心的半封建社會。直到最近世，西洋資本主義的勢力侵入，殘餘封建勢力才逐漸衰退，而使整個社會有革新的趨勢。

不過，中國封建社會的性質卻和西洋的並不十分相間。西洋中古時代的封建社會，多少是建立在政治的基礎上的，所以蠻族一經文明化，跟著交通就便利，工商業就興起，統一的民族國家就出現，封建社會便告瓦解，而走入資本主義的途徑。中國的封建社會，卻完全是建立在地理環境和經濟條件的基礎上的，所以政治儘管統一，而封建勢力並不完全崩潰，社會始終不易脫胎換骨。還有中國的封建社會中，氏族的勢力始終不曾消滅，如周代的宗法制，魏晉南北朝隋唐的世族制，近代的大家族制，常為封建社會的骨幹，這點也與歐洲的封述社會略有不同，而帶有所謂「亞細亞社會」的色彩，這自然也因地理環境不同的緣故。

中國的地理環境是相當封閉的，所以社會狀態也相當停滯，後一時期的社會之中，往往遺留前一時期的社會的殘餘形態，這就是中國社會中民族和封建的勢力不易消滅的主要原因。而由地理環境所造成的小農農業的經濟基礎，更足以維繫封建勢力於不墜，而使中國社會永久停留在封建的階段上。呂誠之先生說：「舊時（指五代以後至清代）社會所視為最高階級的，乃讀

書做官的人，即所謂士。此種人，其物質的享受，亦無以逾於農工商，但所得的榮譽要多些。所以農工商還多希望改而為士，而士亦不肯輕棄其地位。這還是封建殘餘的勢力。此外則惟視其財力的厚薄，以判其地位的高低……至於（一）鏟除階級，（二）組織同階級中人，以與異階級相鬥爭，則昔時無此思想。此因（一）階級之間相去並不甚遠，（二）而升降也還容易之故。」我們也認為中國近世的社會雖不脫封建的形態，但階級是相當平夷的。這是中國社會史上的特色，與地理環境和經濟條件有密切關係的。（中國大陸的地理壞境宜於和平統一，統一的政治下不宜有嚴峻的多層階級；農業經濟，需要和平合作，不宜有激烈的階級鬥爭。）

再就政治史說，中國全部政治史只是統一的專制政治演進史。中國在秦以前，政治上雖不曾真正統一過，但從商代至戰國，由分散的氏族部落漸漸團合成列國，再由小國漸漸團合成大國，到秦始皇統一，中國本部已形成一個大民族國家，自此就統一為常態，分裂為變態了。由秦漢到清代，更擴充勢力到四邊，逐漸形成一個包含數個種族的大帝國。而在民族上，「中華民族」一個名詞已經成立；從此以後，統一的中國更無從分化了。

在政治制度上，從秦代到清代，「專制主義」的色彩，一天濃厚一天。秦朝承戰國以來中央集權的政治趨勢，確定了集權中央的郡縣制度。漢代以後，政權更一步步的集中於皇帝一身。這種專制政治的發展，可以分成兩大階段：第一階段從秦漢到五代，中央政府中最主要的官員——宰相——逐漸由皇帝的輔佐

變成皇帝的親信（秦代和漢初的三公，只是天子的輔佐，地位是很崇高；東漢以後，相權移屬天子的近臣尚書；晉時，因尚書的地位漸尊，相權更由尚而分屬更接近天子的中書；南北朝時，中書的地位又尊，相權復屬於天子的近侍侍中；唐初尚書、中書、門下三省並列，相權仍屬於天子的親信，中葉以後，政權復內移於翰林學士和樞密使）。第二階段從宋代到清代，不但相權更移屬於天子的私人（宋以差遣治事，參用唐制以「同平章事」和「參知政事」為正副宰相，相權更分，而大權盡屬於皇帝。明初更因胡惟庸的謀反，徹底廢除相職，而由天子直轄六部；其後雖有殿閣大學士之設，也不過替天子批擬文件，只是一個祕書的地位罷了。清代更設軍機大臣，以分相權，一切事情都由皇帝一人專制，相職至此已名實兩广了）。而且政治上的封建余勢幾乎廓除乾淨，軍閥割據的局面既不曾復現，而中央政府中權臣篡位的事情也永遠消滅。君主專制政治至此遂告完成（民國初年，因君主專制政治一旦推翻，真正的民主還未出現，所以軍閥割據的局面又乘機重新出現，但這種現象，也不過是封建餘勢的迴光返照，決不能持久，所以不久中國復歸於統一）。

說到這裏，大家必定要質問：封建與統一是相反的兩種勢力，中國的社會既始終是封建社會，為什麼政治上反趨向於統一呢？關於這點，我們上面已經解答過，現在再引一段呂誠之先生的話來作補充。呂先生說：「封建（指政治上的封建）的元素，本有兩個：一為爵祿，受封者與凡官吏同，二為君國子民，子孫世襲，則其為部落酋長間有的權利，為受封者所獨有。後者有害

於統一，前者則不然，漢世關內侯，存虛名而無土地；後來列侯亦有如此的，然尚須給以廩祿。唐宋以後，必食實封的，才給以祿，則並物質之耗費而亦除去之，遂全然無礙於政治了。」這便是説：中國在政治上早已把封建制度鏟除淨盡，所以能如此，我們以為由於秦以後，原始封建社會早已崩潰，秦以後的政府等於歐洲 14 世紀到 18 世紀時的民族統一政府，不過中國因為地理環境和經濟條件特殊，所以始終產生不出真正的資本主義社會，而長時期停滯在半封建的狀態中；然政治上的封建制度，則因統一政府既然出現，自無緣再繼續存在了。呂先生又説：「彼（指西洋）之發展，既在海而不在陸，陸地法俗自不如中國之統一，語言異，信仰異，風俗嗜好無一不異，文明民族與野蠻民族人口眾寡之比例，蓋遠非中國與五胡等異族之比例，於是封建政體之基礎堅固，雖有王政，而帝政卒不能成矣。」所以歐洲在社會上雖早已打破封建制的拘束，而發達成今日的資本主義社會，然在政治上，則封建制至今還不能消滅淨盡，這種情形正與中國相反，一般「社會史家」可曾注意到這點嗎？

更就文化史説，中國全部文化史，只是凝合的學術思想發展史。西洋的學術思想由合而分，中國的學術思想則常見由分而合。古代分立的王宮專門之學，由諸子之學而凝合。諸子的思想，雖各不相同，然其自居於集古代學術思想之大成，則初無二致。到了漢代，雖號稱儒家獨尊，然儒家之學中實混有其他諸子之學的成分。魏晉以後，儒釋道三教並立，都自以為足以包羅一切。宋明以來，理學興起，又統一了三教的理論，而形成一個學

術界的新權威，就是清代的考證學，到了中葉以後，漢宋之學也漸告泯滅，甚至有了要統合義理，考據詞章為一體了。

中國學術思想之所以常趨凝合，實由於政治和地理之統一。中國本部南北地理環境之不同，實不敵其相同之點。至本部以外的區域，則本不能發生獨立的偉大文化系，只能迎受本部的文化，而與之合流同化而已。

還有中國的科學所以不能發達，也由於地理和經濟的原因。因為中國的地理壞境是閉塞的，所以工商業不能發展，科學是隨交通便利，工商業發展而興的，中國既無適宜於科學的地理環境和經濟條件，科學自然不能興盛了。

綜合上面的理論，我們可以看出地理與歷史關係的密切；我們簡直可以說：地理是歷史之父，歷史是地理之子；而經濟卻是歷史之母。過去「地理史觀」的歷史觀，缺點常在忽視經濟條件的力量。我們卻認為：經濟是歷史的重心；不過經濟須受地理的限制，而地理環境也必須通過經濟條件才能影響到歷史，所以我們的結論是：地理是歷史的基礎，而經濟卻是歷史的重心！（民族性是由地理環境和經濟條件造成的，所以其重要次於地理經濟）。

中國的歷史，因中國地理環境的特殊而特殊，社會是歷史的產物，所以也要受到地理環境的影響。中國的社會，也因中國地理環境的特殊而特殊；特殊的社會產生特殊的社會問題，自然需要特殊的社會政策來解決。

（原載《中國國民》（上海 1946）第 1 卷第 3 期。）

歷史上的好人與壞人

從前人說：歷史像一場戲。這是一般人眼目中的歷史。一般人在看戲的時候，最注意的就是戲中人的誰好誰壞。當鬚生出場時，給予人了一個好人的印象；面上塗着白粉的淨角和丑角出場時，給予人了一個壞人的印象。好人祇會做好事，壞人祇會做壞事，好像人類社會中祇有這「好」「壞」的兩類人，而沒有中間的分子。一般人看戲的目的，就是要看那好人怎樣做好事，後來得到怎樣的好結果，壞人怎樣做壞事，後來得到怎樣的壞結果。雖然也偶有好人反得到壞結果，壞人反得到好結果的，那就要惹得許多人空流許多的眼淚，或空吐許多的唾沫。

一般人看戲如此，看歷史也是如此。在他們眼光中歷史上的人物，也分成好壞兩大類：某人是忠臣，某人是奸臣，全部歷史上祇是忠臣與奸臣的鬥爭史。當忠臣成功奸臣失敗時，他們就拍手稱快；奸臣成功時，他們就大流其眼淚、大吐其口沫，正和他們看戲時的心理一般無二。

一般人的看戲和看歷史的心理，在情緒上說來是正當的！因為好善惡惡，這正是人類天性中的優良成分，我們應當助長它才是。不過一般人看歷史的眼光，不一定都是正確的，他們常為傳

説所誤，以耳代目，把歷史的真相弄錯了，以訛傳訛，往往冤枉了古人，蒙蔽了自己，這是應該矯正的！

推原一般人以不易認識歷史真相的緣故，第一是因為記載本身不確，根據了不確的記載推測過去的事情，自然不能得其真相。第二是因為傳説錯誤，一般人對於歷史，去查考原始記載的機會是很少的。常人的歷史觀念，大部分實來自傳説；傳説往往是不正確的，所以常人的歷史觀念容易錯誤，第三是因為理智為情感所勝，歷史上的事有許多表面上看來是這樣，而細細分析其內容，則常不是這樣；當其時當事的人有許多苦衷和難處，不易為當時和後世的人所了解，往往受到不當的批評；他本人固然因此含冤不白，而歷史的真相也就因此埋没。這種不當的批評的由來，就是因為普通人容易感情用事，不肯用理智去分析當前的和過去的事實。

記載的不正確和傳説的錯誤，雖然也不容易矯正——因為已普及的知識，是不容易改造的——但還比較有法可想。從錯誤的感情所造成的歷史觀念，却最不容易糾正，這是因為感情一成了固定觀念，簡直無法可以解釋。譬如你現在同人説：曹操並不如你所想像的那樣壞，一般人即使口裏答應，心裏終不以為然的。

要説明因感情作用而造成錯誤的歷史觀念，如舉歷史事實為例，是不容易使人明白的，因為歷史的知識在中國不很普遍中。我現在且從一般人常讀的小説和常看的京戲裏，舉幾個例子來證明這點：

《紅樓夢》小說裏的林黛玉，無論從個性、身體、才幹諸方面看，都不及薛寶釵，賈寶玉的家長選寶釵做寶玉的配偶而不選黛玉，是很合理的。在舊日婚姻應服從父母之命的教條下，寶玉不應該丟棄寶釵而去出家。黛玉的殉情而死，和寶玉的因戀愛失敗而出家，根據舊日禮教的道理說來，都是不合倫理的。但是從前人多不想到這點，而祇同情寶玉和黛玉的癡情，厭惡薛寶釵和寶玉的家長。在目前，我們認為戀愛自由天經地義，寶玉和黛玉的癡情是應該同情的，但這祇是拿現在的觀念去批評過去的事情。在當時，寶玉和黛玉的行為不合社會的倫理習慣，總是事實。

京戲「四郎探母」裏的楊四郎，無論站在舊日的倫理觀點上，或站在現在的倫理觀點上，都是一個要不得的人。用舊日觀點說來他是個不忠之臣、不孝之子。用現在的觀點說來，他是個降敵的漢奸。但看「四郎探母」戲的人，都只會同情四郎的不幸遭遇，希望他母子夫妻團圓，而不會責備他的不忠不孝，這也是一般人對於人的觀念常憑感情而不憑理智的證據！又如薛丁山征西小說和「樊江關」等京戲裏的樊梨花，本是個弒父殺兄降敵的大逆不道的人，但在一般人的眼光中，她卻是個好人而並不是個淫賤的潑婦，她的癡情被人們欣賞着，而她的種種罪惡都被人們忘記了。

在小說和京戲裏造成的錯誤觀念，大部分都因看的人被小說或戲中的人癡情所感動，所以不自覺的發生同情心，因同情心而寬恕對象的錯誤，這可說還有相當的道理。最應該糾正的，是一種身不當事而隨便批評的心理，這種心理最是誤事，中國政治史

的真相所以不易明瞭，這種心理應負其大半的責任。在這裏我且比較專門地提出一個事來談。

在明朝時候，有一個宰相叫做張居正，他辦事很有決斷，主張用嚴峻的法令來治國，「大計廷臣，斥諸不職」，因此很招人的忌恨。當時有一個給事中（掌諫諍的官）余懋學請行「寬大之政」，居正把他削職；御史傅應禎也來多事，居正也把他嚴辦了，同時更嚴辦了幾個給事中和胡鬧的御史。惹得一班言官個個側目。後來他的父親死了，遵制丁憂去職，有人認為他的地位很重要，應該「奪情」回任，就有許多人反對，齊巧有彗星從東南方起，長亙天。於是乎人情洶洶指目居正，甚至有人在通衢大路上懸掛謗書罵他。幸虧他很得當時皇帝的信任才坐穩相位，一清積弊。但是讀歷史的人對於他的批評，已是毀多於譽了。中國從宋以後常有一班「清流黨」，喜歡批評朝政，指摘當道，這在好的方面講能使當權的人不敢胡為，很具監察的功能，但在壞的方面講，易使缺乏氣魄的當局施行「無為之治」，結果因循故事，政治愈弄愈糟。同時使有決斷的當局辦事不能順手，無從改革積弊。所以由這種局面產生出來的歷史，往往真相極難觀察，我們對於這時期（宋以後）中的重要政治人物的批評，真不能不慎之又慎，否則常會造成錯誤的觀念！

（原載《學風》第一卷第二期）

美的轉變

美，原是一個很空洞的名詞。什麼樣的東西才可以稱做美？一般人以為各時代的看法不同，各地方的看法也不同，甚至各個人的看法也不同。例如有時代性的，上古人以典麗堂皇為美：中國的經書文學和廟堂建築，西洋的古典文學和古典藝術都是這樣。中古人以嚴整巧飾為美：中國的駢偶文學和佛教藝術，西洋的宗教藝術都是這樣。近代人以活潑簡潔為美：中國的近世詩文和近世書畫，西洋的近世文學藝術都是這樣。有地方性的，如東方以神祕超逸為美，西方以清晰刻畫為美。有個性的，如這個人喜歡穠麗，那個人喜歡清淡等都是。

現在我要說的，是美的時代性的轉變。我舉的例子，先是一個中國古今對於美人的觀念的變遷。就這個題目，如果詳細地講起來，便可寫成一篇幾萬字的論文。為節省寫作時間和本文的篇幅計，我只簡單地略敘一下：

中國有部最古的文學書叫做《詩經》，它是周代的詩歌總集，其中有一篇題目叫《碩人》，是歌詠當時一個侯國的新夫人的，它稱讚她的美是這樣：

碩人其頎，衣飾褧衣。……手如柔荑，膚如凝脂，領
如蝤蠐，齒如瓠犀，螓首蛾眉，巧笑倩兮！美目盼兮！

它說：「這個既大且長的美人，穿着很漂亮的服裝。手長得
和初生的茅芽一樣，既軟且白；皮膚長得和凝結的脂油一樣，光
白得可愛；頭頸長得和蝤蠐蟲（一種木頭裏的蟲）一樣，既白且
長；牙齒長得和瓠瓜裏的子一樣，既方正又潔白；頭長得和螓蟲
（一種像蟬的小蟲）一樣，既廣闊又方正；眉毛長得和蠶蛾樣，
細細的，長長的，彎彎的。笑起來，口頰是這樣地動人；眼睛看
起人來，又是這樣地黑白分明。這真是一個妙人兒哪！」原來那
時的美人的標準是要身材長得長大，皮膚長得肥白，頭額長得廣
闊方正。這和後世的所謂美人是怎樣的不同啊！

《詩經》裏還有一篇題目叫《澤陂》的，裏面也有這樣的
句子：

彼澤之陂，有蒲與蘭。有美一人，碩大且卷，寤寐無
為，中心悁悁。
彼澤之陂，有蒲菡萏。有美一人，碩大且儼，寤寐無
為，輾轉伏枕。

它說：「那水邊的陂岸上，有蒲草、蘭草和荷花長着。在那
裏有一位很高大的美人，我想她想得睡不着覺，翻來覆去地心裏
非常難過，只得伏在枕頭上了。」這位長大的美人竟能使得這位

作者大害其相思病，可見長大確是美人的標準了。

　　以上所説的是那時的女的美人，那時的男子怎樣才可以算做美呢？《詩經》上説：

> 猗嗟昌兮！頎而長兮！抑若揚兮！美目揚兮！巧趨蹌兮！射則臧兮！（《猗嗟》）

　　這是齊國人稱讚魯國的美男子莊公的。它説：「啊！好個美男子啊！他長得這樣長，眼睛這樣靈動，走起路來這樣活潑，而有禮貌，這樣的會射箭！」可見那時的男子也是以高大多力為美的。

　　那時的男子不但以長大為美，並且以多鬚髮為美。《詩經》上又説：

> 盧重環，其人美且鬈。
> 盧重鋂，其人美且偲。（《盧令》）

　　這是説一位美男子頭髮和鬍子長得如何的長而且多。現在人要裝漂亮，先得剪短頭髮，剃光鬍子，這才能得到異性的愛戀，不料古時人恰巧相反。

　　《詩經》裏還有一篇詩説：

> 椒聊之實，蕃衍盈升，彼其之子，碩大無朋，椒聊且，遠條且！椒聊之實，蕃衍盈匊，彼其之子，實大且

篤，椒聊且，遠條且！(《椒聊》)

這似乎也是一位男性或女性的戀歌。他或她的對象又是一位「碩大無朋」的人物。

這種「碩大無朋」的美人的觀念，一直到中古的唐代還不曾十分的變更，我們知道唐代的第一美人——唐玄宗的貴妃楊太真便是一位肥美人。而唐代人畫起美人來也都以肥壯為美，這除了現存的古畫以外，還有一段記載可以作證：

> 周昉畫按箏圖……(李伯時)嘗持以問曰：「人物豐穰，肌勝於骨，豈畫者自有所好哉？」余曰：「此固唐世所尚。嘗見諸說，太真妃豐肌秀骨，今見於畫亦肌勝過骨……昉於此時，知所好而圖之矣。」(《廣川畫跋　卷六，書伯時藏周昉畫》)

唐朝有名的仕女畫家周昉畫的美人圖，圖上的美人很是肥胖，宋朝有名的人物畫家李伯時看了不懂，拿去質問當時的博學者董逌。董逌說：「這是唐朝的風尚如此。唐朝人喜歡肥胖的美人，周昉所畫不過表示當時的風尚罷了。」在這段話裏，可以看出宋朝的美人觀念已和唐朝不同了。原來自從五代的南唐李後主提倡纏足，把女人弄得個個面黃肌瘦，於是到了宋朝，便已以病態為美了。從此以後，十個美人，便九個像癆病鬼。宋代以後的文學作品裏，講到美男子，都是手無縛雞之力的文弱書生；講到

美人，也都是像風擺楊柳似的搖搖欲倒的架子。《紅樓夢》裏賈寶玉不愛那面如滿月的薛寶釵，偏要愛那臉像削瓜的林黛玉，便是中了李後主遺下的毒！

關於人的美，古今的觀念有變遷。關於藝術的美，古今的觀念也大有變遷。例如古代的詩歌題材很是廣泛，有文有武，固有歌詠戀愛的和歌詠山水的，但也多歌詠社會的和歌詠行軍的。唐代偉大的邊塞詩，如：

> 男兒生世間，及壯當封侯；戰伐有功業，焉能守舊丘！召募赴薊門，軍動不可留。千金買馬鞍，百金裝刀頭。閭里送我行，親戚擁道周；斑白居上列，酒酣進庶羞；少年別有贈，含笑看吳鈎[1]。(杜甫《後山塞》)

> 男兒事長征，少小幽燕客；賭勝馬蹄下，由來輕七尺；殺人莫敢前，鬚如蝟毛磔；黃雲隴裏白雲飛，未得報恩不能歸。(李頎《古意》)

這種雄壯的氣概，後人摹倣終不容易相似。唐代以後，詩歌漸入纖巧一途，題材大多不是歌詠山水，便是歌詠男女間事，描寫雖然極刻畫之能事，但雄偉的美全消失了，正與美人觀念的變遷相同。

不但詩歌如此，就是書畫也是這樣。古書法如漢、魏碑體，

1　吳鈎，刀名。

唐人真書，都有一種雄健的筆致。宋以後，書法的正宗如趙松雪、董其昌之流，他們寫的字美秀是美秀極了，但是正像文弱書生和病態美人一般，不是一種健康民族所欣賞的美。至於繪畫，唐以前的作品，線條勁硬如鐵，色墨濃重，佈局氣概極其偉大，如唐代畫聖吳道子好作大障巨壁，揮筆立就，看人舞劍可以助筆墨的壯氣，其作風的雄健可以想見。到了宋、元以後，畫法也日就於纖巧，近世繪畫大家，如董其昌、王翬、惲南田輩，也都是以筆致秀麗、墨色輕淡、佈局細緻見長的。近世人的所謂美和唐代以前人的所謂美，確是處處可以看出有很大的不同！

　　（原載《知識與趣味》第一卷第六期，一九三九年十二月二十一日）

論氣

　　什麼叫做氣？現在的人將不假思索地回答：氣就是空氣，空氣之中有氧，二氧化碳，氮……如果你照這樣的回答，那便牛頭安在了馬頸上！因為我們現在所要說的氣，完全不是這樣一回事。我們現在所說的不是科學時代的氣，而是玄學時代的氣。

　　從前的中國人開口說氣，閉口說氣。朋友們見面，總是把「天氣好」這句話做口頭禪。天既有氣，地也有氣，中國的「地理家」會看地氣，什麼「來龍」，什麼「去脈」，地氣好了能出真命天子，地氣壞了便要絕子絕孫。豈止天地有氣，人也有氣，看相的人會看氣色，算命的人會算運氣，氣色和運氣好，升官發財，氣色和運氣不好，折丁喪財，甚至會有「血光之災」的危險。豈止每個人有氣，就是每個時代也有氣運，氣運到了應該「治」的時候，天下自然太平；否則在氣運應該亂的時候，雖有英雄豪傑在世，也無法撥亂世而反之正。

　　氣為什麼這樣地普遍呢？只因一切東西的原料都是氣，連天地也是氣造成的：「氣之輕清而上浮者為天，氣之重濁而下凝者為地。」不但天地，人物也是氣造成的：

天地之初，如何討個人種？自是氣烝結成兩個人。[1]

　　煩氣為蟲，精氣為人。[2]

那末氣究竟是什麼樣的東西呢？他們説：

　　太虛無形，氣之本體。[3]

氣之聚散於太虛，猶冰凝釋於水，知太虛即氣則無無。[4]
　　氣就是太虛（太虛是氣的本體，便是整個的氣，人物所得的氣是零碎的），而太虛無形，它是看不見的，所以説不出它是什麼樣子。但是氣雖然無形，却確是萬物資生的原料：

　　　天地之間，有理有氣：理也者，形而上之道也，生物
　　之本也。氣也者，形而下之器也，生物之具也。是以人物
　　之生，必稟此理，然後有性，必本此氣，然後有形。[5]

　　天地之間，有兩種東西：一種叫做理，是生物的根本；一種叫做氣，是生物的材料。有了理然後方始有性（心知），有了氣

1　見《朱子語類》卷九十四。
2　見《淮南子‧精神篇》。
3　見張子《正蒙‧太和篇》。
4　見張子《正蒙‧太和篇》。
5　見《朱子答黃道夫書》。

然後才會有形（形質）。氣是這樣的重要！

　　據說氣在天地之間，是這樣地分佈：

　　　　天地之氣，合而為一，分為陰陽，判為四時，列為
　　　　五行。[1]

　　整個的氣分做兩半，便是所謂陰陽。再分開來，便成功了四時五行。五行乃是金、木、水、火、土五種原質，它負着代天行氣的使命。譬如說：

　　　　五行者何謂也？謂金、木、水、火、土也。言行者，
　　　　欲言為天行氣之義也。[2]

　　有了這五種氣的原質，一切物事的成立和運行都不成問題了。

　　因為氣是天地萬物的根本，所以它無所不在，隨便講什麼東西都離不了它。例如講修養要講它：「善養吾浩然之氣。」[3] 講修仙要講它：「鍊精化氣，鍊氣化神。」寫文章要知道：「氣盛則言之短長與聲之高下者皆宜。」[4] 寫字繪畫要講究「氣韻」。醫病也要懂得「諸病皆因於氣」，以及「百病皆生於氣」等等[5]。甚至於

1　見《春秋繁露‧五行相生篇》。
2　見《白虎通義‧五行篇》。
3　見《孟子‧公孫丑篇》。
4　見韓愈《答李翱書》。
5　說見《黃帝內經‧素問》。

從事戰術，也要明白「夫戰，勇氣也；一鼓作氣，再而衰，三而竭」[1]的道理。方有勝利的把握。

氣這樣東西，在從前的中國人眼光裏，確是非常玄妙而又具有極偉大的勢力。它能叫一切東西生，又能叫一切東西死。它是實際上的上帝。佛教説佛無所不在，耶穌教説上帝和耶穌無所不在，中國人却説氣無所不在。

前幾年，我遇到一位國畫大家兼國醫大家再兼國術大家的大人物。他對我説：「研究中國的學問，最要緊的是懂得『氣』。譬如畫畫要不懂得氣，畫出來的便是一張死畫。醫病要不懂得氣，怎能盡『望問聞切』的能事？外國人説，各種病都是微生蟲作祟，但是蟲從哪裏來的，不是從氣化生出來的嗎？所以西洋人只知道『末』而不知道『本』，一切都是硬來的，他們的醫道哪及我們國醫的高明！」我聽了這番話，真是佩服得五體投地，原來「氣」還有這許多講究。現在寫這篇短文，便是表章這「氣」，請問大家讀了後有什麼感想！

（原載《知識與趣味》第一卷第三期，一九三九年十二月十日）

1　見《左傳·莊公十年》。

春秋史（導讀版）

童書業　著
童教英　導讀

責任編輯　王春永
裝幀設計　鄭喆儀
排　　版　黎　浪
印　　務　劉漢舉

出版　　開明書店
　　　　香港北角英皇道 499 號北角工業大廈一樓 B
　　　　電話：（852）2137 2338　傳真：（852）2713 8202
　　　　電子郵件：info@chunghwabook.com.hk
　　　　網址：http://www.chunghwabook.com.hk

發行　　香港聯合書刊物流有限公司
　　　　香港新界荃灣德士古道 220-248 號
　　　　荃灣工業中心 16 樓
　　　　電話：（852）2150 2100　傳真：（852）2407 3062
　　　　電子郵件：info@suplogistics.com.hk

印刷　　深圳市雅德印刷有限公司
　　　　深圳市龍崗區平湖街道輔城拗工業大道 83 號 A14 棟

版次　　2024 年 4 月初版
　　　　© 2024 開明書店

規格　　32 開（210mm×135mm）

ISBN　　978-962-459-351-8